高等师范教育精品教材系列丛书

宋廷山　郭思亮　张占涛　主　编
司　伟　毛乾梅　李　晖　副主编

基础会计理论与实践

Basic Accounting Theory and Practice

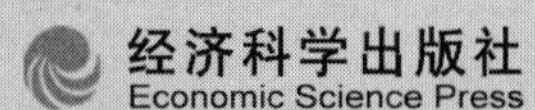

经济科学出版社
Economic Science Press

图书在版编目（CIP）数据

基础会计理论与实践/宋廷山，郭思亮，张占涛主编.
—北京：经济科学出版社，2016.2
（高等师范教育精品教材系列丛书）
ISBN 978-7-5141-6608-8

Ⅰ.①基… Ⅱ.①宋…②郭…③张… Ⅲ.①会计学-高等师范院校-教材 Ⅳ.①F230

中国版本图书馆CIP数据核字（2016）第030107号

责任编辑：柳 敏 武晓磊
责任校对：隗立娜
版式设计：齐 杰
责任印制：李 鹏

基础会计理论与实践

宋廷山 郭思亮 张占涛 主 编
司 伟 毛乾梅 李 晖 副主编
经济科学出版社出版、发行 新华书店经销
社址：北京市海淀区阜成路甲28号 邮编：100142
总编部电话：010-88191217 发行部电话：010-88191522
网址：www.esp.com.cn
电子邮件：esp@esp.com.cn
天猫网店：经济科学出版社旗舰店
网址：http://jjkxcbs.tmall.com
北京密兴印刷有限公司印装
710×1000 16开 25印张 460000字
2016年4月第1版 2016年4月第1次印刷
印数：0001—3000册
ISBN 978-7-5141-6608-8 定价：43.00元
（图书出现印装问题，本社负责调换。电话：010-88191502）

总　序

随着社会主义市场经济体制的不断完善和高等教育的快速发展，我国教师教育受到党和政府的高度重视。中共中央在《关于深化教育改革全面推进素质教育的决定》中指出："调整师范学校的层次和布局，鼓励综合性高等学校和非师范类高等学校参与培养、培训中小学教师的工作，探索在有条件的综合性高等学校中试办师范学院。"由此，综合性院校成为我国教师教育发展的一支重要力量，推动教师教育体系发生着深刻的变革。同时，为拓展自身生存和发展的空间，提高办学活力，我国大多数师范院校也在增设非师范专业，逐步建构综合性大学，这既是高等教育发展的规律，也是教师教育发展的必然趋势。

综合性大学参与教师的培养，可以发挥雄厚的基础学科优势。从开放型的培养体制来看其优点是：教师来源广泛、储备多，能满足各类教育发展的需要；有利于提高师资培养质量，使师范生的学识水平等同于其他大学。师范院校的综合性发展，既培养多种类型的人才，与地区经济建设紧密结合，又增强自身活力，提高自我造血功能；扩展师范生就业门路，增加与其他类高校毕业生平等竞争的机会。因此，教师教育已经成为一个开放的、动态的体系，即以招生为起点，包括职前教育、入职教育和在职教育三个相互关联的阶段的连续统一体，这样可以促进教师在其职业生涯的所有阶段获得其专业发展。

呈现在大家面前的这套高等学校教师教育精品教材系列丛书，是探索教师教育改革的新举措，也是编著团队对教师教育科学研究工作的阶段性成果，缩写过程中倾注了作者大量的心血。教材内容具有先进性、科学性和教学适用性，符合新时期教师教育人才培养目标及课程教学的要求，全面、准确地阐述教师教育课程的基本理论、基本知识和基本技能，取材合适、深度适宜、结构严谨、理论联系实际。能够反映本领域国内外科学研究和教学研究的新知识、新成果、新成就、新技术。利于培养学生的自学能力、独立思考能力和创新能力。

教材编写是一项复杂的工作，加之时间紧迫、任务艰巨，难免出现一些疏漏和错误，请读者不吝指正。本教材在编写过程中得到了相关领导和专家的鼎力支持和辛勤付出，以及广大教师、学生的积极参与，在此表示衷心的感谢！

王玉华
齐鲁师范学院校长、教授、博士

前　言

教育部等七部门《关于进一步加强高校实践育人工作的若干意见》指出："实践教学、军事训练、社会实践活动是实践育人的主要形式"；"实践教学是学校教学工作的重要组成部分，是深化课堂教学的重要环节，是学生获取、掌握知识的重要途径。各高校要结合专业特点和人才培养要求，分类制定实践教学标准，增加实践教学比重，确保人文社会科学类本科专业不少于总学分（学时）的15%、理工农医类本科专业不少于25%、高职高专类专业不少于50%"。

为了贯彻落实文件精神，我们进行了教学改革："普通本科院校经管类专业培养模式选择及其教学改革与实践研究——以会计专业为例"。专科选择了2+1模式，将理论课教学安排前两年四个学期，第三年（五、六学期）毕业实习；本科选择了3+1模式，将理论课教学安排前三年六个学期，第四年（七、八学期）毕业实习；前两（或三）年的专业理论课，将2/3时间用于课堂授课，1/3时间用于课程实践。

在教材建设上，我们本着"理论够用，重在应用，强化实践"的宗旨，编写一套适合这项教学改革的配套教材或参考书，《基础会计理论与实践》就是其中的一本。

本教材分上下两篇，上篇为理论篇，以七大会计核算方法（设置会计科目和账户、复式记账、填制审核会计凭证、登记账簿、财产清查、成本计算、编制会计报表）为主线，设计了10章内容（第一章基础会计总论、第二章会计科目和账户、第三章复式记账法、第四章借贷记账法的应用、第五章会计凭证、第六章会计账簿、第七章财产清查、第八章会计报表、第九章账务处理程序、第十章会计工作组织）；下篇为课程实践篇，以会计工作为主线（会计建账、编制会计凭证、登记账簿、编制会计报表），设计了四章内容（第十一章会计基本技能、第十二章会计期初建账、第十三章日常账务处理、第十四章期末账务处理）。其中带★的章节专科可以不讲授。

本教材由齐鲁师范学院宋廷山、郭思亮、张占涛任主编，司伟、毛乾梅、李晖任副主编。宋廷山提供第一章、第二章、第三章、第四章初稿；李晖提供第五章、第六章初稿；毛乾梅提供第七章、第八章初稿；司伟提供第九章、第十章初稿；郭思亮提供了第十一章、第十二章的初稿；张占涛提供了第十三章、第十四章的初稿。初稿形成后，由主编对初稿进行了修改定稿。

本书编写过程中，我们参考了国内外出版的大量本学科教材和专著，敬列于参考文献中。对编写这些著作的学界前辈、专家和同行们，我们表示崇高的敬意和衷心的感谢！

由于水平所限，加之时间紧迫，教材中可能还存在许多我们还没有发现的问题，衷心希望读者不吝批评指正，有问题或建议可发电子邮件至 qlnusts@163. com，对于特殊性的问题我们将给予个别答复，对于具有普遍性的问题，将在再版时进行更正和说明。在此我们一并表示感谢！

编者于泉城济南

2015 年 11 月 1 日

目　录

上篇　理　　论

下篇 课程实践

上篇　理　论

第一章　基础会计总论

第一节　会计的含义

一、会计的产生与发展

（一）古代会计

会计是在社会生产实践中产生的，并随着社会经济的发展而发展和完善的。

在原始社会，生产力十分低下和出现剩余劳动和剩余产品之前的阶段，会计活动是与生产活动结合在一起进行的，只是生产职能的附带部分。当生产力发展到一定水平，出现剩余产品之后，会计从生产职能中分离出来成为一种独立职能。当时的记账方法为单式记账法，单式记账法是古代会计的显著特征。

（二）近代会计

1494 年意大利数学家卢卡·帕乔利（Luca Pacioli）著《算术几何比与比例概要》一书，比较系统地介绍了“威尼斯簿记法”，并结合数学原理从理论上加以概括，被公认为是复式记账法最早形成文字的记载，也是会计发展史上的一个重要里程碑，标志着近代会计的最终形成。一般认为，15 世纪末期，由单式记账过渡到复式记账，标志着近代会计诞生了。

（三）现代会计

19 世纪下半期，各主要资本主义国家经济迅速发展，生产规模随着市场的开拓不断扩大，卖方市场向买方市场转化，企业面临激烈竞争，经销稍有考虑不周，就有被淘汰的危险。在这种情况下，为了提高经济效益，加强对经济活动过程的控制，企业管理当局对会计提出了更高的要求，不仅要求会计事后记账、算账，更重要的是利用簿记提供的会计信息，按照产品归集费用、计算每种产品的成本和每种产品的盈亏，并利用经过加工的会计信息进行成本分析和控制，进而对经营活动进行事前预测、决策。因此，会计工作不仅单纯是保护财产安全，而且已成为经营管理工作的重要方面。

20 世纪 30 年代以来，世界进入一个新的发展时期，人类的管理思想由过去按经验所进行的定性管理，发展到运用现代计量、记录手段进行的定量管理，实行定性与定量管理相结合，并迅速朝着系统化、信息化、科学化的方面发展，与此相适应，现代化的管理方法和技术渗透到会计领域，丰富发展了会计的内容、职能和技术方法，把会计理论和会计方法推进到了一个崭新的阶段，加快了近代会计向现代会计转变的速度。一般认为，20 世纪中期，成本会计和管理会计从财务会计中分离出来独立成科，标志着现代会计诞生了。

（四）新中国会计

新中国成立后，在计划经济体制下，参照苏联会计模式建立了我国的企业会计制度和预算会计制度，不同行业之间、同一行业不同所有制之间的会计科目不同，记账方法也不同。改革开放后，为适应市场经济的发展，1992 年颁布了《企业会计准则——基本准则》、《企业财务通则》，1993 年开始了会计改革。2001 年颁布了统一的《企业会计制度》，会计规范体系得到逐步完善。2006 年 2 月财政部正式对外发布了包括 1 项基本准则和 38 项具体准则的中国企业会计准则，至此适应我国社会主义市场经济发展进程的、能够独立实施和执行的、与国际会计标准趋同的中国企业会计准则体系正式建立。

自 2007 年 1 月 1 日起，上市公司不再执行 2001 年颁布的《企业会计制度》，而是执行 2006 年 2 月财政部正式对外发布了包括 1 项基本准则和 38 项具体准则的中国企业会计准则。目前非上市公司可以参照上市公司执行，也可以继续执行 2001 年的《企业会计制度》，但两者有较大差异。考虑到《企业会计制度》早晚要取消的趋势，本教材以 2006 年财政部颁布的会计准则为标准编写。

二、会计的职能

会计的职能是指会计在经济管理过程中所具有的功能，即人们在经济管理活动中运用会计干些什么。

（一）会计的基本职能

马克思曾把会计的职能概述为："会计是对生产过程的控制和观念的总结"，[①] 这是对会计职能的一般解释。这里所谓的"过程"是指社会再生产的全过程，经济活动的全过程；所谓"控制"就是"监督"，是督促人们遵纪守法；所谓"观念的总结"就是"反映"或"核算"。《中华人民共和国会计法》也将会计的基本职能定义为会计核算和会计监督两个方面。

---

① 《马克思恩格斯全集》（第 24 卷），人民出版社，1972 年，第 152 页。

1. 会计核算职能

会计核算主要是以货币为计量单位，运用专门的会计方法，对生产经营活动或者预算执行过程及其结果进行连续、系统、全面的确认、计量、记录，定期编制并提供财务报告和其他一系列内部管理所需的内部资料，为作出经营决策和宏观经济管理提供依据的一项会计活动。需要指出的是传统会计核算是对已经发生或完成的经济活动的核算，而现代的会计核算不仅包括对经济活动的事后核算，还包括对经济活动的事前、事中的全过程核算。

2. 会计监督职能

会计监督是指在会计核算的同时，依据国家有关方针、政策、法规和会计制度，以及单位的计划、预算等，对经济活动的合法性、合理性和效益性进行的检查、指导和督促。与会计核算一样，会计监督也是对经济活动进行的事前、事中和事后相结合的全面经济监督。需要指出的是，会计监督主要是利用货币度量进行价值监督，但也需要进行实物监督。

会计核算和会计监督这两项基本职能是相辅相成、不可分割的，会计核算是会计监督的基础，没有会计核算提供的会计信息，就无法进行会计监督；会计监督是会计核算的保证，只有进行严格有效的会计监督才能为经济管理提供真实可靠的会计信息，否则会计信息就不真实，就不能发挥会计核算应有的作用。因此，可以说会计监督是会计核算的延伸与发展。

（二）会计职能的发展

随着生产力的发展，科学技术的进步和经济管理水平的提高，会计的职能在不断的扩大。现代会计职能除了核算和监督外，还具有预测、决策、预算、控制、分析和考核等职能。

三、会计的特点

会计作为一种经济管理活动，与其他管理活动（如劳动管理、统计管理等）相比，具有十分显著的特点。其特点主要体现在以下四个方面：

（一）以货币作为主要计量单位

会计是从数量方面来综合反映经济活动的。虽然从数量方面反映经济活动可使用三种计量单位，即劳动计量单位（如工时、工日等）、实物计量单位（如吨、千米、件等）和货币计量单位，但劳动计量单位和实物计量单位表示出的经济业务内容无法进行综合反映，而只有能够充当一般等价物的货币，才能把经济业务内容数量化，转换为统一的价值指标来进行综合反映。因此，会计在从数量上反映经济活动时，可以采用多种不同的计量单位，但最终还必须以货币计量单位来进行综合反映。

（二）对经济活动的反映具有完整性、连续性、系统性和综合性

完整性是指要反映出经济活动的全貌，不能遗漏；连续性是指要按时间的先后顺序依次地对经济活动进行反映，不得中断；系统性是指对各项经济活动要进行科学的分类、加工整理，从而保证会计资料成为一个有序的相互关联的整体；综合性是指会计能够提供经济活动各项总括的价值指标。

（三）有一套完善的专门方法

为了适应社会经济发展与经济管理的需要，人们在长期的会计实践活动中，经过不断地积累经验，不断地改革与创新，逐步形成了一套严密、系统、科学、完备的专门方法。这些专门方法在会计管理中既有各自独立的作用，又相互联系、相互配合，从而保证了会计管理目标的实现。

（四）以凭证为主要依据

以凭证为主要依据具有可验证性。任何单位办理任何经济业务，都必须办理凭证手续，由执行或完成该项业务的有关人员填制或取得凭证，并在凭证上签名盖章，以明确责任。会计人员处理这些经济业务时，首先要对凭证进行合理性、合法性等相关审核，然后才能填制记账凭证，登记账簿。这样才能保证会计核算资料的真实、可信。

四、会计的概念

从广义上来讲，会计是指会计学、会计工作和会计人员的总称。本书所讲的会计除特别指出会计学和会计人员之外，一般是指会计工作。所以本书所说明的会计概念，是指狭义上的会计概念，即会计工作的概念。

对于会计概念的释义，会计界历来存在多种不同的观点，其中具有代表性的观点就是“信息系统论”和“管理活动论”。“信息系统论”的观点就是把会计的本质理解为是一个经济信息系统。具体的讲，会计信息系统是指在企业或其他组织范围内，旨在反映和控制企业或组织的各项经济活动，由若干具有内在联系的程序、方法和技术所组成，由会计人员加以管理，用于处理经济数据、提供财务信息和其他有关经济信息的有机整体。“管理活动论”的观点认为会计是以货币为主要计量单位，通过一系列专门的方法对企事业、机关单位或者其他经济组织的经济活动进行连续、系统、全面、综合地核算和监督，并参与预测、决策、分析和考核的一种管理活动。无论是“信息系统论”还是“管理活动论”，它们本质上是相同的，只是从不同的角度来说明会计的含义。

通过上述对会计发展历史以及会计职能和特点的概括，我们可以对现代会计作如下的界定：会计是以货币为主要计量单位，运用专门的会计核算方法，对企业、事业、机关和团体等单位能用货币表现的经济活动，进行完整的、连续的、系统的、综合的核算和监督，通过提供财务信息，实行管理的经济管理活动。

第二节　会计要素和会计等式

一、会计对象

会计对象是指会计核算和监督的内容。概括地讲，会计核算和监督的内容是：社会再生产过程的资金运动，即企业、行政、事业等单位能用货币表示的经济活动；具体来讲，会计核算和监督的内容是：会计要素。

（一）会计对象的一般描述

马克思关于会计是“对生产过程的控制和观念的总结”的论述，明确了“过程”就是会计核算和监督的内容，这就是对会计对象最一般、最概括的描述。这里的过程是指社会再生产的全过程，它由生产、分配、交换和消费四个环节组成。作为社会再生产过程基层单位的企业、行政和事业单位，虽然它们的工作性质和任务不同，但它们的活动不同程度地与社会产品的生产、分配、交换和消费有关，因而都是社会再生产过程的组成部分。需要说明的是，会计并不是对社会再生产过程的各个方面或者全部进行核算和监督，会计所核算和监督的主要部分是其中可以用货币表现的经济活动，即资金运动，也叫价值运动。

（二）会计对象的具体内容

1. 工业企业的会计对象

工业企业主要经济业务活动及资金周转循环过程见图1－1。

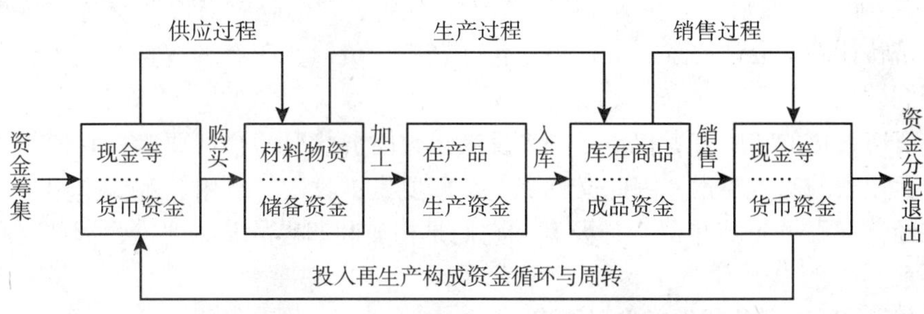

图1－1　工业企业资金循环与周转

2. 商品流通企业的会计对象

商品流通企业主要经济业务活动及资金周转循环过程见图 1-2。

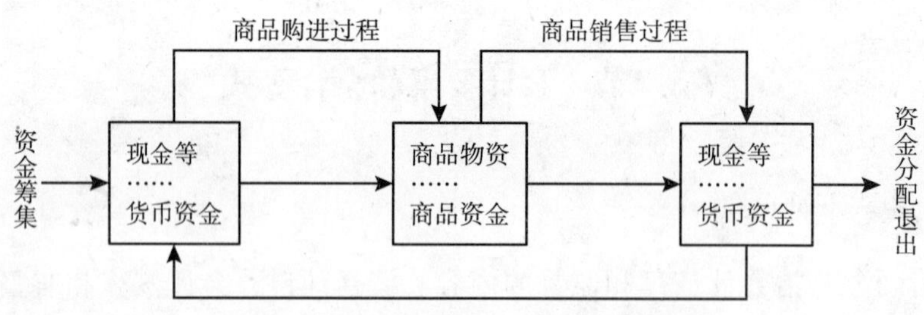

图 1-2 商品流通企业资金循环与周转

3. 行政事业单位的会计对象

行政事业单位主要经济活动过程见图 1-3。

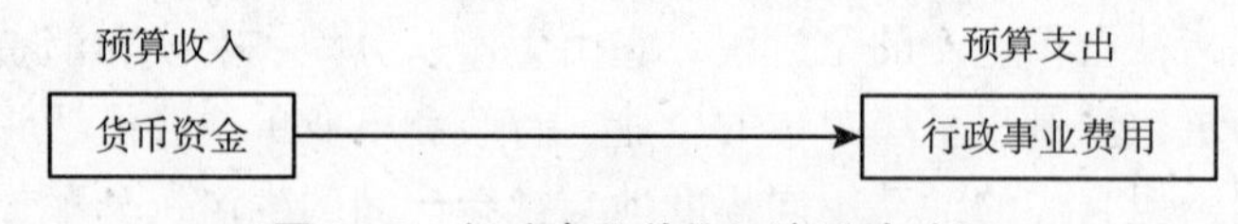

图 1-3 行政事业单位经济活动过程

二、会计要素

（一）会计要素的含义

会计要素是对会计对象按其经济特性作出的基本分类，是会计对象的具体化，是构成会计报表的基本要素，又称会计对象要素或会计报表要素。

（二）会计要素的构成

《企业会计准则——基本准则》第十条规定："企业应当按照交易或者事项的经济特征确定会计要素。会计要素包括资产、负债、所有者权益、收入、费用和利润。"

资产、负债和所有者权益是用来反映单位财务状况的会计要素，它们是构成资产负债表的基本要素，因此又称资产负债要素；收入、费用和利润是用来反映单位经营（财务）成果的会计要素，它们是构成利润表的基本要素，因此又称利润要素。

（三）反映财务状况的会计要素

1. 资产

《企业会计准则——基本准则》第二十条规定："资产是指企业过去的交易

或者事项形成的、由企业拥有或者控制的、预期会给企业带来经济利益的资源。企业过去的交易或者事项包括购买、生产、建造行为或其他交易或者事项。预期在未来发生的交易或者事项不形成资产。由企业拥有或者控制，是指企业享有某项资源的所有权，或者虽然不享有某项资源的所有权，但该资源能被企业所控制。预期会给企业带来经济利益，是指直接或者间接导致现金和现金等价物流入企业的潜力。"

作为企业的资产，必须符合以下条件：

(1) 资产是由过去的交易或事项形成的。所谓交易是指以货币为媒介的商品或劳务的交换，如购买、接受投资、自行建造等；而所谓的事项是指没有实际发生货币交换的经济业务，如企业接受捐赠的物资等。

企业过去的交易或者事项包括购买、生产、建造行为或其他交易或者事项。预期在未来发生的交易或者事项不形成资产。如企业预期购买的材料、设备等，因其交易尚未发生，所以不能作为企业的资产。

(2) 资产是由企业拥有或控制的。所谓拥有是指该项资产的所有权属于企业；而所谓控制是指企业虽然对某种资产不具有所有权，但它能够支配、控制，如融资租入的固定资产等。

(3) 资产预期会给企业带来经济利益。作为一项经济资源，资产应该具有直接或者间接导致现金和现金等价物流入企业的潜力。如果一项资源不能给企业带来经济利益，就不能被确认为企业的资产，如腐烂变质的材料。

(4) 资产是能够用货币计量的经济资源。以货币为主要计量单位是会计的主要特点。因此，企业的各项资产也必须能用货币加以计量，否则会计信息系统就无法予以反映。如人力资源、环境资源等，这些资源虽然也能够给企业带来经济利益，但由于他们不能用货币计量，所以不能被确认为企业的资产。

通常我们按照资产的流动性即变换为现金或被消耗的速度将资产分为流动资产和非流动资产。

(1) 流动资产。是指可以在一年或者超过一年的一个营业周期内变现或者被耗用的资产。主要包括库存现金、银行存款、交易性金融资产、应收及预付款项、存货等。

库存现金，是指存放在企业会计部门，由出纳人员保管的货币。

银行存款，是指企业存放在银行里的货币资金。

交易性金融资产，是指企业为了出售而持有的金融资产。如企业以赚取差价为目的从市场上购入的股票、债券、基金等。

应收及预付款项，是指企业在日常生产经营过程中发生的各项债权，包括应收账款、应收票据、预付账款。应收票据又分为银行承兑和商业承兑两种。

存货，是指企业在日常活动中持有的以备出售的产成品或商品，处在生产过程中的在产品、在生产过程或提供劳务过程中耗用的物料等，包括各种原材料、库存商品、在产品（生产成本）、包装物、低值易耗品等。

（2）非流动资产。是指流动资产以外的资产，主要包括持有至到期投资、长期股权投资、固定资产、无形资产等。

持有至到期投资，是指到期日固定、回收金额固定或可确定，其企业有明确意图和能力持有到期的非衍生金融资产，如企业购入的国债、公司债券等。

长期股权投资，是指企业投出的期限在1年以上的各种股权性质的投资，包括购入的股票和其他股权投资等。

固定资产，是指企业为生产商品、提供劳务、出租或经营管理而持有的、使用寿命超过一个会计年度（非生产经营用的要超过两年）的有形资产。固定资产具有以下特征：使用寿命长、单位价值量大、使用中物质形态不变、价值逐步磨损。如企业拥有或控制的不准备出售而持有的房屋、建筑物、机器设备、运输设备等。

无形资产，是指企业拥有或控制的没有实物形态的可辨认的非货币性资产，包括专利权、商标权、著作权、非专利技术、土地使用权等。

2. 负债

《企业会计准则——基本准则》第二十三条规定："负债是指企业过去的交易或者事项形成的、预期会导致经济利益流出企业的现时义务。现时义务是指企业在现行条件下已承担的义务。未来发生的交易或者事项形成的义务，不属于现时义务，不应当确认为负债。"

可见负债有以下特征：

（1）负债是企业承担的现时义务。现时义务是指企业在现行条件下已承担的义务。未来发生的交易或者事项形成的义务，不属于现时义务，不应当确认为负债。如短期借款是指企业目前应该承担偿还银行贷款的义务，而不是以后准备拖欠银行的款项。

（2）负债是由过去的交易或事项形成的。导致负债的交易或事项必须已经发生，凡未来交易或事项可能给企业形成的义务，不能确认为企业的负债。如企业与某单位签订一份合同，准备于下月购入一批材料，款项50 000元暂欠，该款项就不应确认为负债。

（3）负债清偿预期会导致经济利益流出企业。负债通常是在未来某一时日通过资产或劳务来偿还。如企业购入一批材料，款项未付，需要企业在未来用资产或劳务来偿还，从而导致经济利益流出。

（4）未来流出的经济利益的金额能够可靠的计量。为了便于分析企业的财务状况和偿债能力，企业的负债应当按其流动性，即偿还期的长短，划分为流动负债和长期负债两部分。

①流动负债。是指将在一年或者超过一年的一个营业周期内偿还的债务，包括短期借款、应付票据、应付账款、应付职工薪酬、应付股利、应交税费等。

短期借款，是指借款期限在1年内偿还的银行借款。

应付票据，是指企业因购买材料、商品或接受劳务等而开出并承兑的票据。

应付账款，是指应付给供应单位的购买材料物资的款项。

预收账款，是指按照购销双方协议约定，企业向购货单位预收的款项。

应付职工薪酬，是指应支付给员工的劳动报酬及福利费用等。

应付股利，是指应付给投资者的股利或利润。

应交税费，是指应向国家缴纳的各项税费。

其他应付款，是指除上述负债以外的其他各项应付、暂收的款项。

②非流动负债。是指除流动负债以外的负债，包括长期借款、应付债券、长期应付款等。

长期借款，是指借款期限在一年以上的银行借款。

应付债券，是指企业发行的一年以上的债券。

长期应付款，是指付款期限超过一年应付款项。

3. 所有者权益

《企业会计准则——基本准则》第二十六条规定："所有者权益是指企业资产扣除负债后由所有者享有的剩余权益。公司的所有者权益又称为股东权益。"

所有者权益有以下特征：

（1）它是一种剩余权益。公式：资产－负债＝所有者权益。

（2）除非发生减资，清算等事项，企业不需要偿还所有者权益。

（3）所有者有权参与企业的利润分配，并承担企业的经营风险。

（4）企业在清算时，只在清偿所有的负债后，所有者权益才可以给所有者。

《企业会计准则——基本准则》第二十七条规定："所有者权益的来源包括所有者投入的资本、直接计入所有者权益的利得和损失、留存收益等。"

（1）所有者投入的资本，包括实收资本和资本公积。企业的实收资本是指投资者按照企业章程，或者合同、协议的约定，实际投入企业的资本。企业的资本公积主要来源于资本在投入过程中所产生的溢价，包括资本（或股本）溢价，外币资本折算差额和其他资本公积等。

（2）直接计入所有者权益的利得和损失，是指不应计入当期损益、会导致所有者权益发生增减变动的、与所有者投入资本或者向所有者分配利润无关的利得或损失。利得是指由企业非日常活动所形成的、会导致所有者权益增加的、与所有者投入资本无关的经济利益的流入，如营业外收入。损失是指由企业非日常活动所发生的、会导致所有者权益减少的、与向所有者分配利润无关的经济利益的流出，如营业外支出。

（3）留存收益是指盈利后留存在企业的部分，一般包括盈余公积和未分配利润。盈余公积，是指企业按规定从净利润中提取的积累资金。未分配利润，是指企业留待以后年度分配的利润或本年度待分配的利润。

（四）反映经营成果的会计要素

1. 收入

《企业会计准则——基本准则》第三十条规定："收入是指企业在日常活动中形成的、会导致所有者权益增加的、与所有者投入资本无关的经济利益的总流入。"

收入包括销售商品收入、提供劳务收入和让渡资产使用权收入（利息收入、使用费收入和现金股利收入）等，不包括为第三方代收或者客户代收的款项。

收入有以下特征：

（1）收入是从企业的日常活动中形成的。日常活动是指企业为完成其经营目标而从事的经常性活动及与之相关的活动。如企业销售产品、提供劳务等。

（2）收入的取得会导致经济利益流入企业。它可能表现为资产的增加，如增加银行存款、应收账款等；也可能表现为负债的减少，如以商品抵偿债务；还可能是两者兼而有之，如商品销售的货款中一部分抵偿债务，另一部分收取现金。

（3）收入只包括本企业经济利益的流入，不包括为第三方或客户代垫的款项。如增值税、代收利息等。

（4）收入能引起所有者权益的增加。

（5）收入与所有者的投入资本无关。

收入按日常活动在企业中所处的地位，分为主营业务收入和其他业务收入。

主营业务收入（工业企业），是指企业销售商品、提供劳务等主营业务所实现的收入。如企业销售产品所取得的收入，企业加工费收入等。

其他业务收入（工业企业），是指企业除主营业务收入以外的其他业务活动所取得的收入，如企业销售材料、出租固定资产、无形资产等实现的收入。

广义的收入包括主营业务收入、其他业务收入、营业外收入、投资收益、公允价值变动损益等。

2. 费用

《企业会计准则——基本准则》第三十三条规定："费用是指企业在日常活动中发生的、会导致所有者权益减少的、与向所有者分配利润无关的经济利益的总流出。"

费用有如下特征：

（1）费用是企业日常活动中发生的经济利益的流出。日常活动是指企业为完成其经营目标而从事的经常性活动及与之相关的活动。如企业为生产产品而消耗的材料、支付的职工薪酬、承担的利息等。

（2）费用会导致所有者权益的减少。费用可能表现为资产的减少，如减少银行存款、库存商品等；也可能表现为负债的增加，如增加应付职工薪酬，应交税费等。

（3）费用与向所有者分配利润无关。向所有者分配利润或鼓励属于企业利润分配的内容，不构成企业的费用。

《企业会计准则——基本准则》第三十五条规定："企业为生产产品、提供劳务等发生的可归属于产品成本、劳务成本等的费用，应当在确认产品销售收入、劳务收入等时，将已销售产品、已提供劳务的成本等计入当期损益。企业发生的支出不产生经济利益的，或者即使能够产生经济利益但不符合或者不再符合资产确认条件的，应当在发生时确认为费用，计入当期损益。企业发生的交易或者事项导致其承担了一项负债而又不确认为一项资产的，应当在发生时确认为费用，计入当期损益。"

按归属的不同，费用可以分为直接费用、间接费用和期间费用。

（1）直接费用是指企业为生产商品和提供劳务而发生的各项费用，如工业企业的直接材料、直接人工和其他直接费用，直接计入生产成本。

（2）间接费用是指企业为组织和管理生产经营活动而发生的共同费用，一般是指车间发生的一般消耗，这些费用发生后，首先通过制造费用加以归集，期末按照一定标准分配计入生产成本。

营业成本，是指销售商品或提供劳务的成本，其内容包括主营业务成本和其他业务支出。

主营业务成本，是指企业销售商品、提供劳务等经常性活动中所发生的成本。

其他业务支出，是指除主营业务活动以外的其他经营活动所发生的成本。

（3）期间费用是指企业在日常活动中发生的，应当直接计入当期损益的费用。其内容包括销售费用、管理费用和财务费用。

销售费用，是指企业在销售商品、提供劳务过程中发生的各项费用。

管理费用，是指企业行政管理部门为组织和管理生产经营活动而发生的费用。

财务费用，是指企业为筹集资金而发生的费用。

广义的费用包括主营业务成本、其他业务支出、营业税金及附加、销售费用、管理费用、财务费用、资产减值损失、营业外支出、所得税费用等。

3. 利润

《企业会计准则——基本准则》第三十七条规定："利润是指企业在一定会计期间的经营成果，利润包括收入减去费用后的净额、直接计入当期利润的利得和损失等。"

利润有三个层次：

(1) 营业利润。营业利润是指企业日常经营活动及相关活动所形成的经营成果。其计算公式为：

营业利润 = 营业收入 − 营业成本 − 营业税金及附加 − 销售费用 − 管理费用 − 财务费用 − 资产减值损失 + 公允价值变动收益（−公允价值变动损失）+ 投资收益（−投资损失）

(2) 利润总额。利润总额是指企业一定时期内全部经营活动获得的经营成果。其计算公式为：

利润总额 = 营业利润 + 营业外收入 − 营业外支出

(3) 净利润。净利润是指企业利润总额扣除所得税费用的余额，也成为税后利润或净利。其计算公式表示为：

净利润 = 利润总额 − 所得税费用

三、会计等式

会计等式是指各项会计要素之间平衡关系的表达式。资产、负债、所有者权益、收入、费用、利润这六项会计要素在数量上存在着平衡关系，将这种平衡关系用数学公式表达出来，就是会计等式。

（一）静态会计等式

从数量上来看，资产和权益是相等的，有一定数量的资产，就一定有相应数量的权益，从任何一个时点上看，一个企业的资产总额一定等于其权益总额。用会计等式表示为：

资产 = 权益　　(1.1)

权益包括债权人的权益和投资人的权益。从债权人借入的，形成债权人权益，即企业的负债；投资者投入的，形成投资者权益，即所有者权益。因此，会计等式进一步表示为：

$$资产 = 负债 + 所有者权益 \tag{1.2}$$

这个会计等式表达的是资产、负债、所有者权益三者之间的平衡关系，是最基本的会计等式。反映的是资金运动的相对静止状态，即在某一时点上企业的资产构成及其来源情况。因此把这个会计等式称为静态会计等式，也称为静态会计恒等式。

（二）动态会计等式

企业经营的目的是从生产经营活动中获得收入，实现利润。而收入的取得必然要发生相应的费用。一定期间的收入减去费用，就是企业的经营成果。如果收入大于费用，企业取得了利润；反之，收入小于费用，企业就发生了亏损。收入、费用、利润之间的关系，用公式表示如下：

$$收入 - 费用 = 利润 \tag{1.3}$$

需要说明的是，此处的收入和费用是广义的收入和费用。这个会计等式表明的是，企业在一定会计期间收入、费用和利润之间的关系，它反映了企业资金的相对运动状态，因此称为动态会计等式。

（三）静动结合会计等式

由于收入减去费用的差额（利润或亏损），会影响企业的资产和所有者权益。如果是利润会增加企业的资产和所有者权益；如果是亏损则会减少企业的资产和所有者权益。因此，可以把会计等式表示为：

$$资产 = 负债 + 所有者权益 + (收入 - 费用) \tag{1.4}$$

将费用移至等号左边，可表示为：

$$资产 + 费用 = 负债 + 所有者权益 + 收入 \tag{1.5}$$

（四）经济业务的发生对会计等式的影响

经济业务的发生会引起会计要素数量的增减变化，并不会破坏会计等式的平衡关系，因此称为会计恒等式。

企业发生的经济业务（也称会计事项），虽然种类繁多，但归纳起来不外乎有四种类型九种情况：

（1）经济业务的发生引起会计等式左右两边等额增加，即引起资产项目的增加和权益项目的等额增加，虽然会计等式两边的金额变化了，但会计等式的等号仍然成立。

①一项资产和一项负债同增，增加金额相等。

②一项资产和一项所有者权益同增，增加金额相等。

（2）经济业务的发生引起会计等式左右两边等额减少，即引起资产项目的减少和权益项目的等额减少，虽然会计等式两边的金额变化了，但会计等式的等号仍然成立。

③一项资产和一项负债同减，减少的金额相等。

④一项资产和一项所有者权益同减，减少的金额相等。

（3）经济业务的发生引起会计等式左边内部各项目之间发生增减变动，并且增减变动数额相等。即资产项目内部一个项目增加，另一个项目等额减少。不仅会计等式的等号成立，而且等式两边的金额也保持不变。

⑤一项资产增加，一项资产减少，增减金额相等。

（4）经济业务的发生引起会计等式右边各项目之间发生增减变动，并且增减变动数额相等。即负债项目内部之间、所有者权益项目内部之间以及负债和所有者权益项目之间，一个项目增加，另一个项目等额减少。不仅会计等式的等号成立，而且等式两边的金额也保持不变。

⑥一项负债增加，一项负债减少，增减金额相等。

⑦一项所有者权益增加，一项所有者权益减少，增减金额相等。

⑧一项负债增加，一项所有者权益减少，增减金额相等。

⑨一项所有者权益增加，一项负债减少，增减金额相等。

现举例说明以上四种类型经济业务的发生，会计等式的平衡关系都不会破坏。

【例 1－1】某企业 2015 年 1 月 1 日的资产、负债和所有者权益状况如表 1－1 所示。

表 1－1　　资产负债表（简表）　　单位：元

资产	金额	负债及所有者权益	金额
库存现金	9 000	短期借款	7 400
银行存款	26 000	应付账款	42 000
应收账款	35 000	应交税费	8 000
原材料	42 000	长期借款	18 000
长期股权投资	40 000	实收资本	266 800
固定资产	200 000	资本公积	9 800
合　计	352 000	合　计	352 000

该企业 1 月发生经济业务如下：

（1）企业向银行借款，计 200 000 元，存入银行为企业开设的账户中。（类型一）

（2）企业以银行存款偿还所欠甲企业的购货款，计 3 000 元。（类型二）

（3）以银行存款 100 000 购买机器设备。（类型三）

（4）经与债权人协商，企业将债务转作对企业的投资，计60 000元。（类型四）

上述四项经济业务对会计恒等式的影响表示如表1－2所示。

表1－2　　四项经济业务对会计恒等式的影响表

	资产	=	负债	+	所有者权益	权益合计
月初等式	352 000	=	75 400	+	276 600	（352 000）
业务1的影响	+200 000		+200 000			
新等式	552 000	=	275 400	+	276 600	（552 000）
业务2的影响	－3 000		－3 000			
新等式	549 000	=	272 400	+	276 600	（549 000）
业务3的影响	+100 000					
	－100 000					
新等式	549 000	=	272 400	+	276 600	（549 000）
业务4的影响			－60 000		+60 000	
月末等式	549 000	=	212 400	+	336 600	（549 000）

经过上述分析可以看出，任何类型的经济业务发生都不会破坏会计等式的平衡关系。这一会计平衡关系是设置账户、复式记账法和编制资产负债表的理论依据。

第三节　会计假设和会计原则

一、会计假设

会计是为一定目标服务的，要实现会计目标必须具备一定的核算前提条件，即对会计事务中产生的一些尚未确知的事物，根据客观的正常情况或发展趋势作出合乎情况的判断和假定。这种判断和假定就是会计核算的前提条件，被称为会计核算的基本前提，或称会计假设。

会计核算的基本前提是指为了保证会计工作的正常进行和会计信息的质量，对会计核算工作的空间和时间范围、内容、基本程序和方法所做的限定，并在此基础上建立会计原则。会计核算的基本前提包括：会计主体、持续经营、会计期间、货币计量与币值稳定。

（一）会计主体

《企业会计准则——基本准则》第五条规定："企业应当对其本身发生的交易或者事项进行会计确认、计量和报告。"即会计主体假设。

会计主体是指会计所服务的特定单位。会计主体前提是指会计所反映的是一个特定单位的经济活动。企业会计核算应当以企业发生的各项交易或事项为对象，记录和反映企业本身的各项生产经营活动。从而明确了企业会计工作的空间范围。提出会计主体概念，是为了把会计主体的经济业务与其他会计主体以及投资者的经济业务分开。会计主体确定之后，会计人员只是站在特定会计主体的立场，核算特定主体的经济活动。

需要说明的是，会计主体不同于法律主体。会计主体不一定是法律主体，而法律主体一定是会计主体。例如，一个企业是会计主体，同时也是法律主体；而总公司的分公司可以是会计主体，但不是法律主体。一个法律主体可以有多个会计主体，如总公司下多个分公司；一个会计主体也可以有多个法律主体，例如控股超过50%企业集团编制合并会计报表。

（二）持续经营

《企业会计准则——基本准则》第六条规定："企业会计确认、计量和报告应当以持续经营为前提。"即持续经营假设。

持续经营是指企业会计核算应以持续、正常的生产经营活动为前提，而不考虑其是否将破产清算。它明确了会计主体工作的时间范围。会计主体确定后，只有假定这个作为会计主体的企业是持续、正常经营的，会计原则和会计程序才有可能建立在非清算的基础上，不采用合并、破产清算的那一套处理方法。这样才能保持会计信息处理的一致性和稳定性。

（三）会计分期

《企业会计准则——基本准则》第七条规定："企业应当划分会计期间，分期结算账目和编制财务会计报告。会计期间分为年度和中期。中期是指短于一个完整的会计年度的报告期间。"即会计分期假设。

会计分期是指把企业持续不断的生产经营过程，划分为较短的等距会计期间，以便分期结算账目，按期编制会计报表。它是对会计工作时间范围的具体划分。会计期间是指在会计工作中，为核算生产经营活动或预算执行情况所规定的起讫日期。会计期间分为年度、半年度、季度和月度。半年度、季度和月度均称为会计中期。有了会计期间这个前提，才产生了本期与非本期的区别，才产生了收付实现制和权责发生制，才能正确贯彻配比原则。只有正确的划分会计期间，才能准确地提供经营成果和财务状况的资料，才能进行会计信息的对比。

（四）货币计量

《企业会计准则——基本准则》第八条规定："企业会计应当以货币计量。"

货币计量是指对所有会计对象采用同一种货币作为统一尺度来进行脊梁，并把企业经营活动和财务状况的数据转化为按统一货币单位反映的会计信息。我国规定企业会计核算以人民币为记账本位币。有外币收支的企业，也可以选定某种外币作为记账本位币，但编制的会计报表应当折算为人民币反映。

以货币作为统一计量单位，包含着币值稳定的假设。但实际上货币本身的价值是有可能变动的。按照国际会计惯例，当货币本身的价值波动不大，或前后波动能够被抵销时，会计核算中可以不考虑这些波动因素，即仍认为币值是稳定的。但在发生恶性通货膨胀时，就需要采用特殊的会计准则（物价变动会计准则）来处理有关的会计事项。

二、会计原则

（一）权责发生制与收付实现制原则

《企业会计准则——基本准则》第九条规定："企业应当以权责发生制为基础进行会计确认、计量和报告。"

权责发生制就是以权利和责任是否发生为标准来确认收入和费用归属期的一种确认、计量、报告制度。由于会计核算是分期进行的，有些收入和费用在相邻的会计期间是相互交错的，对于这些收入和费用的归属期的确认，在会计处理上有两种不同的方法：权责发生制和收付实现制。按照权责发生制的要求，凡是当期实现的收入和已经发生或者应当负担的费用，不论款项是否收付，都应当作为本期的收入和费用入账；凡不属于当期的收入和费用，即使款项已在当期收付，也不应作为当期的收入和费用处理。权责发生制可以合理地确定企业在一定会计期间的财务成果，可以将经济业务引起的权利和责任在会计资料中反映出来。企业应当以权责发生制为基础进行会计确认、计量和报告。

收付实现制是以收入和支出的实际发生为标准来确认收入和费用归属期的一种确认、计量、报告制度。收付实现制强调财务成果的切实性，政府事业单位应当以收付实现制为基础进行会计确认、计量和报告。

（二）真实性或客观性原则

《企业会计准则——基本准则》第十二条规定："企业应当以实际发生的交易或者事项为依据进行会计确认、计量和报告，如实反映符合确认和计量要求的各项会计要素及其他相关信息，保证会计信息真实可靠、内容完整。"这就是真实性的含义。

（三）相关性或有用性原则

《企业会计准则——基本准则》第十三条规定："企业提供的会计信息应当与财务会计报告使用者的经济决策需要相关，有助于财务会计报告使用者对企业过去、现在或者未来的情况作出评价或预测。”这就是相关性的含义。

衡量会计信息相关性有三个标准：

首先，利用会计信息可以预测经济活动将来的发展趋势；其次，利用会计信息可以修正原来的决策和管理；再次，利用会计信息可以保证会计信息使用者及时进行决策和管理。

（四）明晰性原则

《企业会计准则——基本准则》第十四条规定：“企业提供的会计信息应当清晰明了，便于财务会计报告使用者理解和使用。”

明晰性是指企业提供的会计信息应当清晰明了，便于财务报告使用者理解和使用。明晰性要求会计记录准确、清晰；填制会计凭证、登记会计账簿做到依据合法、账户对应关系清楚、文字摘要完整；在编制会计报表时，项目勾稽关系清楚、项目完整、数字准确。

（五）可比性原则

《企业会计准则——基本准则》第十五条规定：“企业提供的会计信息应当具有可比性。”

同一企业不同时期发生的相同或者相似的交易或者事项，应当采用一致的会计政策，不得随意变更，确需变更的，应当在附注中说明，这种纵向可比性通常称为一贯性原则。不同企业发生的相同或者相似的交易或者事项，应当采用规定的会计政策，确保会计信息口径一致、相互可比。可比性是指会计信息在一定范围、一定时间和一定内容上可以进行纵向和横向比较。

（六）实质重于形式原则

《企业会计准则——基本准则》第十六条规定：“企业应当按照交易或者事项的经济实质进行会计确认、计量和报告，不应仅以交易或者事项的法律形式为依据。”

由于交易或事项的法律形式并不能完全真实地反映其实质内容，所以会计信息要想真实地反映其所要反映的交易或事项，就必须以交易或事项的实质（经济现实）来判断，而不能仅仅根据他们的法律形式。

例如，融资租入的固定资产，虽然从法律形式来看，企业并不拥有其所有权，但从其经济实质来看，企业能够控制其所创造的未来经济利益，所以应当将其作为企业的资产加以确认、计量、记录和报告。再如，我们不能按照销售合同确认其销售收入，应该按照实际销售情况（看商品所有权上的主要风险和报酬是否转移给了购货方）来确认其销售收入。

（七）重要性原则

《企业会计准则——基本准则》第十七条规定：“企业提供的会计信息应当

反映与企业财务状况、经营成果和现金流量等有关的所有重要交易或者事项。”

企业会计信息的省略或者错报会影响使用者据此作出经济决策，该信息就具有重要性。实践中，企业往往要根据其所处的环境和实际情况，从项目的性质和金额的大小两个方面去判断其重要性。

重要的项目要单独列示，不太重要的项目可以合并反映。

（八）谨慎性或稳健性原则

《企业会计准则——基本准则》第十八条规定：“企业对交易或者事项进行会计确认、计量和报告应当保持应有的谨慎，不应高估资产或者收益、低估负债或者费用。”

谨慎性又称稳健性，是指在处理不确定性经济业务时，应持谨慎态度，如果一项业务有多种处理方法可供选择，我们尽可能选择不高估资产或者收益、低估负债或者费用的方法。

如固定资产采用加速折旧法、存货计价在通货膨胀情况下采用后进先出法、应收账款计提坏账准备、存货跌价准备等都是基于谨慎考虑的。

当然也不允许企业滥用谨慎原则，任意计提各种秘密准备。如前一年度大量计提减值准备，待下一年度再予以转回。

（九）及时性原则

《企业会计准则——基本准则》第十九条规定：“企业对于已经发生的交易或者事项，应当及时进行会计确认、计量和报告，不得提前或者延后。”

及时性即时效性，与可靠性和相关性相联系，需要在两者之间找到平衡。

（十）配比原则

本期的收入和本期的费用相配比，计算当期损益。

第四节　会计方法和会计程序

会计方法是用来反映监督会计对象、完成会计任务的手段。研究和运用会计方法，是为了更好地完成会计任务。目前，我国的会计方法由三部分内容组成，一是会计核算方法，二是会计分析方法，三是会计检查方法。本教材只介绍会计核算方法，会计分析方法和会计检查方法将在有关课程中介绍。

一、会计核算方法

会计核算方法是指对会计要素进行全面、连续、系统的记录、计算、反映和监督所应用的方法。即：会计在进行记账、算账、报账时所采用的方法。包括设置账户、复式记账、填制和审核凭证、登记账簿、成本计算、财产清查、编制报表7种方法。

（一）设置账户

设置账户是对会计对象的具体内容进行归类、反映和监督的一种专门方法。它可以对会计对象的复杂多样的具体内容进行科学的分类和记录，以此取得各种核算指标，并随时加以分析、检查和监督。

（二）复式记账

复式记账是对发生的每一项经济业务要在两个或两个以上的账户中相互联系起来登记的一种专门方法。采用这种方法记账，使每项经济业务所涉及的两个或两个以上的账户发生对应关系。同时，在对应账户上所记金额相等，即保持平衡关系。通过账户的对应关系，可以了解有关经济业务的内容；通过平衡关系，可以检查有关经济业务的记录是否真实正确。

（三）填制和审核凭证

记账必须有依据，这种依据就是会计凭证，它是记录经济业务、明确经济责任的书面证明，是登记账簿的重要依据。对于每一项经济业务都要按照实际完成情况填制凭证，并由经办人员或有关单位签名盖章，而且会计部门和有关部门要对凭证进行认真审核，只有经过审核无误的凭证，才能作为登记账簿的依据。因此填制和审核凭证可以提供真实可靠的数据资料，它是保证会计核算质量的必要手段，也是实行会计监督的重要方面。

（四）登记账簿

登记账簿是所有的经济业务按其发生的顺序，分门别类的记入有关账簿，以便为经济管理提供完整、系统的数据资料。登记账簿必须以审核无误的凭证为依据。同时按照会计科目在账簿中分设账簿，并定期进行结账、对账，使账簿记录同实际情况一致。账簿所提供的各项资料是编制会计报表的重要依据。

（五）成本计算

成本计算是按照一定的对象，归集和分配生产经营过程的各项生产费用，确定该种成本对象的总成本和单位成本的一种专门方法。准确计算成本可以掌握成本的构成情况，考核成本计划的完成情况，对于挖掘潜力，促进降低成本具有重要作用。

（六）财产清查

财产清查是对各项财产物资进行实物盘点、账面核对以及对各项往来款项进行查询、核对，以保证账账、账实相符的一种专门方法。通过财产清查，可以查明各种财产物资、债权债务、所有者权益情况，加强物资管理，监督财产的完整，并为编制会计报表提供正确的资料。

（七）编制会计报表

会计报表是以一定表格形式，对一定时期的经济活动和财务收支情况的总括反映。编制会计报表是对日常核算的总结，它是根据账簿的记录，定期分类整理和汇总，提供经济管理所需要的综合指标，用以考核企业单位财务计划和预算执行情况，并作为编制下期财务计划和预算的主要依据，同时也是进行国民经济综合平衡的重要参考资料。

上述会计核算的各种方法相互联系、密切配合，构成一个完整的方法体系。在会计核算工作中，必须正确运用这些方法，对日常发生的各项经济业务要填制和审核会计凭证，按照规定的会计科目，运用复式记账法在有关账簿中进行登记。对于经营过程中发生的各种费用进行成本计算，对于账簿记录，要通过财产清查加以核实，在保证账实相符的基础上，定期编制会计报表。

二、会计程序

会计程序是通过确认、计量、记录、报告四个环节进行完整的、系统的、连续的和综合的核算和监督。

（一）会计确认

会计确认是指会计人员按照一定的标准，对应输入会计信息系统的内容、输入时间及对输入经纪业务的内容应归属的会计要素进行识别、选择，并在此基础上对账户中记录的会计信息是否全部列入会计报表及如何列入会计报表所进行的识别确定。

会计确认的初次确认是指确定有关经济数据能否输入会计信息系统的工作，其确认对象为原始凭证本身及其所记载的反映会计主体的会计事项，包括原始凭证的手续是否齐全，所载内容是否输入会计信息系统，何时输入及其内容的属性。会计确认的再确认是指对于反映到账户的信息是否列入会计报表，列入哪种会计报表以及以何种口径列入会计报表的工作。

企业按照权责发生制确认收入和费用；政府事业单位按照收付实现制确认收入和费用。

（二）会计计量

《企业会计准则——基本准则》第四十一条规定：“企业在将符合确认条件的会计要素登记入账并列报于会计报表及其附注（又称财务报表，下同）时，应当按照规定的会计计量属性进行计量，确定其金额。”

《企业会计准则——基本准则》第四十三条规定：“企业在对会计要素进行计量时，一般应当采用历史成本，采用重置成本、可变现净值、现值、公允价值计量的，应当保证所确定的会计要素金额能够取得并可靠计量。”

1. 历史成本

在历史成本计量下，资产按照购置时支付的现金或者现金等价物的金额，或者按照购置资产时所付出的对价的公允价值计量。负债按照因承担现时义务而实际收到的款项或者资产的金额，或者承担现时义务的合同金额，或者按照日常活动中为偿还负债预期需要支付的现金或者现金等价物的金额计量。

2. 重置成本

在重置成本计量下，资产按照现在购买相同或者相似资产所需支付的现金或者现金等价物的金额计量。负债按照现在偿付该项债务所需支付的现金或者现金等价物的金额计量。

3. 可变现净值

在可变现净值计量下，资产按照其正常对外销售所能收到现金或者现金等价物的金额扣减该资产至完工时估计将要发生的成本、估计的销售费用以及相关税费后的金额计量。

4. 现值

在现值计量下，资产按照预计从其持续使用和最终处置中所产生的未来净现金流入量的折现金额计量。负债按照预计期限内需要偿还的未来净现金流出量的折现金额计量。

5. 公允价值

在公允价值计量下，资产和负债按照在公平交易中，熟悉情况的交易双方自愿进行资产交换或者债务清偿的金额计量。

（三）会计记录

会计记录是指对经过确认输入会计核算系统的项目，按照设置的账户，依据有关凭证，运用复式记账方法，在账簿上进行登记的过程。会计记录是会计核算的中心环节，不仅会计确认和计量的结果需要通过会计记录反映，而且会计报告的形成也离不开会计记录。会计记录的具体程序包括填制会计凭证、登记账簿、期末结账等。

1. 填制会计凭证

会计记录的第一步是经过初次确认，将能够用货币计量的经济业务纳入会计核算系统后，经过审核原始凭证、填制记账凭证，将有关经济业务记录到记账凭证上。

2. 登记会计账簿

根据已经填制的记账凭证，按照在账簿中开设的账户，运用复式记账方法，在有关账簿中登记凭证上反映的经济业务。

3. 进行期末结账

在本程序中，要结清账户的发生额和余额，并将账户的余额结转到下期，结束本会计期间的业务处理，为编制会计报表做好准备工作。

（四）财务会计报告

《企业会计准则——基本准则》第四十四条规定："财务会计报告是指企业对外提供的反映企业某一特定日期的财务状况和某一会计期间的经营成果、现金流量等会计信息的文件。

财务会计报告包括会计报表及其附注和其他应当在财务会计报告中披露的相关信息和资料。会计报表至少应当包括资产负债表、利润表、现金流量表等报表。

小企业编制的会计报表可以不包括现金流量表。"

《企业会计准则——基本准则》第四十五条规定："资产负债表是指反映企业在某一特定日期的财务状况的会计报表。"

《企业会计准则——基本准则》第四十六条规定："利润表是指反映企业在一定会计期间的经营成果的会计报表。"

《企业会计准则——基本准则》第四十七条规定："现金流量表是指反映企业在一定会计期间的现金和现金等价物流入和流出的会计报表。"

《企业会计准则——基本准则》第四十八条规定："附注是指对在会计报表中列示项目所作的进一步说明，以及对未能在这些报表中列示项目的说明等。"

第二章　会计科目和账户

第一节　会计科目

一、会计科目的含义

会计对象是指用货币表现的那些经济活动；会计要素是对会计对象按照经济内容进行基本分类（分为资产、负债、所有者权益、收入、费用、利润）；会计科目是对会计要素的具体内容进一步分类的项目。如在资产中，进一步分为库存现金、银行存款、其他货币资金、应收账款、应收票据、原材料、库存商品、长期股权投资、固定资产、无形资产、长期待摊费用、待处理财产损溢等。以便分门别类的提供较为详细的信息以满足管理的需要。

二、会计科目设置的原则

任何一个作为会计主体的单位都必须设置一套适合自身特点的会计科目体系。无论是国家统一设置的会计科目，还是企业单位自行设置的会计科目，均应按一定的原则进行。设置会计科目一般应遵循下列基本原则：

（一）设置会计科目应结合会计对象的特点，全面反映会计核算和监督的内容

会计科目是在对会计内容进行基本分类的基础上所做的进一步分类，因此，企业所设会计科目应能全面反映和监督资产、负债、所有者权益、收入、费用和利润等会计内容。同时，由于不同的单位，其性质、所处的行业、经营内容及业务种类不同，每个会计主体还应结合本单位的实际情况，设置能够反映本单位特点的会计科目。例如，工业企业是制造产品的生产性单位，就必须设置核算产品制造过程的会计科目；商业企业是组织商品流通的单位，则只需设置能够核算商品流通过程的会计科目。

（二）设置会计科目应符合经济管理（宏观与微观）的需要

会计科目的设置既要符合国家宏观经济管理的要求，又要满足会计主体内部经济管理的需要。国家制定统一的会计准则就是为了规范各会计主体的会计核算和按照统一要求提供会计信息，以满足国家宏观经济管理的要求。为此，企业必须按照国家统一会计准则的规定设置会计科目。另外，企业在不违反会计准则中确认、计量和报告规定的前提下，可以根据本单位的实际情况自行增设、分拆、合并会计科目。例如，企业可以根据材料品种、数量的多少和管理上的要求，设置一个会计科目反映多种材料，也可以设置多个会计科目进行反映。

（三）设置会计科目应内容明确，繁简适宜

会计科目的设置，内容上要清晰准确，级次上要讲求实用，繁简适宜。科目名称力求简明扼要、内容确切、含义清楚，不能相互混淆。一个科目原则上只能反映一个特定的内容，不重不漏，以保证核算指标的一致性。所设会计科目的级次，既要防止过于简单又要避免过于繁杂，能够满足需要即可。

（四）设置会计科目既要保持相对稳定，又要留有发展余地

会计科目的设置应保持相对稳定，就是要求同一企业会计科目的名称、内容、数量等应尽量不变，以便企业不同时期会计核算指标的比较分析。留有发展余地，是指还要考虑到形势的发展。例如，“存放中央银行款项”编号为1003，“存放同业”编号为1011（详见会计科目表），就是考虑随着形势的发展，这两者之间还可以设置科目。

（五）设置会计科目要统一性与灵活性相结合

统一性是指各会计主体在设置会计科目时，应按照国家有关会计制度对一些主要会计科目的设置及其核算内容所作的统一规定进行科目设置，以保证会计核算指标能在一个部门，乃至全国范围内综合汇总，分析利用。灵活性是指企业在不违反会计准则中确认、计量和报告规定的前提下，可以根据本单位的实际情况自行增设、分拆、合并会计科目。企业不存在的交易或者事项，可不设置相关会计科目。例如，企业预付业务不多时，可以不设“预付账款”科目，而将该类业务并入“应付账款”科目核算。再如，统一规定的会计科目，未设置“预提费用”科目，如果企业需要单独核算应计费用，可以增设该科目。

三、会计科目表

一个单位的会计科目，无论是根据国家由有关部门统一设置，还是单位自主设置，都需要事先编制一种目录，以便随时查看。这种会计科目的目录，称为会计科目表。现将财政部2006年颁布的新准则会计科目表（节选）列示如表2－1所示。

表2－1 会计科目表（节选）

顺序号	编号	名称	顺序号	编号	名称
	一、资产类			二、负债类	
1	1001	库存现金	24	2001	短期借款
2	1002	银行存款	25	2201	应付票据
3	1012	其他货币资金	26	2202	应付账款
4	1101	交易性金融资产	27	2203	预收账款
5	1121	应收票据	28	2211	应付职工薪酬
6	1122	应收账款	29	2221	应交税费
7	1123	预付账款	30	2231	应付利息
8	1221	其他应收款	31	2232	应付股利
9	1231	坏账准备	32	2241	其他应付款
10	1401	材料采购	33	2501	长期借款
11	1402	在途物资	34	2502	应付债券
12	1403	原材料	35	2701	长期应付款
13	1404	材料成本差异		三、共同类（略）	
14	1405	库存商品			
15	1501	持有至到期投资			
16	1511	长期股权投资		四、所有者权益类	
17	1601	固定资产	36	4001	实收资本
18	1602	累计折旧	37	4002	资本公积
19	1604	在建工程	38	4101	盈余公积
20	1606	固定资产清理	39	4103	本年利润
21	1701	无形资产	40	4104	利润分配
22	1801	长期待摊费用			
23	1901	待处理财产损溢			
	五、成本类				
41	5001	生产成本			
42	5101	制造费用			
	六、损益类（收入）			七、损益类（费用）	
43	6001	主营业务收入	47	6401	主营业务成本
44	6051	其他业务收入	48	6402	其他业务成本
45	6111	投资收益	49	6403	营业税金及附加
46	6301	营业外收入	50	6601	销售费用
			51	6602	管理费用
			52	6603	财务费用
			53	6711	营业外支出
			54	6801	所得税费用

四、会计科目的分类

会计科目之间并不是孤立的，它们之间相互联系、相互补充，构成了一个完整的会计科目体系。为了正确地掌握和运用会计科目，有必要对会计科目选择不同的标准进行分类。会计科目的分类标准一般有两个：按其核算的经济内容分类和按其所提供核算指标的详细程度分类。

（一）会计科目按其核算的经济内容分类

企业会计对象的具体内容，可以分为六大会计要素，即资产、负债、所有者权益、收入、费用和利润。与此相适应，会计科目按经济内容的分类，也应该分为资产类、负债类、所有者权益类、收入类、费用类和利润类等六大类。财政部2006年颁布的企业会计准则中会计科目表将会计科目分为：资产类、负债类、共同类、所有者权益类、成本类和损益类六大类（见表2-1）。

但由于利润最终归所有者，因此利润类科目可以并入所有者权益类之中。于是我们认为，会计科目按经济内容分，可以分为：资产类（序号1~23）、负债类（24~35）、所有者权益类（36~40）、收入类（43~46）、费用类（41~42和47~54）五大类（需要说明的是，此处的收入和费用是广义的）。

会计科目按其核算的经济内容分类，是对会计科目最直接最基本的分类。通过会计科目按其核算的经济内容分类，便于了解和掌握会计科目所核算和监督的内容，继而有利于正确运用会计科目所提供的核算资料。

（二）会计科目按其所提供核算指标的详细程度分类

会计科目按其所提供核算指标的详细程度，可分为总分类科目和明细分类科目。

总分类科目是对会计要素的具体内容进行总括分类，用以提供总括核算指标的会计科目，又称一级科目。表2-1中的科目都是一级科目。

明细分类科目是对总分类科目做进一步分类，用以提供更加明晰核算指标的会计科目，又称明细科目。如“应交税费”科目下，还可以进一步细分为“应交税费——应交增值税”、“应交税费——应交消费税”等明细科目。

需要指出的是，当某一总分类科目下属的明细分类科目较多时，可在总分类科目与明细分类科目之间设置二级或多级科目，再在每个二级或多级科目下设置明细科目。如“应交税费——应交增值税”二级科目下，还可进一步分为“应交税费——应交增值税——销项税”、“应交税费——应交增值税——进项税”等三级科目或明细科目。

第二节 会计账户

一、账户的含义

账户是根据会计科目设置的，具备一定的格式和结构，用以分类反映会计要素增减变动及其结果在账簿中开设的账页户头。

会计科目只是对会计要素的具体内容进行分类后所规定的项目，它不能把自身所包含的经济业务内容的增减变动情况及其结果记录下来，以取得有用的会计信息。为此，在设置会计科目以后，还必须根据所设置的会计科目开设具有一定格式和结构、能够记录经济业务内容增减变动情况及其结果的账户。

二、账户的基本结构

账户与会计科目的重要区别在于，账户不仅有标准的名称，还要有一定的结构。账户的一般结构，即每一账户所记载的内容主要包括：

(1) 账户的名称（即会计科目）；

(2) 日期（经济业务发生的时间）；

(3) 所依据的记账凭证号码（数据的来源）；

(4) 摘要（经济业务的简要说明）；

(5) 金额（分别设置表示增加、减少和结余的金额栏）。

账户的一般结构如表 2－2 所示：

表 2－2 账户的一般结构

账户名称：

年		凭证编号	摘要	借方	贷方	借或贷	余额
月	日						

在账户中记录的金额，一共有四种：期初余额、本期增加额、本期减少额和期末余额。它们之间的关系如下式所示：

期初余额+本期增加额-本期减少额=期末余额

在借贷复式记账法下，用“借”和“贷”来区别账户中的不同部位，即区别增加额和减少额，并明确账户余额应在借方还是贷方。

在实际工作中，上述账户的结构可以尽可能反映经济业务及其影响，但在教学和科研的场合下，没有必要列出完整的结构。我们可以从账户的一般结构中抽象出账户的基本结构。这一结构，应包括账户的名称并能区别增加额和减少额。如图2-1所示。

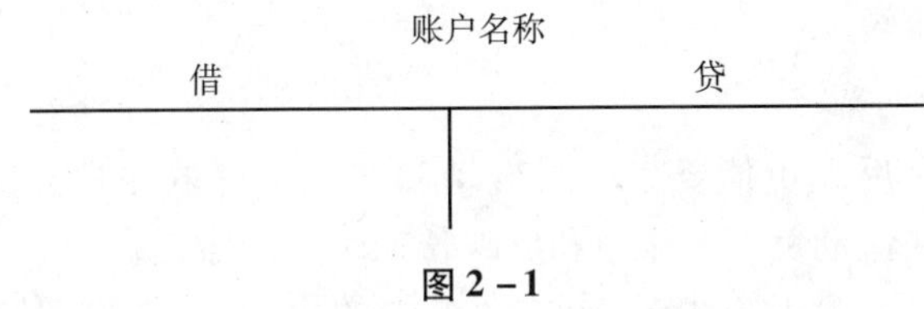

图2-1

这种结构称为丁字形或称为“T”形结构。在这一结构中，左方为借方，右方为贷方。至于哪方面表示增加，哪方表示减少，取决于账户的性质和在会计恒等式中的位置。

三、账户与会计科目的关系

账户与会计科目既有共同点又有区别。其共同点表现在：账户是根据会计科目设置的，会计科目是账户的名称，会计科目所规定的反映的经济内容就是账户所要核算的内容；账户是会计科目的具体运用。二者的区别在于：账户是各会计主体按照会计科目开设在账簿中，具有一定的结构，用以记录某一项经济业务增减变动及其结存情况的户头。会计科目只是包含一定经济业务内容的项目，不存在结构。在实际工作中，对会计科目和账户并不严格加以区分，而是互相通用。

四、账户的分类

（一）账户按经济内容的分类

账户按经济内容分类和科目按经济内容分类一样，由于企业会计对象的具体内容，可以分为六大会计要素，即资产、负债、所有者权益、收入、费用和利润。与此相适应，账户按经济内容的分类，也应该分为资产类账户、负债类账户、所有者权益类账户、收入类账户、费用类账户和利润类账户六大类。由于利润类可以并入所有者权益类之中，于是账户按经济内容也分成了资产、负债、所有者权益、收入、费用五类。

1. 资产类账户

资产类账户是反映资产要素增减变动和结余情况的账户。按照资产的流动性，可以分为反映流动资产的账户和反映非流动资产的账户。

反映流动资产的账户包括会计科目表中的序号 1 ~ 14。如“库存现金”、“银行存款”、“交易性金融资产”、“应收票据”、“应收账款”、“坏账准备”、“预付账款”、“其他应收款”、“原材料”、“库存商品”等。

反映非流动资产的账户包括会计科目表中的序号 15 ~ 23。如“长期股权投资”、“固定资产”、“累计折旧”、“在建工程”、“无形资产”、“长期待摊费用”等。

2. 负债类账户

负债类账户是反映负债要素增减变动和结余情况的账户。按照负债的流动性，可以分为反映流动负债的账户和反映长期负债的账户。

反映流动负债的账户包括会计科目表中的序号 24 ~ 32。如“短期借款”、“应付票据”、“应付账款”、“预收账款”、“其他应付款”、“应付职工薪酬”、“应交税费”、“应付利息”、“应付股利”。

反映长期负债的账户包括会计科目表中的序号 33 ~ 35。如“长期借款”、“应付债券”、“长期应付款”。

3. 所有者权益类账户

所有者权益类账户是反映所有者权益要素增减变动和结余情况的账户，包括会计科目表中的序号 36 ~ 40。如“实收资本”、“资本公积”、“盈余公积”、“本年利润”、“利润分配”。

4. 收入类账户

收入类账户是用来反映企业在一定时期取得的各种收入和收益的账户，包括会计科目表中的序号 43 ~ 46。如“主营业务收入”、“其他业务收入”、“营业外收入”、“投资收益”。

5. 费用类账户

费用类账户是用来反映企业在一定时期内所发生的应记入当期损益的各项费用支出的账户，属于费用类账户包括会计科目表中的序号 41 ~ 42 和 47 ~ 54。如“生产成本”、“制造费用”、“主营业务成本”、“营业税金及附加”，“其他业务成本”，“营业外支出”、“管理费用”、“财务费用”、“销售费用”、“所得税费用”等。

（二）账户按用途和结构的分类

账户按经济内容的分类，对于在会计核算中正确区分账户的经济性质，科学设置账户，提供经济管理所需要的会计指标具有重要的意义。但要想进一步理解和掌握账户在提供会计指标方面的规律性，合理使用账户，还必须按账户的用途和结构分类。

账户的用途是指设置和运用账户的目的，即账户能够提供什么会计指标。账户的结构是指账户如何提供会计指标，在借贷记账法下是指账户的借方记录什么内容，贷方记录什么内容，期末余额在何方，表示什么内容。

账户的经济内容规定着账户的本质，它是账户分类的基础和出发点，账户的用途和结构直接或间接地依存于账户的经济内容。账户按用途和结构的分类是对账户按经济内容分类的必要补充。

账户按结构和用途一般可以分为盘存账户、结算账户、所有者投资账户、集合分配账户、成本计算账户、财务成果账户、调整账户、计价对比账户八类。

1. 盘存账户

盘存账户是用来核算和监督某些可以通过盘点的方法来确定各项货币资金和财产物资的增减变动及实有数的账户。在盘存账户中，借方登记各项货币资金和财产物资的增加数，贷方登记其减少数，余额在借方，表示期末各项货币资金和财产物资的实有数。

属于盘存账户的主要有"库存现金"、"银行存款"、"库存商品"、"原材料"、"固定资产"、"生产成本"等账户。

2. 结算账户

结算账户是用来核算和监督企业与其他单位和个人之间的债权（应收款项）、债务（应付款项）等结算业务的账户。由于结算业务的性质不同，决定了结算账户具有不同的用途和结构。

属于结算账户的主要有："应收账款"、"应收票据"、"预付账款"、"其他应收款"、"短期借款"、"应付账款"、"预收账款"、"其他应付款"、"应付职工薪酬"、"应交税费"等。

3. 所有者权益账户

所有者权益账户是用来核算和监督投资者的原始投入资本，以及生产经营过程中形成的归投资者享有的权益的增减变动及其实有数的账户。该类账户反映的内容都是企业所有者的权益，包括投资者的投入资本、形成的资本公积和从利润中提取的盈余公积。在所有者权益账户中，贷方登记增加数，借方登记减少数，余额在贷方，表示所有者权益的实有数。

属于所有者权益账户的有："实收资本"、"资本公积"、"盈余公积"等账户。

4. 集合分配账户

集合分配账户是用来归集和分配企业生产经营过程中费用发生情况的账户。

企业在生产经营过程中发生的应由各个成本计算对象共同负担的间接费用，应首先通过集合分配账户进行归集，然后再按照一定标准分配到各个成本计算对象，典型的集合分配账户为“制造费用”账户。集合分配账户的借方登记费用的发生数（即归集费用），贷方登记费用的转出数（即分配费用），一般情况下期末无余额。

5. 成本计算账户

成本计算账户是用来核算和监督生产经营过程中发生的除期间费用以外的全部费用，确定各成本计算对象实际成本的账户。这类账户的结构是：借方登记生产经营过程中发生的应计入成本的全部费用，包括可直接计入成本的直接费用和通过集合分配账户分配转来的间接费用，贷方登记专储的实际成本，期末如有余额一定在借方，表示尚未完成的成本计算对象的实际成本。

属于成本计算的账户有：“物资采购”、“生产成本”、“在建工程”、“主营业务成本”、“其他业务支出”等账户。

6. 财务成果账户

财务成果账户是用来核算和监督企业在一定期间内生产经营活动的最终成果的账户。主要包括“本年利润”账户，贷方登记期末从收入类账户转入的各项收入或收益数，借方登记期末从费用类账户转入的各项费用支出数，期末如果为贷方余额表示企业本年累计获得的利润净额；反之，期末如果为借方余额表示企业本年累计发生的亏损总额。年末，应将全年实现的利润总额或发生的亏损总额，自“本年利润”账户转入“利润分配”账户，结转后“本年利润”账户无余额。

7. 调整账户

调整账户是用来调整某些资产和权益账户账面余额的账户。调整账户调整的是某些资产或权益类账户，那些需要调整的账户称为被调整账户，又称为实账户。由于管理上的需要，在会计核算中，需要对同一项目设置两个账户，一个账户反映原始数字，另一个账户反映对原始数字的调整数字。将原始数字同调整数字相加或相减，即可求得被调整后的实际余额。

如“累计折旧”账户就是调整账户，它的被调整账户就是“固定资产”，两者相减就得到固定资产净值。再如材料按计划成本核算时，“材料成本差异”账户也是一个调整账户，“原材料”账户是它的被调整账户，两者相加或者相减就得到原材料的实际成本。

8. 计价对比账户

计价对比账户是用来对某项经济业务按两种不同的计价进行核算对比，借以确定其业务成果的账户。其借方登记某项经济业务的一种计价，贷方登记该项业务的另一种计价，期末将两种计价进行对比，据以确定成果。典型的计价对比账户是"材料采购"账户。

（三）账户的其他分类

1. 按账户与会计主体的关系分类

账户按照其与会计主体的关系，可分为表内账户与表外账户。用来核算一个会计主体的资产、负债和所有者权益，以及用来核算会计主体的收入、费用和财务成果的账户称为表内账户。因为它们本身如有余额，都应当直接进入各该会计主体的资产负债表；他们本身如没有余额，其发生额经过转账，最后会形成财务成果账户的余额，也会进入各该会计主体的资产负债表。

用来核算不属于会计主体的资产和权益的账户，如为其他企业加工的原材料、租入固定资产、代管物资、代安装设备等账户则称为表外账户，因为按照会计主体假设，他们所反映的内容只是暂时留存本企业的资产或作为参考资料的权益等，其余额不应列入各该会计主体资产负债表之内。

2. 按账户与会计报表的关系分类

按账户与会计报表的关系分类，可以将账户分为资产负债表账户和利润表账户。由于资产、负债和所有者权益是构成资产负债表的基本要素，因此这三类账户可以称为资产负债表账户；同时，这三类账户都能随时表示各项资产或权益的实有数额，因此又可以称之为实账户。

由于收入、费用、利润是构成利润表的基本要素，因此这三类账户又可以称之为利润表账户，或者损益表账户；同时这三类账户只是为了集中反映企业某一会计期间的收入和费用以及收入和费用配比后的结果，期末时需全部结清，不再代表什么实值，因此又可以称这些账户为虚账户或临时性账户。

3. 按账户期末有无余额分类

账户按期末有无余额可分为实账户和虚账户。实账户反映企业资产、负债和所有者权益的账户，这些账户在期末结账后通常都有余额，表示企业实际拥有或者控制的经济资源和对这些资源的要求权，以后各期都要连续登记，所以又称为永久性账户。

虚账户反映企业经营过程中发生的收入、费用的账户，这些账户在期末结账后一般情况下无余额，下期期初另行开设，所以又称为临时性账户。实账户和虚账户的实质差别表现在期末是否有余额上。将账户分为实账户和虚账户，可以进一步了解账户的经济内容和用途、结构，以便更正确地运用各种账户，为期末进行结账、编织会计报表提供可靠的资料来源。

4. 按账户的记账形式分类

在借贷记账法则下，记账的一个明显特征是从账户两方面来处理经济业务，把每项经济业务记录分为借贷记录，因此，账户也可按其记账形式分为借方账户和贷方账户。借方账户是指经济业务发生或增加时将其金额记入借方的账户，属于该类账户的有资产账户、费用账户等；贷方账户是指经济业务发生或增加时将其金额记入贷方的账户，属于该类账户的有负债账户、所有者权益账户和收入账户等。

5. 按账户所提供核算指标的详细程度分类

按账户所提供核算指标的详细程度分类，可以将账户分为总分类账户和明细分类账户。总分类账户所提供的是总括的核算资料；明细分类账户所提供的是详细的核算资料。总分类账户对所属的明细分类账户起统驭与控制的作用，明细分类账户对总分类账户起详细的补充说明作用。若企业在管理上需要，还可以在总分类账户和明细分类账户之间设置二级账户，它对总账起补充说明的作用，而对明细账起控制作用。

第三章　复式记账法

第一节　记　账　法

一、单式记账法

单式记账法是指对发生的经济业务一般只在一个账户中进行登记的方法。在这种方法下，每笔经济业务只记入一个账户，一般只记录现金、银行存款的收付款业务和各种债权债务往来款项。例如，用现金购买办公用品，只记现金减少，不记费用增加。再如，购买原材料货款未付，只在应付账款账上登记负债的增加，不在原材料账上登记材料的增加。即使有时也在原材料账上登记，但各记各的，两个账户之间互不联系。因此，单式记账法是一种比较简单但不完整、不严密的记账方法，它不能全面、系统地反映经济业务的来龙去脉，无法了解各会计要素有关项目的增减变动情况，也不便于检查账户记录的正确性。

二、复式记账法

复式记账法是指对每一项经济业务，都要以相等的金额同时在两个或两个以上相互联系的账户中进行登记的记账方法。在这种方法下，每笔经济业务都要以相等的金额同时在两个或两个以上相互联系的账户中进行双重登记。例如，企业将现金存入银行，一方面要登记银行存款的增加，另一方面还要登记现金的减少。再如，用银行存款购买原材料，既要登记原材料的增加，同时又要以相等的金额登记银行存款的减少。

复式记账法是一种比较科学的记账方法，与单式记账法相比，具有以下特点：

（1）账户设置完整，且相互联系地形成一个系统的账户体系。通过设置完整的账户体系，满足对每项经济业务的全面反映和记录。

（2）对发生的每一项经济业务，都必须在两个或两个以上相互联系的账户中作双重记录。通过账户记录反映该项经济业务引起的会计要素变化过程及全貌。

（3）对发生的每一项经济业务，都要以相等的金额进行分类登记，并以双重记录为基础对账户记录及结果进行试算平衡，以验证账户记录的正确性和完整性。

第二节 借贷记账法

一、借贷记账法的含义

借贷记账法是以“借”、“贷”作为记账符号来记录经济业务，反映各项会计要素增减变动情况的一种复式记账法。

“借”、“贷”二字起源于中世纪的意大利，最初是从借贷资本家的角度来解释的，即用来表示债权（应收款）和债务（应付款）的增减变动。借贷资本家一方面从商人和官吏手中吸收货币资本，另一方面又将钱借给需要用钱的人，从中进行盘剥。为了记录吸收的存款和贷出的款项，分别按人名设账户，账户分为两方：一方登记吸收的存款，成为贷主方，表示欠人；另一方登记贷出的款项，称为借主方，表示人欠。以后收回借出的钱，或偿还投资人的资本时，则在他们账户中作相反的记录，可见最初的“借”、“贷”具有借主（债权）和贷主（债务）的含义，这是借贷记账法的“借”、“贷”二字的由来。随着商品经济的发展，经济活动的范围日益扩大，经济活动内容日益复杂，记账内容也随之有所扩大，在账簿中不仅要登记往来结算的债权、债务，还要登记财产物资、经营亏损的增减变化。这样，“借”、“贷”二字就逐渐失去了它原来的含义而转化为一种单纯的记账符号，变为一种专门的会计术语。现在讲的“借”（debit，简写为 Dr）、“贷”（credit，简写为 Cr）是沿用旧的会计术语，作为记账符号，已成为通用的国际商业语言，用以表示在账户中两个对立的记账部位和方向。

二、借贷记法的记账原理

（一）借贷记法的理论基础

资产 + 费用 = 负债 + 所有者权益 + 收入，这一会计恒等式是借贷记法的理论基础。

（二）借贷记法的记账原理

借贷记法的记账原理可以概括为两句话：

（1）等式左边的账户（资产类和费用类账户）增加记借方、减少记贷方；

等式右边的账户（负债类、所有者权益类和收入类账户）增加记贷方、减少记借方。

(2) 账户的借方登记资产、费用的增加，负债、所有者权益、收入的减少；账户的贷方登记资产、费用的减少，负债、所有者权益、收入的增加。

资产类、负债类、所有者权益类账户属于实账户（或永久性账户）；费用类、收入类账户属于虚账户（或暂记账户）。

在一个会计期间内，借方记录的合计数额称作借方发生额，贷方记录的合计数额称作贷方发生额。在每一会计期间的期末将借方、贷方发生额相比较，其差额称作期末余额。

资产类账户借方期末余额＝借方期初余额＋借方本期发生额－贷方本期发生额

负债及所有者权益类账户贷方期末余额＝贷方期初余额＋贷方本期发生额－借方本期发生额

费用类账户借方记录费用的增加额，贷方记录费用的减少额或结转额。由于与收入相配比的这部分费用在期末要全额转出，以便与收入配比确定当期损益，因此，费用类账户期末应当没有余额。

收入类账户贷方记录收入的增加额，借方记录收入的减少额或结转额。由于本期实现的收入要在期末全额转出，以便与费用相抵后确定当期损益，因此，收入类账户也没有期末余额。

借贷作为记账符号，指示着账户记录的方向是左边还是右边。一般来说，各类账户的期末余额与记录的增加额都在同一方向，即资产类账户的期末余额一般在借方，负债及所有者权益类账户的期末余额一般在贷方。因此，根据账户余额所在方向，可以判定账户的性质，这是借贷记账法的一个特点。

三、借贷记账法的记账规则

借贷记账法的记账规则可以归纳为“有借必有贷，借贷必相等”。这一记账规则，是以资产总额等于负债及所有者权益总额的平衡关系作为理论依据，对发生的每一项经济业务，都要以相等的金额、相反的方向，登记到相互联系的两个或两个以上的账户中去。即在记入一个或几个账户借方的同时，以相等的金额记入另一个或几个账户的贷方。

运用借贷记账法在登记企业的经济业务时，首先应根据经济业务的内容，确定所涉及的账户；其次应根据金额的增加或减少，结合账户的性质确定应记入有关账户的借方或贷方。

四、借贷记账法的会计分录

（一）账户的对应关系

采用借贷记账法，在某项经济业务发生时，总会在有关账户之间形成应借、应贷的关系。在经济业务处理过程中所形成的有关账户之间的应借应贷关系，称账户的对应关系。发生对应关系的账户称对应账户。例如，用银行存款购买固定资产这项业务，要分别在“银行存款”账户的贷方和“固定资产”账户的借方进行登记。“银行存款”和“固定资产”这两个账户之间就发生了相互对应关系，这两个账户就互为对应账户。

（二）会计分录

在将经济业务数据在账簿中的有关账户登记以前，必须先将经济业务带来的双重财务影响完整的记录下来。如果直接将有关数据记入有关账户中，则无法完整的反映一项经济业务的全貌，也无法反映账户之间的对应关系，更无法检查和审核会计处理是否正确。因此，在将数据记入账户以前，应先编制会计分录。会计分录是指对某项经济业务标明其应借应贷账户名称及其金额的一种记录，简称分录。会计分录是在登记账簿前，根据记账规则，通过对经济业务的分析而确定的应记入账户的名称、方向及其金额的一个简明的记账公式。需要说明的是：实践中，编制会计分录是通过编制记账凭证来体现的。换一句话来说，编制会计分录是编制记账凭证的实质，记账凭证是会计分录的载体。

会计分录包括简单分录和复合分录两类，其中：一借一贷的会计分录叫简单分录；由两个以上对应账户所组成的会计分录叫复合分录。

编制分录的格式规范：（1）先借后贷，贷要错格；（2）金额最后，莫写单位；（3）多借多贷，分别对齐；（4）明细账户，划杠标明。

编制会计分录，一般经过以下步骤：

第一步，分析经济业务的内容涉及哪些对应账户，确定该项经济业务应记入的对应账户名称及账户性质；

第二步，根据该项经济业务所引起的会计要素的增减变化和借贷记账法的账户结构，确定对应账户的记账方向（记入借方还是贷方）；

第三步，根据会计要素增减变动的数量确定对应账户应登记的金额；

第四步，根据借贷记账法“有借必有贷，借贷必相等”的记账规则，检查会计分录是否平衡，有无差错。

1. 一借一贷的简单会计分录

【例3-1】 企业购入一台机器设备（无须安装），价值30 000元，价款以银行支票付讫。

这项经济业务的发生，一方面使企业的固定资产增加了 30 000 元，另一方面使企业的银行存款减少了 30 000 元，而“固定资产”账户和“银行存款”账户同属于资产类账户，固定资产增加应记入“固定资产”账户借方，银行存款减少应记入“银行存款”账户借方。编制会计分录如下：

借：固定资产　　30 000

　　贷：银行存款　　30 000

若经济业务复杂，会影响到两个以上的账户，那么所编制的会计分录称为复合分录，分为一借多贷、一贷多借和多贷多借 3 种形式。

2. 一借多贷的复合会计分录

【例 3 – 2】 企业（小规模纳税人）购买 80 000 元材料（按实际成本核算），其中 55 000 元已用银行存款支付，25 000 元尚未支付，材料已验收入库。

这项经济业务的发生，一方面使企业的原材料增加了 80 000 元，而“原材料”账户属于资产类账户，因此，应记入“原材料”账户的借方；另一方面使企业的银行存款减少了 55 000 元，而“银行存款”账户属于资产类账户，减少应记入“银行存款”账户贷方，同时，引起企业的应付账款增加 25 000 元，而“应付账款”账户属于负债类账户，增加应记入“应付账款”账户贷方。编制会计分录如下：

借：原材料　　80 000

　　贷：银行存款　　55 000

　　　　应付账款　　25 000

3. 一贷多借复合会计分录

【例 3 – 3】 企业以银行存款 60 000 元缴纳所得税 32 000 元和分配利润 28 000 元。

这项经济业务的发生，一方面使企业的银行存款减少了 60 000 元，而“银行存款”账户属于资产类账户，因此，减少应记入“银行存款”账户的贷方；另一方面使企业的应交税费减少了 32 000 元，而“应交税费”账户属于负债类账户，减少应记入“应交税费”账户的借方；同时，引起企业的应付利润减少 28 000 元，而“应付股利”账户属于负债类账户，减少应记入“应付利润”账户的借方。编制会计分录如下：

借：应交税费　　32 000

　　应付股利　　28 000

　　贷：银行存款　　60 000

4. 多借多贷复合会计分录

【例3－4】 企业处理一台旧设备，收到现金10 000元。这台设备在处理时账面上的记录是：原始价值（最初取得的成本）50 000元，累计折旧42 000元。

这项经济业务的发生，原始价值50 000元，累计折旧42 000元，还剩下净值8 000元。在进行处理时，首先要转入固定资产清理；同时要冲减固定资产原始价值，结转累计折旧。“固定资产”账户属于资产类账户，减少应记入“固定资产”账户的贷方。“累计折旧”账户虽然是资产类账户，但又是“固定资产”的抵减账户，减少应记入“累计折旧”账户的借方。

借：固定资产清理　　　　8 000
　　累计折旧　　　　42 000
　　贷：固定资产　　　　50 000

收到现金（“库存现金”账户属于资产类账户，因此，增加应记入“库存现金”账户的借方）10 000元时

借：库存现金　　　　10 000
　　贷：固定资产清理　　　　10 000

固定资产清理还有余额2 000元，不是企业经常发生的营业活动，该业务利得属于企业的营业外收入，“营业外收入”账户属于收入类账户，增加应记入其贷方。

借：固定资产清理　　　　2 000
　　贷：营业外收入　　　　2 000

将上述三笔分录合并成多借多贷复合会计分录如下：

借：累计折旧　　　　42 000
　　固定资产清理　　　　8 000
　　库存现金　　　　10 000
　　固定资产清理　　　　2 000
　　贷：固定资产　　　　50 000
　　　　营业外收入　　　　2 000
　　　　固定资产清理　　　　10 000

通过以上介绍可以看出，及时准确的编制会计分录，可以保证账户记录的准确性，并便于日后查证。应该指出的是，在借贷记账法下，应尽量避免编制多借多贷的会计分录，因为这种会计分录不能体现账户之间的对应关系，因此不同类型的经济业务不允许编制多借多贷的会计分录。

五、借贷记账法的试算平衡

（一）过账

对经济业务逐笔分析并编制会计分录，就是按照时间顺序对企业经济业务的累积整理，但是企业的相关利益者不可能通过浏览几十甚至上千笔的会计分录，直接获取企业在这段时间的财务状况、经营成果和现金流量状况。包含在所有会计分录中的企业经济活动信息，需要在企业已建立的分类账户体系中对其进行系统的归集和整理。因此，分析经济业务并编制会计分录之后，应该将会计分录中所列账户的发生额，按照会计分录中的记账方向，记到相应的账户中，这一过程称为过账。在逐笔过账的情况下，一笔分录涉及几个账户，就过几笔账。对于经常发生的业务，可以汇总过账。记账完毕，应在记账凭证和账簿中设置专栏，登记过账线索或记账符号，以避免重复过账或漏账现象。

【例 3－5】以例 3－1 所作的分录为例，其过账过程如图 3－1 所示。

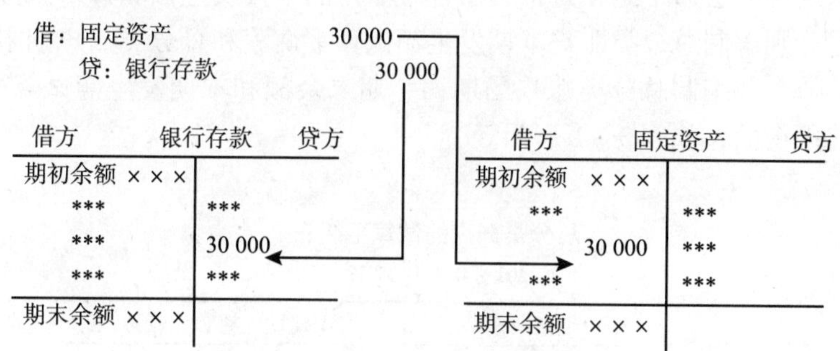

图 3－1 过账示意图

（二）试算平衡

所谓试算平衡，就是根据资产、权益之间的平衡关系和记账规则，通过汇总计算和比较，来检查账户记录是否正确的一种验证方法。

在借贷记账法下，按照“有借必有贷，借贷必相等”的记账规则记账，就使得根据每一项经济业务所编制的会计分录，借贷两方的发生额必相等；在一定时期内，全部账户的借（贷）方本期发生额合计是每一项经济业务会计分录借（贷）方发生额的累积，因此，根据两个等量分别相加的和相等的道理，将一定时期内（如一个月）反映全部经济业务的所有会计分录，都记入有关账户后，所有账户的借方本期发生额合计与贷方本期发生额合计也必然是相等的。在借贷记账法下，根据账户结构可以看出，若账户余额在借方，表明是企业的资产，账户余额在贷方，则表明是权益，因为“资产＝权益”，可以推出，所有账户的借方余额合计必然等于所有账户的贷方余额合计。

借贷记账法的试算平衡有发生额试算平衡法和余额试算平衡法两种。

（1）发生额试算平衡法是用来检查全部账户的借贷发生额是否相等的方法。其计算公式如下：

全部账户借方本期发生额合计＝全部账户贷方本期发生额合计

其理论依据是：“有借必有贷，借贷必相等”的记账规则。

（2）余额试算平衡法包括期初余额试算平衡和期末余额试算平衡，是用来检查全部账户的借方期初、期末余额合计和贷方期初、期末余额合计是否相等的方法。其计算公式如下：

全部账户的借方期初余额合计＝全部账户的贷方期初余额合计

全部账户的借方期末余额合计＝全部账户的贷方期末余额合计

其理论依据是：“资产＝权益”的恒等式。

上述这两种方法通常是在月末结出各个账户的本月发生额和月末余额后，依据上述公式分别编制总分类账户本期发生额试算平衡表和总分类账户期末余额试算平衡表，或合并编制总分类账户的期初、期末余额和本期发生额试算平衡表，来进行试算平衡的，如表 3－1 所示。

表 3－1　　总分类账户的试算平衡表

201×年 1 月 31 日　　单位：元

账户名称	期初余额		本期发生额		期末余额	
	借	贷	借	贷	借	贷
库存现金						
银行存款						
⋮						
⋮						
营业外支出						
所得税费用						
以前年度损益调整						
合计						

需要注意的是，试算平衡只是通过借贷金额是否相等来检查账户记录是否正确。如果借贷不平衡，就可以肯定账户记录或计算有误，应查找原因并予以更正。如果借贷平衡，却不能肯定记账没有错误，因为有些记账错误并不影响借贷

方的平衡。例如，某项经济业务在有关账户中全部漏记或重记；又如，对某项经济业务，记入有关账户的借贷金额同时出现多记或少记的同样金额的错误。再如，某项经济业务记错账户，或把应借应贷的账户相互颠倒。凡此种种，并不能通过试算平衡来发现，还应通过其他方法发现这些记账错误。因此，需要对一切会计记录进行日常或定期的复核，以保证账户记录的正确性。

第三节 平行登记

一、总分类账户与明细分类账户的平行登记

所谓平行登记，就是对发生的每项经济业务，不但要记入有关的总分类账户，设有明细分类账户的，还要记入有关明细分类账户。

总分类账户与明细分类账户平行登记的要点如下：

1. 登记的期间一致

对于每一项经济业务，在同一会计期间内，必须要记入有关的总分类账户，又要记入该总分类账户所属的明细分类账户，以便总账和明细分类账之间能够相互验证和核对。

2. 登记的方向相同

每一项经济业务，在总分类账户和所属明细分类账户中进行登记时，其记账的变动方向必须同方向，即如果总分类账登记贷方，明细分类账一般也要登记贷方或是以红笔登记借方。

3. 登记的金额相等

每一项经济业务，记入总分类账户中的金额，必须与所属明细分类账户的金额之和相等。

4. 登记的依据相同

即登记总分类账和所属明细分类账的依据来自同一会计凭证。

按照平行登记方法登账的结果，总分类账户和明细分类账户的数量关系如下：

（1）总分类账户期初余额＝所属明细分类账户期初余额合计。

（2）总分类账户本期发生额＝所属明细分类账户本期发生额合计。

（3）总分类账户期末余额＝所属明细分类账户期末余额合计。

总分类账户和明细分类账户的这种数量关系，是检查总分类账户和明细分类账户登记是否完整和准确的重要方法。

【例3－6】某企业1月初“应付账款”的期初余额如下：

应付账款：80 000元

其中：A公司50 000元；

B公司30 000元。

本月发生如下相关经济业务：

（1）1月3日以银行存款30 000元，偿还以前所欠A公司的货款。

（2）1月20日，仓库收到外购材料15 000元，货款未付，其中，A公司货款10 000元，B公司货款5 000元。（暂不考虑增值税）

根据以上业务编制会计分录如下：

（1）借：应付账款——A公司　　30 000

　　　贷：银行存款　　30 000

（2）借：原材料　　15 000

　　　贷：应付账款——A公司　　10 000

　　　　　　　　——B公司　　5 000

将上述期初余额及本月发生额记入有关总分类账户及明细分类账户，如表3－2、表3－3、表3－4所示。

表3－2　应付账款总分类账

应付账款　　单位：元

年		凭证字号	摘要	借方	贷方	余额
1月	日					
	1		月初余额			80 000
	3	（1）	偿还欠款	30 000		50 000
	20	（2）	购料欠款		15 000	65 000
	31		合计	30 000	15 000	65 000

表3－3　应付账款明细分类账

应付账款——A公司　　单位：元

年		凭证字号	摘要	借方	贷方	余额
1月	日					
	1		月初余额			50 000
	3	（1）	偿还欠款	30 000		20 000
	20	（2）	购料欠款		10 000	30 000
	31		合计	30 000	10 000	30 000

表 3－4　　应付账款明细分类账

应付账款——B 公司　　单位：元

年		凭证字号	摘要	借方	贷方	余额
1月	日					
	1		月初余额			30 000
	20	（2）	购料欠款		5 000	35 000
	31		合计		5 000	35 000

注：业务序号代替凭证字号。

二、总分类账户与明细分类账户的核对

为了保证总分类账户与明细分类账户登记的完整性和正确性，应当每隔一定时期就对总分类账户及其明细分类账户的记录进行核对。根据总分类账户及其明细分类账户“期间相同、方向相同、金额相等”的平行登记要求，总分类账户和明细分类账户必然存在数量相等的关系，依据上述等式关系，可以定期核对两类账户的数字，以检验账户记录是否正确。

在实际工作中，通常是在月末编制“明细分类账户本期发生额及余额表”来进行核对。上例中的总分类账户与明细分类账户的核对情况，如表 3－5 所示。

表 3－5　　应付账款明细分类账户本期发生额及余额

总账	明细账	期初余额	借方发生额	贷方发生额	期末余额
应付账款	A 公司	50 000	30 000	10 000	30 000
	B 公司	30 000	—	5 000	35 000
	合计	80 000	30 000	15 000	65 000

第四章　借贷记账法的应用

第一节　资金筹集业务核算

企业的成立，首先必须筹集到所需要的资金。企业筹集资金的渠道主要有两种：一是投资者投入的资本。投资者将资金投入企业，并成为企业的股东（或称为投资者），进而可以参与企业的经营决策，并获得企业盈利分配。投资者投入企业的资本，除法律、法规另有规定外，投资者不得随意抽回。二是向债权人借入的资金。企业从债权人那里借入的资金，到期需要偿还，除了偿还本金外，通常还要支付一定的利息。

一、投资者投入资本的核算

（一）账户的设置

我国法律规定，企业设立时，企业的所有者必须向企业注入一定的资本金。设立企业必须达到法定注册资本的最低限额。资本金按照资本主体分为国家资本金、法人资本金、个人资本金以及外商资本金等。投资者可以采用库存现金、银行存款、实物资产、无形资产等形式向企业投资。

为了核算企业接受的投资者投资额的变化，企业应设置“实收资本”科目，并按投资者的不同进行明细核算。该账户属于所有者权益类账户，其贷方登记企业实际收到的投资者投入的资本，借方登记投入资本的减少额，期末余额应在贷方，表示企业实有的资本或股本数额。“实收资本”账户一般应按投资人设置明细账。需要注意的是，股份有限公司的投资者投入的资本，在“股本”账户中进行反映和监督。

（二）账务处理

企业实收资本应按以下规定核算：（1）投资者以货币资金投入的资本，应当以实际收到或者存入企业开户银行的金额作为实收资本入账；（2）投资者以非货币资金投入的资本，应按投资各方确认的价值作为实收资本入账。企业收到投资者投入的资本时，一方面增加企业的“实收资本”账户，记入“实收资本”账户的贷方；另一方面应该增加企业的资产类账户，根据投入资产的形式不同，记入各资产类账户的借方。

【例4-1】 红海公司收到明达公司投入的货币资金500 000元，存入银行。编制会计分录如下：

借：银行存款　　500 000
　　贷：实收资本——明达公司　　500 000

【例4-2】 红海公司接受红星工厂投入企业的机器设备一台，原始价值100 000元，已经计提折旧20 000元，经过双方协商确认的价值75 000元。编制会计分录如下：

借：固定资产　　75 000
　　贷：实收资本——红星工厂　　75 000

二、向债权人借入款项的核算

企业的借入资金主要是通过向银行或其他非金融机构借入各种借款。企业取得的借款属于负债，按归还期限的不同，可分为流动负债和长期负债。企业借入的归还期在一年（含一年）以内的借款，是短期借款，属于流动负债；借入的归还期限在一年（不含一年）以上的借款，是长期借款，属于长期负债。

（一）账户的设置

为了反映和监督企业借入的归还期限不同的各种借款以及借款的利息，应分别设置“短期借款”、“长期借款”以及“财务费用”等账户。

1.“短期借款”账户

本账户用来核算企业借入的还款期限在一年以内的借款的取得、偿还及结欠情况。该账户属于负债类账户，其贷方登记取得的各种短期借款，借方登记偿还的各种短期借款，期末余额在贷方，表示企业期末尚未偿还的短期借款的本金。

2.“长期借款”账户

本账户用来核算企业向银行或其他金融机构借入的期限在1年以上（不含1年）的各项借款。该账户也属于负债类账户，其贷方登记取得的各种长期借款及其所形成的利息，借方登记偿还的各种长期借款本金及利息，期末余额在贷方，表示企业期末尚未偿还的长期借款的本息。“短期借款”账户和“长期借款”账户应按债权人设置明细账。

3.“财务费用”账户

本账户用来核算企业为筹集生产资金等而发生的各项费用。该账户属于损益类账户中支出性质的账户，其借方登记企业发生的各项财务费用；贷方登记期末转入“本年利润”账户的本期财务费用数额；期末结转后本账户应无余额。

（二）账务处理

1. 短期借款业务

短期借款业务包括取得借款、支付利息和偿还借款三项主要内容。企业从银行取得各种短期借款时，应按实际取得的借款额计价入账，增加“短期借款”账户。企业还应按期支付借款利息，利息可以按月支付，也可以采用按月计提的方式记入各月的财务费用，然后于季末或者还款日一次支付。短期借款的利息属于企业在理财活动期间为筹集资金而发生的一项耗费，因而企业将其作为期间费用（财务费用）加以确认。企业应按期如数偿还借款本金和利息，按实际偿还金额，冲减短期借款。

【例4－3】红海公司于2010年4月1日向建设银行借入期限为半年、年利率为6%的借款200 000元，存入银行。

①红海公司取得借款时，编制如下会计分录：

借：银行存款　　200 000

　　贷：短期借款　　200 000

②红海公司取得借款后，按规定每季支付一次利息，到期归还本金。红海公司4～6月每月末应该计提已经产生的利息费用。每月末计提利息时编制的会计分录如下：

借：财务费用　　1 000

　　贷：应付利息　　1 000

季度末支付借款利息时：

借：应付利息　　3 000

　　贷：银行存款　　3 000

2010年7～9月，每月末仍要确认已经产生的借款利息。

借：财务费用　　1 000

　　贷：应付利息　　1 000

③2010年9月30日，借款到期后，红海公司归还银行的本金和第二季度的利息。

借：短期借款　　200 000

　　应付利息　　3 000

　　贷：银行存款　　203 000

2. 长期借款业务

长期借款业务也包括取得借款、支付利息和偿还借款三项主要内容。按照国际惯例，长期借款的利息一般按复利法计算。在我国的会计实务中，常常根据借贷双方的约定，采用单利法计算利息。长期借款业务与短期借款业务不同的是，由于长期借款的时间较长，长期借款产生的利息在计入“财务费用”账户的同时，还应该增加“长期借款”账户。对于长期借款来说还存在借款利息的资本化问题，比如为购建固定资产而取得的专门借款，在符合资本化条件的情况下，可以计算应予资本化的利息金额，并将其计入固定资产的购建成本。关于长期借款利息资本化的详细问题，将在后续课程中讲解。

【例4－4】 2010 年 1 月 1 日红海公司从银行借入两年期借款 10 万元，年利率 12%，到期一次还本付息。取得借款时，红海公司会计人员应编制如下会计分录：

借：银行存款　　100 000

　　贷：长期借款　　100 000

企业借入款项后，必须承担支付利息的义务。虽然借款约定到期一次付息，但借款的受益期是整个借款期。因此，如果借款受益期跨了两个或两个以上的会计期间，应于每个会计期末确认应归属当期的利息费用及当期应承担但未支付的利息债务。

【例4－5】 2010 年 1 月至 2012 年 12 月，每月末，企业会计人员应该确认本期已经产生但还未支付的利息。编制如下会计分录：

借：财务费用　　1 000

　　贷：长期借款　　1 000

【例4－6】 2012 年 12 月 31 日借款到期，红海公司归还银行的长期借款本金和利息。编制如下会计分录：

借：长期借款　　124 000

　　贷：银行存款　　124 000

接【例4－5】，如果红海公司从银行取得借款是为了建造厂房，则该笔借款产生的利息应该予以资本化。编制如下会计分录：

借：在建工程　　1 000

　　贷：长期借款　　1 000

第二节　生产准备业务核算

一、购买原材料业务的核算

企业购买原材料的业务又称材料采购业务，主要的核算内容是原材料实际采购成本的形成，材料的验收入库，以及材料采购过程中与购货单位之间的货款结算等。

企业购进原材料时，要与供应单位或其他有关单位办理款项的结算，支付购买材料的买价和运输费、装卸费、运输途中的合理损耗、入库前的挑选整理费、购入物资负担的税金（如关税等）和其他费用等各种采购费用。材料运达企业后应由仓库验收并保管，以备生产车间或管理部门领用。采购过程中支付给供应单位的材料价款和发生的各项采购费用，都构成材料的采购成本。

企业所购进的材料验收入库，或材料未到但已为该项材料支付货款，企业就拥有了该项材料的所有权，该项材料即应被作为一项资产加以确认。当生产车间或管理部门领用材料时，该项材料被作为一项费用加以确认。购进材料按是否支付货款和采购费用可以分为：(1) 购进材料时直接支付货款及采购费用。由于支付货款，使企业的某项资产减少，某项资产增加。(2) 购进材料未付款，在将来规定的时间内进行核算。这笔未结算的款项被作为一项负债加以确认，期末全部应付款作为资产负债表中的一项流动负债。(3) 先预付货款，后取得材料。企业虽先付款，但并未取得材料，不能作为材料增加处理，它实际上是转移一笔款项，所以预付货款表现为企业某项资产增加，某项资产减少。

（一）账户设置

为了对原材料采购业务进行核算，应根据经济业务的具体内容设置三类账户，一类是反映企业在采购过程中发生的买价和采购费用，如“材料采购”账户；一类反映库存材料的收、发、结存情况，如“原材料”账户；一类反映企业结算材料价款及采购费用情况，如“库存现金”、“应付账款”、“预付账款”等账户。

1. “材料采购”账户

材料按实际采购成本计价，而实际采购成本又包括买价和运输费、包装费等采购费用。采购成本的各构成要素在支付时间上有先有后，为了能归集材料的采购成本，需要设置“材料采购”账户。该账户的借方用于归集材料的采购成本；将采购的成本归集完毕、材料入库后，从贷方转入“原材料”账户；其借方余额表示已付款但尚未入库的材料成本。

2. “原材料”账户

本账户用于核算企业库存各种材料的收入、发出、结存情况。该账户的借方反映已验收入库材料的成本（如果是外购，则为采购成本；如果是自制，则为自制成本）；贷方反映库存材料发出的成本；余额在借方，表示期末库存材料的成本。该账户应按每一种材料的品种、规格分别设置二级和明细账户，以便核算每一种材料的收、发、结存情况。

3.“应付账款”账户

本账户用于核算企业因采购材料物资和接受劳务提供而应付给供应单位的款项。该账户贷方登记应付而未付款项的数额，借方登记实际归还的数额，余额一般在贷方，表示尚未归还供应单位的数额。若出现借方余额，则表示企业多付或预付的货款。

4.“应付票据”账户

本账户用于核算企业对外发生债务时所开出承兑的商业汇票，包括银行承兑汇票和商业承兑汇票。该账户的贷方登记企业开出或以承兑汇票抵付货款的金额，借方登记已偿还的到期汇票。企业应设置“应付票据备查簿”，详细登记每一应付票据的种类、号数、到期日、金额等详细资料，以便加强对票据的管理，及时清付到期票据，保证企业在市场中的信用度。

5.“预付账款”账户

本账户用于反映和监督企业按照购货合同的规定预付给供应单位的款项以及结算情况的资产类账户。该账户的借方登记企业因购货而预付的款项以及结算时预付不足而补付的款项；贷方登记收到货物时冲销的款项以及结算时多预付部分的退回款；期末余额一般在借方，表示企业实际预付而尚未冲销的款项；如果有贷方余额则表示尚未补付的款项。“预付账款”账户一般按照不同债权人的名称设置明细分类账户。

6.“库存现金”账户

本账户用于核算和监督企业库存现金的收、付和结存情况，该账户的借方登记企业实际收到的现金，贷方登记企业实际支付的现金；余额一般在借方，表示库存现金的实际数额。

7.“银行存款”账户

本账户用于核算和监督企业存放在银行款项的收、付和结存情况，该账户的借方登记企业实际存入银行的款项，贷方登记企业从银行实际提取或支出的款项；余额在借方，表示存放银行的实际款项。

8.“应交税费”账户

本账户核算企业按照税法等规定应交纳的各种税费，包括增值税、消费税、营业税、所得税、资源税、土地增值税、城市维护建设税、房产税、土地使用税、车船税、教育费附加、矿产资源补偿费等。就原材料购买业务来说，主要是指应交增值税，增值税的税率一般为17%。购进原材料时，按照购买材料买价的17%记入“应交税费——应交增值税”的进项税额。应交增值税设置了“进项税额”、“销项税额”、“出口退税”、“进项税额转出”、“已交税金”等多个明细账。企业采购物资时，按应计入采购成本的金额借记“材料采购”等科目，按可抵扣的增值税额，借记“应交税费——应交增值税（进项税额）”，按应付或实际支付的金额贷记“应付账款”、“应付票据”、“银行存款”等科目。

（二）账务处理

假定红海公司2010年1月发生如下经济业务：

【例4-7】向华美公司购入A材料2 000公斤，每公斤单价5元，价款共计10 000元，增值税发票上的金额为1 700元；向津京公司购入B材料500公斤，价款5 000元，增值税发票上的金额为850元。上述材料均未验收入库。由银行存款支付A材料款项，B材料款项尚未支付。

这项经济业务的发生，使材料增加了1 500元，但它只是材料采购成本的一部分，其他的费用还未发生，故应将其记入“材料采购”账户，待归集全面后再转为原材料。这项经济业务使银行存款减少10 000元，应付账款增加5 000元。所以这项经济业务涉及“材料采购”、“银行存款”和“应付账款”三个账户。库存材料的增加应记入“材料采购”账户的借方；银行存款的减少应记入“银行存款”账户的贷方；应付账款的增加应记入“应付账款”账户的借方。这项经济业务的会计分录如下：

借：材料采购——A材料　　10 000
　　　　　　——B材料　　5 000
　　应交税费——应交增值税（进项税额）　　2 550
　　贷：银行存款　　11 700
　　　　应付账款——津京公司　　5 850

【例4-8】以银行存款支付A、B两种材料的运费1 000元。以现金支付A、B两种材料的搬运费250元。运费和搬运费按A、B两种材料的重量分配。

这项经济业务的发生，一方面使材料采购费用增加了1 250元，另一方面，使企业银行存款减少了1 000元，现金减少了250元，涉及“材料采购”、“银行存款”和“库存现金”账户。采购费用的增加应借记“材料采购”科目；银行存款的减少应贷记“银行存款”科目；现金的减少应贷记“库存现金”科目。这项经济业务的会计分录如下：

A材料承担的运费：1 250 ÷（2 000 + 500）×2 000 = 1 000元

借：材料采购——A材料　　1 000
　　　　　　——B材料　　250
　　贷：银行存款　　1 000

库存现金　　250

【例4-9】A、B两种材料验收入库。

此时，应将实际采购成本从“材料采购”账户转入“原材料”账户，编制会计分录如下：

借：原材料——A材料　　11 000
　　　　　——B材料　　5 250
　贷：材料采购——A材料　　11 000
　　　　　　　——B材料　　5 250

【例4-10】红海公司从长庆工厂又购B材料9 000元，增值税1 530元，企业开出承兑的商业汇票，材料尚未到达。

借：材料采购——B材料　　9 000
　　应交税费——应交增值税（进项税额）　　1 530
　贷：应付票据　　10 530

【例4-11】红海公司以银行存款预付新华工厂购料款50 000元。

借：预付账款——新华工厂　　50 000
　贷：银行存款　　50 000

【例4-12】新华工厂按合同要求发来的丙材料50 000元，已验收入库。

借：原材料——丙材料　　50 000
　贷：预付账款——新华工厂　　50 000

在实际工作中，预付账款采用“多退少补”方式进行结算，根据例4-12，若新华工厂发来丙材料45 000元，则：

借：原材料——丙材料　　45 000
　　银行存款　　5 000
　贷：预付账款——新华工厂　　50 000

若新华工厂发来的丙材料55 000元，则：

借：原材料——丙材料　　55 000
　贷：预付账款——新华工厂　　50 000
　　　银行存款　　5 000

二、固定资产购建业务核算

固定资产是指为生产商品、提供劳务、出租或经营管理而持有的，使用寿命超过一个会计年度的有形资产。它是企业用来改变或影响劳动对象的主要劳动材料，是企业进行生产经营活动必不可少的物质基础。根据《企业会计准则第4号——固定资产》的规定，固定资产需要同时满足下列条件，才能予以确认：（1）该固定资产包含的经济利益很可能流入企业。固定资产是企业非常重要的资产，因此，对固定资产的确认，关键是判断其能否为企业带来经济利益的流入。如果不能给企业带来经济利益的流入，即使取得它花费了企业的资金或带来了未来经济利益的流出，也不能确认其为固定资产。而判断固定资产的经济利益是否流入企业的标准是看固定资产所有权相关的风险和报酬是否转移到了企业。(2) 固定资产的成本能够可靠的计量。成本能够可靠的计量是固定资产确认的一项基本条件。固定资产作为企业资产的组成部分，要予以确认，也必须能够对其成本进行可靠的计量。固定资产的成本能够可靠的计量，必须以取得的确凿、可靠的证据为依据，并且具有可验证性。

（一）账户设置

为了反映企业固定资产的增减变化及其结存情况，应设置"固定资产"账户。该账户是按原始价值核算固定资产增减变动的资产类账户，其借方登记增加固定资产的原始价值，贷方登记减少固定资产的原始价值；期末余额在借方，表示期末企业现有固定资产的账面原价。企业应当设置"固定资产登记簿"和"固定资产卡片"，按固定资产类别、使用部门和每项固定资产进行明细核算。若购入的设备需要安装后才能使用，则购入的固定资产应先通过"在建工程"科目核算设备及安装成本。待安装完毕，设备可投入使用后，再将全部成本转入"固定资产"科目。"在建工程"账户是一个过渡性资产类账户，该账户的借方表示正在建造安装的固定资产，贷方表示建造完工或者安装完毕转入固定资产的总成本。

（二）账务处理

根据我国最新会计准则的规定，固定资产应当按照成本进行初始计量。由于固定资产取得方式不同，其成本构成也不一样。

1. 外购固定资产

外购固定资产的成本，包括购买价款、进口关税和其他税费，如使固定资产达到预定可使用状态前所发生的可归属于该项资产的场地整理费、运输费、装卸费、安装费和专业人员服务费等。

【例 4-13】 红海公司购入一台设备，发票价格 50 000 元，增值税 8 500 元，发生安装费用 500 元，运费 2 000 元，所有费用已用银行存款全部付清，设备已交付使用。其账务处理为：

借：固定资产　　52 500

　　应交税费——应交增值税（进项税额）　　8 500

贷：银行存款 61 000

【例4-14】红海公司购入需要安装的全新设备一台，价款10 000元，支付增值税1 700元，包装及运杂费计1 000元，以上价款均通过银行存款支付。设备安装过程中领用库存材料3 000元，负担本企业职工工资2 000元。安装完毕已交付生产使用。

企业购入需要安装的全新设备时：

借：在建工程 11 000

应交税费——应交增值税（进项税额） 1 700

贷：银行存款 12 700

发生安装费用时：

借：在建工程 5 000

贷：原材料 3 000

应付职工薪酬——应付工资 2 000

安装完毕交付使用时：

借：固定资产 16 000

贷：在建工程 16 000

2. 自行建造固定资产

自行建造固定资产的成本，由建造该项资产达到预定可使用状态前发生的必要支出构成。包括：与自行建造固定资产密切相关的直接材料、直接人工和变动制造费用；达到固定资产预定可使用状态前所发生的借款费用；固定资产购建过程中应当分摊的间接费用。

【例4-15】红海公司自行建造并安装一套设备。企业生产此套设备发生的成本为90 000元。为了建造此套设备，企业专门向银行借入一笔款项，其中应予以资本化的借款费用为20 000元。设备现已交付生产车间使用。其账务处理为：

借：固定资产 110 000

贷：在建工程 110 000

【例4-16】红海公司将本厂生产的一台机器设备转作固定资产投入使用。该机器设备的生产成本为20 000元，市场标价为22 000元，适用17%的增值税率。交付使用后应作如下会计分录：

借：固定资产 23 740

贷：库存商品 20 000

应交税费——应交增值税（销项税额） 3 740

3. 投资者投入固定资产

投资者投入固定资产的成本，应当按照合同或协议约定的价值确定，但合同或协议约定价值不公允的除外。

【例 4 – 17】 红海股份有限公司接受甲投资者投入的库房一栋，根据资产评估机构确认，该房屋的原始价值为 30 000 元，双方约定价值为 25 000 元。其账务处理为：

借：固定资产　　25 000

　　贷：股本　　25 000

第三节　生产过程业务核算

生产过程是制造业最具特色的阶段。在这一阶段，企业劳动者借助机器、设备，将原材料加工成设计要求的产品。按照马克思的劳动价值学说，这一过程是物化劳动（劳动资料和劳动对象）和活劳动的消耗过程，也是价值增值的创造过程。纵观企业供、产、销等全过程的经济业务，从会计核算角度来看，生产阶段所发生的经济业务数量最多，也最为复杂。其中，各项生产费用的发生、归集与分配，以及完工产品的入库，是生产阶段的主要业务。通过生产业务核算，会计应能实现以下的反映和监督功能：一是提供有关材料、工资、制造费用等成本的组成信息；二是提供有关提取折旧和职工福利费的信息，并考核其计算的合法性和正确性；三是确定产品的实际单位成本，并与计划单位成本对比，分析单位成本的升降变化及其原因；四是提供产品完工入库的信息，借以考核产品计划的完成情况；五是提供有关在产品变化的信息，以分析企业生产的均衡性。

一、账户设置

根据生产业务核算的要求，一般需要设置以下账户：

（一）“生产成本”账户

本账户用来归集产品生产过程中所发生的、应计入产品成本的直接材料、直接人工和制造费用，并据以确定产品的实际生产成本。其借方登记当期发生的、应计入产品成本的生产费用；贷方登记期末结转的完工产品的实际生产成本。余额在借方，表示月末尚未完工产品的生产成本。由于企业产品成本核算最终要具体到每一种产品，因此，该账户的明细核算按所生产的产品种类进行；如果产品生产需要经过多个生产环节或多个车间，“生产成本”账户明细账的设置需要先按生产环节或车间、再按具体产品种类进行。

（二）"制造费用"账户

本账户用于归集和分配企业在车间范围内为生产产品和提供劳务而发生的、应计入产品成本的各项间接费用。包括制造部门管理人员的工资及福利费、机器设备等生产用固定资产折旧费及修理费、水电费等不能直接计入产品生产成本的费用。其借方登记月份内发生的各种制造费用；贷方登记月末按一定标准分配结转给各种产品负担的制造费用。月末一般无余额。本账户应按不同车间和费用项目设置明细账，以考核和控制不同车间的共同性生产费用。

（三）"应付职工薪酬"账户

本账户用于核算企业根据有关规定应付给职工的各种薪酬，企业（外商）按规定从净利润中提取的职工奖励及福利基金，也在本账户核算。其贷方登记企业应发给职工的薪酬总额；借方登记企业实际支付的薪酬额，余额在贷方，表示月末应付而未付的职工薪酬。本科目可按"工资"、"职工福利"、"社会保险费"、"住房公积金"、"工会经费"、"职工教育经费"、"非货币性福利"、"辞退福利"、"股份支付"等进行明细核算。

（四）"累计折旧"账户

固定资产是企业的主要劳动资料，它在使用期内，始终保持其原有的实物形态不变，而它的价值将逐渐损耗。根据固定资产的这一特点，不仅要设置"固定资产"账户，反映固定资产的原始价值，同时要设置"累计折旧"账户，来反映固定资产价值的耗损。该账户贷方登记固定资产因使用损耗而转移到产品中去的价值（折旧增加额）；借方登记报废或变卖固定资产时转销的累计已计提的折旧额，余额在贷方，表示期末累计已计提的折旧额。在资产负债表上，该账户作为固定资产的抵减账户。

（五）"库存商品"账户

本账户用来核算企业生产完工验收入库可供销售成品的收入、发出、结存情况。其借方登记已完工验收入库的各种成品的实际生产成本；贷方登记发出各种产品的实际生产成本；余额在借方，表示期末库存产成品的实际生产成本。该账户应按产成品的品种、规格或类别设置明细账，以详细反映和监督各种产成品的收发、结存情况。

二、产品生产业务过程的核算

制造业企业的生产过程，在会计上的反映就是按照经济用途归集各项相关的生产费用，从而正确的计算企业所生产的各种产品的生产成本。产品的生产费用主要包括直接材料费用、直接人工费用、其他直接费用和各种间接费用即制造费用。企业在一定时期内生产产品所发生的费用中，有些费用在发生时即可计入所生产的产品中去，如直接材料、直接人工费用等；而有些费用在发生时却难以明确其服务对象，必须先加以归集，然后再按照一定的标准和程序分配计入所生产的各种产品的成本中去，如制造费用。本教材重点讲解材料费用、人工费用和制造费用的归集与分配问题。

（一）材料费用的归集与分配

企业的库存材料被相关部门领用并消耗时，其成本即形成材料费用。这些材料费用应该按照材料的用途分别计入相关的成本费用中去。直接用于生产产品的材料费用，记入“生产成本”；用于车间一般耗用的消耗性材料应先记入“制造费用”；用于企业管理部门一般耗用的消耗性材料，应记入“管理费用”账户。

【例 4－18】红海公司 6 月仓库发料汇总如表 4－1 所示。

表 4－1　　红海公司 6 月仓库发料汇总单

项目	甲材料	乙材料	丙材料	合计
制造 A 产品耗用	80 000	24 000	200 000	304 000
制造 B 产品耗用	80 000	12 000	100 000	192 000
车间一般耗用	40 000		10 000	50 000
管理部门领用		4 000		4 000
合计	200 000	40 000	310 000	550 000

借：生产成本——A 产品　　304 000
　　　　　　——B 产品　　192 000
　　制造费用　　50 000
　　管理费用　　4 000
　　贷：原材料——甲材料　　200 000
　　　　　　　——乙材料　　40 000
　　　　　　　——丙材料　　310 000

（二）人工费用的归集与分配

人工费用是指企业给予为其提供服务的职工的各种薪酬。企业支付的各种人工费用应该按照不同的部门和职工服务的对象不同而计入不同的账户进行反映。其中，生产产品工人的工资是直接费用，可直接记入“生产成本”账户；车间管理人员的工资，是车间为组织和管理企业产品生产所发生的共同性费用，属于间接费用，应记入“制造费用”；厂部管理人员的工资属于期间费用，应记入“管理费用”账户。

【例 4 – 19】 红海公司月末结算本月份应付职工工资，其中制造 A 产品工人工资 80 000 元，制造 B 产品工人工资 160 000 元，车间管理人员工资 20 000 元，厂部管理人员工资 50 000 元。

借：生产成本——A 产品　　80 000
　　　　　　——B 产品　　160 000
　　制造费用　　20 000
　　管理费用　　50 000
　　贷：应付职工薪酬——工资　　310 000

【例 4 – 20】 按工资总额的 14% 计提职工福利费。

企业除了按标准支付给职工工资以外，还可按工资总额的一定比例提取福利费，用于职工医药卫生、集体福利、生活困难补助等方面的支出，所提取的福利费计入当期成本。提取时，按不同部门分别记入“生产成本”、“制造费用”、“管理费用”等账户的借方；同时贷记“应付福利费”账户（这里，应付福利费账户相当于是应计费用或预提费用账户，只是由于它反映的内容较特殊，所以，将其通过该账户单独反映）。

借：生产成本——A 产品　　11 200
　　　　　　——B 产品　　22 400
　　制造费用　　2 800
　　管理费用　　7 000
　　贷：应付职工薪酬——职工福利　　43 400

对于企业的工资，必须按月发放，发放时应付工资减少，记入该账户借方，同时，企业货币资金减少，记入“银行存款”等账户贷方。

【例 4 – 21】 红海公司用银行存款发放工资 310 000 元。

借：应付职工薪酬——工资　　310 000
　　贷：银行存款　　310 000

而对于按工资总额计提的福利费用。主要用于职工医药卫生，集体福利，生活困难补助等方面，当发生以上支出时，一方面引起应付福利费的减少，记入“应付职工薪酬”账户的借方，同时，引起货币资金的减少，记入“库存现金”等账户的贷方。

【例 4 – 22】 职工张三领取困难补助费 500 元，用现金支付。

借：应付职工薪酬——职工福利　　500

贷：库存现金 500

（三）制造费用的归集与分配

制造费用是指企业的车间（或部门）为生产产品和提供劳务所发生的各项间接费用，包括生产车间管理人员的职工薪酬、有机物料消耗、折旧费、办公费、水电费、劳动保护费以及其他各种间接费用。按照权责发生制的要求，这些费用应当计入该车间（或部门）所生产的各种产品生产成本中，但在发生时一般无法直接确定其成本核算对象，因而不能直接计入具体产品的生产成本中。通常对这类费用，先将其计入“制造费用”进行归集，然后再按照一定的标准分配计入各产品的生产成本中。下面主要介绍折旧费用和其他几种费用的核算。

1. 折旧费用的核算

折旧是指固定资产在使用过程中，所逐渐损耗的那部分价值。按规定，企业必须每期计提折旧费用，因计提折旧而减少的价值不直接冲减固定资产的原值，而是设置“累计折旧”账户作为“固定资产”账户的调整账户，进行核算。可见“累计折旧”账户的设置是为冲减“固定资产”的原值的，因此，该账户虽然属于资产类账户，但结构与“固定资产”账户的结构相反，增加记贷方，减少记借方，企业每期计提折旧时，折旧费用增加，记入“累计折旧”账户的贷方，同时，按固定资产的用途，作为一项物质资料的耗费，引起费用增加，分别记入有关费用账户的借方。

【例4-23】按规定：红海公司计提本月固定资产折旧费12 000元，其中车间用固定资产计提9 000元，行政管理部门用固定资产计提3 000元。

借：制造费用 9 000

　　管理费用 3 000

　　贷：累计折旧 12 000

2. 其他费用的核算

在生产过程中，除发生上述材料、工资、福利、折旧费用以外，还会发生水电费、办公费、报刊费，固定资产修理费，差旅费等相关费用。现举例说明如下：

【例4-24】红海公司本月用银行存款支付电费5 000元，其中车间用电4 000元，行政管理部门用电1 000元。

该项业务发生，一方面引起车间和行政管理部门发生费用增加，记入有关费用账户借方，另一方面引起企业银行存款减少，计入“银行存款”账户贷方。

借：制造费用 4 000

　　管理费用 1 000

　　贷：银行存款 5 000

【**例 4－25**】红海公司用现金购买办公用品 1 350 元，其中车间用 600 元，行管部门 750 元。

借：制造费用　　600

　　管理费用　　750

　　贷：库存现金　　1 350

【**例 4－26**】采购员张三出差，预借差旅费 800 元，用现金支付。

该项经济业务的发生，形成了企业与张三之间的债权债务关系，引起企业债权增加，记入“其他应收款”账户的借方，同时使企业现金减少，记入“现金”账户贷方。

借：其他应收款——张三　　800

　　贷：库存现金　　800

【**例 4－27**】几天后，张三出差归厂，报销差旅费 750 元，余额以现金交回。

该笔业务的发生，一方面引起厂部发生费用增加，记入“管理费用”账户借方，同时现金增加，记入“库存现金”账户借方，另一方面，企业与张三债权债务关系消失，即“其他应收款”减少，记入该账户贷方。

借：管理费用　　750

　　库存现金　　50

　　贷：其他应收款——张三　　800

3. 制造费用分配的核算

制造费用是成本的组成部分，月末应将月份内归集的各种间接费用按照一定的标准从“制造费用”账户贷方转入“生产成本”账户借方，以便计算产品的生产成本。对于制造费用的分配标准，企业应该根据制造费用的性质不同予以合理的选择。在会计实务中，企业制造费用的分配标准主要有生产工人工资比例法、生产工人工时比例法、机器工时比例法、直接成本比例法和产成品产量比例法等。具体选用标准应该根据企业的具体情况而定。但一旦标准确定，不得随意变动。

【**例 4－28**】结转本月发生的制造费用，按直接从事 A、B 两种产品的生产工人的工资分配转入 A、B 产品的生产成本。

本月发生的制造费用 $=50\ 000+20\ 000+2\ 800+9\ 000+4\ 000+600=86\ 400$（元）

$$分配率=\frac{86\ 400}{160\ 000+80\ 000}=0.36$$

A 产品分配的制造费用 $=160\ 000\times0.36=57\ 600$（元）

B 产品分配的制造费用 $=80\ 000\times0.36=28\ 800$（元）

编制会计分录如下：

借：生产成本——A 产品　　57 600
　　　　　　——B 产品　　28 800
　贷：制造费用　　86 400

4. 完工产品的核算

产品生产完工并验收入库后，使企业的库存商品增加，应按完工产品在生产过程所发生的实际成本记入“库存商品”借方，同时，将原计入“生产成本”账户借方的该批产品成本通过“生产成本”账户的贷方转出。

【例 4－29】 假设本月生产的 A 产品 2 000 件全部完工，并验收入库，结转其实际生产成本，B 产品全部未完工。

A 产品的生产成本＝304 000＋80 000＋11 200＋57 600＝452 800（元）

则 A 产品的单位生产成本＝452 800÷2 000＝226.4（元）

结转全部完工 A 产品的成本，编制如下会计分录：

借：库存商品——A 产品　　452 800
　贷：生产成本——A 产品　　452 800

第四节　销售过程业务核算

销售过程是企业以一定方式将产品销售给购货单位，并按销售价格取得销售收入的过程。销售过程是工业企业资金循环的第三个阶段，也是工业企业生产经营过程的最后阶段。在销售过程中，企业通过产品销售形成产品销售收入。企业取得的产品销售收入是以付出产品为代价的，已销售产品的生产成本就是产品销售成本。在销售过程中，企业为了销售产品，还会发生各种费用支出，如包装费、运输费、装卸费、广告费、展览费以及企业专设的销售机构经费等。这些为销售产品而发生的费用，称销售费用。在销售过程中，企业还应按照国家的有关税法规定，计算并缴纳销售税金。

由此可见，销售过程的主要经济业务是销售收入的实现、销售成本的结转、销售费用的发生，以及销售税金及附加的计算与交纳。

一、账户设置

（一）“主营业务收入”账户

本账户用来核算和监督企业销售产品取得收入的情况。企业销售产品实现了收入，记入该账户的贷方，期末将本期实现的收入从借方转入“本年利润”账户，结转后该账户一般没有余额。

（二）“主营业务成本”账户

本账户用来核算已售产品的实际成本。企业结转已售产品成本时，记入该账户的借方；期末将本期的销售成本从贷方转入“本年利润”账户，结转后该账户一般没有余额。

（三）“销售费用”账户

本账户用来核算企业销售商品和材料、提供劳务的过程中发生的各种费用，包括保险费、包装费、展览费和广告费、商品维修费、预计产品质量保证损失、运输费、装卸费等以及为销售本企业商品而专设的销售机构（含销售网点、售后服务网点）的职工薪酬、业务费、折旧费等经营费用。发生各项销售费用时，记入该账户的借方；期末将本期的销售费用从贷方转入“本年利润”账户，结转后该账户一般没有余额。

（四）“营业税金及附加”账户

本账户用来核算企业经营活动发生的营业税、消费税、城市维护建设税、资源税和教育税附加等相关税费。月末，企业按照规定计算出应负担的销售税金，记入该账户的借方；期末将本期产品负担的税金转入“本年利润”账户，结转后该账户一般没有余额。

（五）“应交税费——应交增值税”账户

本账户用来核算企业按照税法在销售企业产品时应该缴纳的增值税。增值税按照所销售产品的售价乘以 17% 的增值税率来计算。企业销售货物时，按应收或实际收到的金额借记“应收账款”、“应收票据”、“银行存款”等科目，按应交的增值税额，贷记“应交税费——应交增值税（销项税额）”科目。

二、账务处理

（一）产品销售的核算

【例 4 - 30】 红海公司销售给荣达公司甲产品 300 件，每件售价 400 元，货款计 120 000 元，款项已通过银行收讫。（按收入的 17% 计提增值税）

按照收入实现原则，当收入的赚取过程已经完成，且企业已经收取货款或取得收取货款的权力，就可以认为企业的收入已经实现。本例中，红海公司按照合同要求，已经将货物发往荣达公司，完成了收入的赚取过程，同时，企业也取得了相应的货款，符合收入确认的两项标准，编制会计分录如下：

借：银行存款　　140 400

　　贷：主营业务收入　　120 000

应交税费——应交增值税（销项税额） 20 400

【例 4－31】红海公司销售给三林公司甲产品 1 400 件，每件售价 380 元，货款计 532 000 元，产品已发出，款项尚未收到。（按收入的 17% 计提增值税）

这项经济业务与【例 4－30】基本相似，不同的是款尚未收到，企业债权增加而不是银行存款增加，所以借方应登记“应收账款”账户。编制会计分录如下：

借：应收账款——三林公司 622 440

贷：主营业务收入 532 000

应交税费——应交增值税（销项税额） 90 440

【例 4－32】以现金支付销售产品的搬运费 300 元。

产品销售过程会发生各种形式的销售费用，对它的核算通过“销售费用”账户进行。编制会计分录如下：

借：销售费用 300

贷：库存现金 300

【例 4－33】计算并结转已售产品应缴纳的消费税 3 500 元。

消费税是对一些资源消耗性和奢侈性的产品征收的一种税，如烟、酒、化妆品等。消费税是一种价内税，要求卖方从售价中扣除一定比例上缴。假定红海公司所销售的产品属消费税征收对象，按照适用税率，确定本期所销售产品应缴纳 3 500 元消费税，应记入“营业税金及附加”账户；同时，在这一税款实际缴纳之前，它形成企业对国家的负债，通过“应交税费”反映。编制会计分录如下：

借：营业税金及附加 3 500

贷：应交税费——应交消费税 3 500

【例 4－34】假定本期只发生【例 4－30】和【例 4－31】两笔销售业务，汇总并结转本期已售产品的生产成本。

本期共销售甲产品 1 700 件，前面已经计算出每件产品成本为 226.4 元，本期所销售产品成本总计为 384 880 元。按照配比原则，这部分成本应与本月已实现产品销售收入相配比，这使得产品销售成本增加，同时，产品已售出，产成品减少。编制会计分录如下：

借：主营业务成本 384 880

贷：库存商品 384 880

严格地说，产品一旦发出用于销售，产成品就已经减少了。因此，结转产品销售成本可以在销售收入成立的同时进行。实际工作中，如果企业采用定期盘存制，有关成本数据一般需要到月末才能计算得出；或者为了简化核算工作，对于已售产品生产成本的结转，也可于月末汇总一次结转。

（二）其他销售的核算

企业除销售产品外，也可能从事一些其他销售业务，比如销售原材料、包装物等，这类业务属于企业在主营业务外从事的一些兼营业务活动，因此销售原材料、包装物取得的收入属于“其他业务收入”核算的范围，当企业从事其他销售活动时，使企业的“其他业务收入”增加，记入该账户的贷方，同时，若收到款项使企业的银行存款增加，记入“银行存款”账户的借方。

【例4-35】红海公司出售一批原材料，售价8 000元，增值税税率17%。款已收到存入银行。

借：银行存款　　9 360
　　贷：其他业务收入　　8 000
　　　　应交税费——应交增值税（销项税额）　　1 360

企业出售原材料，使库存材料减少，记入“原材料”账户的贷方，另一方面使材料销售成本增加，根据配比原则，记入“其他业务成本”账户借方。

【例4-36】结转已售原材料的实际成本6 000元。

借：其他业务成本　　6 000
　　贷：原材料　　6 000

第五节　利润的形成及其分配核算

一、利润形成及分配的内容

（一）利润的形成

利润是企业一定期间生产经营活动最终财务成果，是收入扣减费用后所剩余的差额。收入如大于费用，净剩余为正，形成盈利；反之，则为亏损。为了准确地反映企业利润的形成过程，分析企业各项经营活动对利润的影响，可根据利润形成原因的不同，将其分为营业利润、投资净收益和营业外收支三部分。其中，营业利润是由企业的经营活动所形成的，它应当是企业利润的主要来源；投资净收益是企业对外投资收益扣减损失后的余额，这部分也是企业管理当局努力的成果；相比之下，营业外收支则是那些企业无法控制的收支项目所形成的结果，如固定资产报废损失、自然灾害损失等。这部分收支不像前两种可以经常性、重复性发生，它在利润中应占比重不大。

利润相关计算公式如下：

1. 营业利润

营业利润 = 营业收入 - 营业成本 - 营业税金及附加 - 销售费用 - 管理费用 - 财务费用 - 资产减值损失 + 公允价值变动收益（ - 公允价值变动损失）+ 投资收益（ - 投资损失）

其中，营业收入是指企业经营业务所确认的收入总额，包括主营业务收入和其他业务收入。

营业成本是指企业经营业务所发生的实际成本总额，包括主营业务成本和其他业务成本。

资产减值损失是指企业计提各项资产减值准备所形成的损失。

公允价值变动收益（或损失）是指企业交易性金融资产等公允价值变动形成的应计入当期损益的利得（或损失）。

投资收益（或损失）是指企业以各种方式对外投资所取得的收益（或发生的损失）。

2. 利润总额

利润总额 = 营业利润 + 营业外收入 - 营业外支出

其中，营业外收入是指企业发生的与其日常生产经营活动没有直接关系的各项利得。营业外支出是指企业发生的与其日常生产经营活动没有直接关系的各项损失。虽然营业外收入和营业外支出与企业的生产经营活动没有直接联系，但是从企业主体来看，也是增加或减少利润的因素，对企业的利润总额及净利润产生一定的影响。

3. 净利润

净利润是企业当期利润总额减去所得税费用后的金额，即企业的税后利润。用公式表示：

净利润 = 利润总额 - 所得税费用

其中，所得税费用是指企业确认的应从当期利润总额中扣除的所得税费用。

（二）利润的分配

企业的净利润形成以后，必须按规定对其进行分配，首先必须按净利润的10%提取法定盈余公积金，然后向投资者分配利润。具体分配顺序是：

（1）弥补以前年度的亏损；

（2）提取法定盈余公积（按净利润的10%）；

（3）取任意盈余公积金；

（4）向投资者分配利润。

二、账户设置

(一)“营业外收入”账户

该账户用于核算企业取得的、与生产经营没有直接关系的各项收入，如因某种原因无法偿还的债务。其贷方登记取得的营业外收入；借方登记转入“本年利润”账户的数额；期末结转后无余额。应按收入项目设置明细账。

(二)“营业外支出”账户

该账户用于核算企业付出的与生产经营没有直接关系的各项支出，如，对外捐赠支出、固定资产报废损失、自然灾害损失等。其借方登记已发生的营业外支出；贷方登记转入“本年利润”账户的数额；期末结转后无余额。应按支出项目设置明细账。

(三)“本年利润”账户

该账户是一个过渡性账户。用于计算会计年度内累计实现的利润（或亏损）总额。其贷方登记期末从收入类账户转入的利润增加项目的金额，借方登记期末从成本、费用类账户转入的利润减少项目的金额；期末如借方金额大于贷方金额，表明当年实现亏损，应从贷方转入“利润分配”账户；反之，如贷方金额大于借方金额，表明实现利润，通过借方结转至“利润分配”账户。结转后，本账户应无余额。

(四)“管理费用”账户

该账户用来核算企业为组织和管理企业生产经营所发生的管理费用。该账户属于损益类账户中支出性质的账户，其借方登记企业发生的各项管理费用；贷方登记期末转入“本年利润”账户的本期管理费用的数额；期末结转后本账户应无余额。

(五)“所得税费用”账户

该账户用于核算企业按规定计算的应上缴国家的所得税额。其借方登记当期应缴纳的所得税额；贷方登记期末转入“本年利润”账户的金额；期末结转后应无余额。

(六)“利润分配”账户

年度终了，企业将本年实现的税后净利润转入本账户时，应贷记本账户；如为亏损总额，则借记本账户；企业按国家规定提留盈余公积金、向股东分发股利、提留部分盈余用作扩大再生产等，都通过借方核算。该账户如最终余额在贷方，表明企业尚余部分利润未分配；如余额在借方，表明企业处于亏损状态。为详细反映每项利润分配情况，该账户一般按所分配项目开设明细账。

（七）“盈余公积”账户

该账户用来核算企业从税后利润中提取的盈余公积的账户。该账户属于所有者权益类账户，其贷方登记提取的盈余公积，借方登记盈余公积的支付数额，期末贷方余额表示盈余公积的结余数额。

（八）“应付利润”（或“应付股利”）账户

该账户用来核算企业应付给投资者的现金股利或利润。该账户属于负债类账户，其贷方登记计算出的应付给投资者的现金股利或利润；借方登记已实际支付的现金股利或利润；期末贷方余额，表示尚未支付的现金股利或利润。

三、账务处理

（一）营业外业务的核算

【例4－37】红海公司向希望工程捐赠3 000元，已通过银行付讫。

通常的交易是双向的，即：付出一定量的货币或货物，收到相应数量的货币或货物。对外捐赠则不同，它是单向的，目的并非取得某项收益，是一项与正常生产经营没有直接关系的支出，会计上将其列为营业外支出的增加。应借记“营业外支出”账户，贷记“银行存款”账户。编制会计分录如下：

借：营业外支出　　3 000
　　贷：银行存款　　3 000

【例4－38】红海公司原欠新新公司一笔货款1 000元，因新新公司撤销已无法偿还，转为营业外收入。

这笔无法偿还的应付款，是一项意外的、与正常经营活动没有直接关系的收入，应作为营业外收入的增加，贷记“营业外收入”账户；另一方面，应付账款相应减少，应借记“应付账款”账户。编制会计分录如下：

借：应付账款——新新公司　　1 000
　　贷：营业外收入　　1 000

（二）利润形成的核算

期末结转各种损益类账户之前，本期实现的各项收入及与之相配比的成本费用是分散反映在不同的账户上，为了使本期的收入成本费用相抵，计算本期的利润额或亏损额，确认本期经营成果，应编制结转分录，将各种收入、成本费用账户的金额过入“本年利润”账户，结清各损益类账户。

1. 结转收入类账户

首先，归集本期收入类账户：

主营业务收入

	【例4－30】120 000
	【例4－31】532 000
	652 000

其他业务收入

	【例4－35】8 000
	8 000

营业外收入

	【例4－38】1 000
	1 000

然后，根据收入类账户的发生额，编制如下会计分录：

借：主营业务收入　652 000
　　其他业务收入　8 000
　　营业外收入　1 000
　　贷：本年利润　661 000

2. 结转成本费用类账户

首先，归集本期发生的所有费用类账户：

财务费用

【例4－3】 6 000	
【例4－5】12 000	
18 000	

主营业务成本

【例4－34】384 880	
384 880	

管理费用

【例4－18】 4 000	
【例4－19】50 000	
【例4－20】 7 000	
【例4－23】 3 000	
【例4－24】 1 000	
【例4－25】 750	
【例4－27】 750	
66 500	

其他业务成本

【例4－37】6 000	
6 000	

营业税金及附加

【例4－33】3 500	
3 500	

营业外支出

【例4－37】3 000	
3 000	

销售费用

【例4－32】300	
300	

然后，根据收入类账户的发生额，编制如下会计分录：

借：本年利润　　482 180

　　贷：主营业务成本　　384 880

　　　　其他业务成本　　6 000

　　　　财务费用　　18 000

　　　　销售费用　　300

　　　　营业税金及附加　　3 500

　　　　管理费用　　66 500

　　　　营业外支出　　3 000

3. 计算并结转本期所得税

所得税是企业使用政府所提供的各种服务而向政府应尽的义务。2008 年 1 月 1 日正式执行的《新企业所得税法》规定，企业适用的税率通常为 25%，微利企业为 20%。

【例 4－39】 计算并结转红海公司本年所得税。假定红海公司适用的所得率为 25%。

红海公司本年利润总额＝661 000－482 180＝178 820（元）

红海公司本年应交所得税＝178 820×25%＝44 705（元）

借：所得税费用　　44 705

　　贷：应交税费——应交所得税　　44 705

会计期结束时，还应将“所得税费用”账户的余额转入“本年利润”账户：

借：本年利润　　44 705

　　贷：所得税费用　　44 705

（三）利润分配的核算

【例 4－40】 红海公司按税后净利润的 10% 提取盈余公积。

企业的利润总额扣减所得税后为净利润，在向投资者分配利润之前，为了保证企业资本的保值与增值，应提取盈余公积作为企业的发展和后备基金。这部分盈余公积的提取和使用，可设置“盈余公积”账户加以反映，贷方登记所计提增加的盈余公积；借方登记使用转出的盈余公积，余额在贷方，表示已提取尚未使用的盈余公积。

红海公司本年净利润：178 820－44 705＝134 115（元）

应提取的盈余公积：134 115×10%＝13 411.5（元）

编制会计分录如下：

借：利润分配——提取盈余公积　　13 411.5

贷：盈余公积　　13 411.5

【例4－41】经董事会批准，将企业净利润的50%分配给投资者。

向投资者分配利润，是投资者出资经营、并承担风险的回报。从企业来看，应通过“利润分配”账户完整地反映向投资者分配利润这一业务；本例中假定尚未实际向投资者支付现金，利润分配的宣布，导致企业负债的增加。

应分配的股利为：134 115×50%＝67 057.5（元）。编制会计分录如下：

借：利润分配——应付利润　　67 057.5

贷：应付利润　　67 057.5

【例4－42】将“本年利润”账户余额转入“利润分配”账户。

从以上我们可看出，“本年利润”账户最终的余额表示企业本年实现的累计净利润，利润的分配并没有直接在“本年利润”账户上反映，而是通过“利润分配”账户来反映，所以年终，应将本年利润账户余额转入利润分配账户，一方面可借以反映企业未分配的利润的数额；另一方面，结清本年利润账户，以便新的年度重新开始。

借：本年利润　　134 115

贷：利润分配——未分配利润　　134 115

【例4－43】结转“利润分配”账户的各有关明细账。

通过上笔业务，企业已经将本年度形成的本年利润转到了“利润分配——未分配利润”账户。但是企业在进行利润分配时，是通过“利润分配——提取盈余公积”、“利润分配——应付利润”等明细账户进行的，并没有减少“利润分配——未分配利润”明细账户，所以还需要结转“利润分配”账户的各有关明细账。经过此步调整之后，“利润分配——未分配利润”账户的余额就是留在企业待分配的利润。

借：利润分配——未分配利润　　80 469

贷：利润分配——提取盈余公积　　13 411.5

利润分配——应付利润　　67 057.5

第五章　会计凭证

第一节　会计凭证概述

一、会计凭证的概念

会计凭证是记录经济业务的发生和完成情况、明确经济责任、作为登记账簿依据的一种具有法律效力的书面证明文件。合法地取得、正确地填制和审核会计凭证是会计核算的专门方法之一。

会计核算的基本流程是，原始凭证——填制记账凭证——登记账簿——编制报表。会计主体办理任何一项经济业务，都必须办理凭证手续。由执行或完成该项经济业务的有关人员填制或取得会计凭证，详细说明该项业务的内容，并在会计凭证上签名或盖章，明确经济责任。一切会计记录都要有真凭实据，核算资料都应具备客观性和真实性，这是会计核算必须遵循的基本原则，也是会计核算的一个重要特点。

因此，一切单位，经济业务一旦发生，都必须有执行、完成该项经济业务的有关人员从外部取得或自行填制凭证，以书面形式反映证明经济业务的发生或完成情况。会计凭证须载明经济业务的内容、数量、金额并签名或盖章，以明确对该项经济业务的真实性、准确性所负的责任。一切会计凭证都应经过专人进行严格的审核，只有经过审核无误的凭证，才能作为记账的依据。因此，填制和审核会计凭证，是会计信息处理的重要方法之一，同时也是整个会计核算工作的起点和基础。

二、会计凭证的作用

会计凭证的填制和审核，对于如实反映经济业务内容，有效监督经济业务的合理性和合法性，保证会计核算资料真实性、可靠性，发挥会计在管理中的作用，具有重要意义。

填制和审核会计凭证作为会计核算的一项重要内容，在经济管理中具有重要作用。主要有以下 4 方面：

（一）提供经济信息和会计信息

会计信息是经济信息的重要组成部分。它一般是通过数据，以凭证、账簿、报表等形式反映出来的。任何一项经济业务的发生，都要编制或取得会计凭证。会计人员可以根据会计凭证，对日常大量、分散的各种经济业务，进行整理、分类、汇总、并经过会计处理，为经济管理者提供有用的会计信息。

（二）提供记账依据

每一项经济业务的发生，都必须通过填制会计凭证来如实记录经济业务的内容、数量和金额，然后经过审核无误，才能登记入账。会计凭证是记账的依据，通过会计凭证的填制、审核，按一定方法对会计凭证进行整理、分类、汇总，为会计记账提供真实、可靠的依据，并通过会计凭证的及时传递，对经济业务适时地进行记录。

（三）监督、控制经济活动

通过会计凭证的审核，可以检查经济业务的发生是否符合有关的法规、制度，是否符合业务经营、财务收支的方针和计划、预算的规定，有无贪污盗窃、铺张浪费和损公肥私行为，以确保经济业务的合理、合法和有效性。监督经济业务的发生、发展，控制经济业务的有效实施，从而发挥会计的监督作用，保护会计主体的资产安全完整，维护投资者、债权人和有关各方的合法权益。

（四）加强经济责任

经济业务发生后，要取得或填制适当的会计凭证，证明经济业务已经发生，同时要由有关的经办人员，在凭证上签字、盖章，明确业务责任人。通过会计凭证的填制和审核，使有关责任人在其职权范围内各司其职、各负其责，并利用凭证填制、审核的手续制度进一步完善经济责任制。

三、会计凭证的种类

会计凭证按其编制程序和用途的不同，可以分为原始凭证和记账凭证两大类。

（一）原始凭证

1. 原始凭证的概念

原始凭证，又称原始单据，是在经济业务发生或完成时取得或填制的，用以记录经济业务的主要内容和完成情况，明确经济责任的书面证明，是编制记账凭证的依据，是进行会计核算的原始资料。原始凭证记载着大量的经济信息，又是证明经济业务发生的初始文件，与记账凭证相比较，具有较强的法律效力，所以它是一种很重要的凭证。如购货付款后由销售方开具的“增值税专用发票”（见图 5－1）、出差乘坐的车船票（见图 5－2）、采购材料的发货票、到仓库领料的领料单等，都是原始凭证。

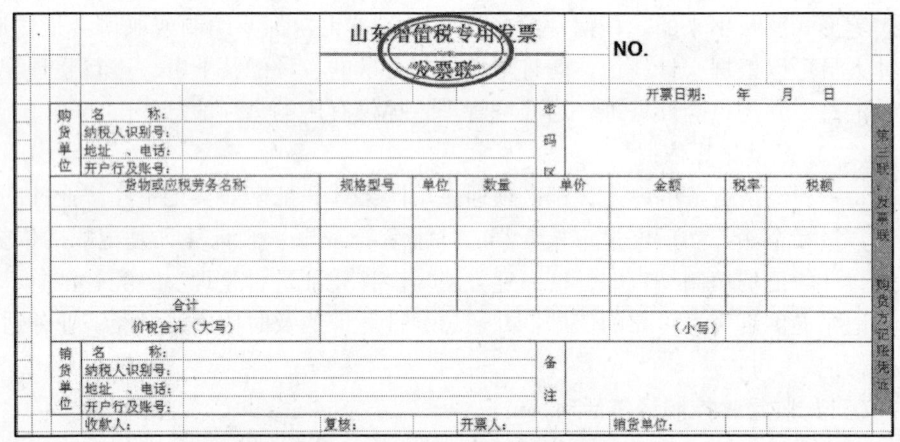

山东增值税专用发票

发票联

NO.

开票日期： 年 月 日

购货单位	名称： 纳税人识别号： 地址、电话： 开户行及账号：				密码区			
货物或应税劳务名称		规格型号	单位	数量	单价	金额	税率	税额
合计								
价税合计（大写）						（小写）		
销货单位	名称： 纳税人识别号： 地址、电话： 开户行及账号：				备注			
收款人：		复核：		开票人：		销货单位：		

第三联，发票联 购货方记账凭证

图 5－1 增值税专用发票

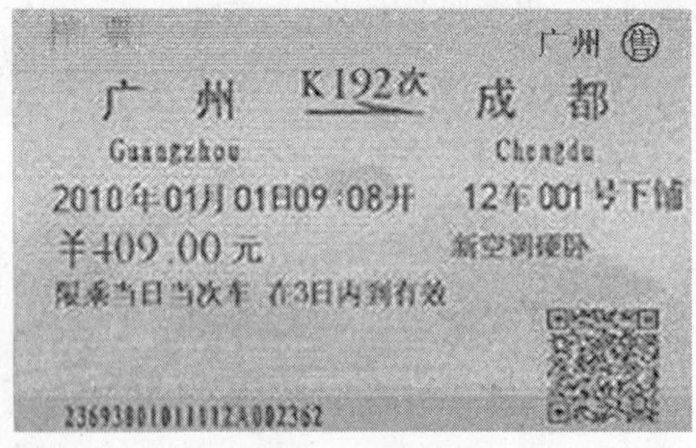

图 5－2 车船票

2. 原始凭证的种类

（1）原始凭证按其来源不同，可以分为外来原始凭证和自制原始凭证两种。

外来原始凭证是指企业与其他企业、个人发生经济往来关系时，从其他企业或个人直接取得的原始凭证。例如供货单位开来增值税专用发票、普通发票，运输部门开来的运费收据等都是外来原始凭证。

自制原始凭证是指本单位内部具体经办业务的部门或个人，在执行或完成某项经济业务时所自行填制的原始凭证。如收料单、领料单等。

（2）原始凭证按其填制的手续不同，可以分为一次凭证、累计凭证和汇总凭证三种。

一次凭证是指凭证的填制手续是一次完成的，用以记录一项或若干项同类性质经济业务的原始凭证。外来原始凭证和大部分自制原始凭证都是一次凭证，如收料单（见表5－1）、领料单（见表5－2）、发货单、购货发票、付款收据、费用报销单等。

累计凭证是指在一定时期内连续记录若干项同类经济业务的凭证，其填制手续不是一次完成的，而是随着经济业务的发生多次进行的。如限额领料单（见表5－3）。由于平时随时登记发生的经济业务，并计算累计数，期末计算总数后作为记账依据，所以使用累计凭证能减少凭证数量，简化凭证填制手续。

汇总凭证又称汇总原始凭证，是根据许多同类经济业务的原始凭证定期加以汇总而重新编制的凭证。如月末根据月份内所有的领料单汇总编制的领料单汇总表（也称发料汇总表，见表5－4），就是汇总原始凭证。汇总凭证可以简化编制记账凭证的手续，但它本身不具备法律效力。

表5－1　　（企业名称）

供货单位：首钢　　收　料　单　　凭证编号：0343

发票编号：0052　　2015年5月8日　　收料仓库：5号库

材料类别	材料编号	材料名称及规格	计量单位	数量		金额（元）		
				应收	实收	单价	运杂费	合计
型钢	022	20m/m	公斤	1 000	1 000	3.00	300	3 300
备注							合计	3 300

主管（签章）　会计（签章）　审核（签章）　记账（签章）　收料（签章）

表5－2　　（企业名称）

领料单位：三车间　　领　料　单　　凭证编号：3456

用途：制造A产品　　2015年4月3日　　发料仓库：5号库

材料类别	材料编号	材料名称及规格	计量单位	数量		单价	金额（元）
				请领	实收		
型钢	022	20m/m	公斤	1 000	1 000	3.20	3 200
备注						合计	3 200

主管（签章）　记账（签章）　发料人（签章）　领料人（签章）

表5－3　（企业名称）限额领料单

2015年5月8日　编号：2345

领料单位：二车间　用途：B产品　计划产量：5 000台

材料编号：102045　名称规格：16m/m圆钢　计量单位：公斤

单位：4.00元　消耗定量：0.2公斤/台　领用限额：1 000

＊＊年		请领		实发				
月	日	数量	领料单位负责人	数量	累计	发料人	领料人	限额结余
10	5	200	张勇	200	200	李发	李杰	800
10	10	100	张勇	100	300	李发	李杰	700
10	15	300	张勇	300	600	李发	李杰	400
10	20	100	张勇	100	700	李发	李杰	300
10	25	150	张勇	150	850	李发	李杰	150
10	31	100	张勇	100	950	李发	李杰	50

累计实发金额（大写）叁仟捌佰元整　　￥3 800

供应生产部门负责人（签章）　生产计划部门负责人（签章）　仓库负责人（签章）

表5－4　（企业名称）领料单汇总表

2015年10月15日　编号：

用途	上旬	中旬	下旬	月计
生产成本				
甲产品				
乙产品				
制造费用				
管理费用				
在建工程				
本月领料合计				

（二）记账凭证

1. 记账凭证的概念

记账凭证是会计人员根据审核无误的原始凭证（或原始凭证汇总表）进行归类、整理，用来确定会计分录而编制的直接作为登记账簿依据的会计凭证。

由于原始凭证来自不同的单位，种类繁多，数量庞大，格式不一，不能清楚地表明应记入会计科目的名称和方向。为了便于登记账簿，需要根据原始凭证反映的不同经济业务，加以归类和整理，填制具有统一格式的记账凭证，确定会计分录，并将相关的原始凭证附在后面。这样不仅可以简化记账工作、减少差错，而且有利于原始凭证的保管，便于对账和查账，提高会计工作质量。从原始凭证到记账凭证是经济信息转换成会计信息的过程，是会计的初始确认阶段。

2. 记账凭证的种类

（1）记账凭证按其所记录的经济业务是否与现金和银行存款的收付有直接关系，可以分为收款凭证、付款凭证和记账凭证。

收款凭证是用来记录现金和银行存款等货币资金收款业务的凭证，它是根据现金和银行存款收款业务的原始凭证填制的。

付款凭证是用来记录现金和银行存款等货币资金付款业务的凭证，它是根据现金和银行存款付款业务的原始凭证填制的。

转账凭证是用来记录与现金、银行存款等货币资金收付款业务无关的转账业务的凭证，它是根据有关转账业务的原始凭证填制的。

表 5-5

收款凭证

借方科目：银行存款　　2015 年 10 月 15 日　　银收字第 34 号

摘要	贷方科目		金额									记账符号
	总账科目	明细科目	百	十	万	千	百	十	元	角	分	
销售乙产品 10 件	主营业务收入				2	0	0	0	0	0	0	
	应交税费					3	3	0	0	0	0	
合计				¥	2	3	3	0	0	0	0	

附单据 2 张

财务主管（签章）　记账（签章）　审核（签章）　出纳（签章）　制单（签章）刘斌

表 5-6

付款凭证

贷方科目：银行存款　　2015 年 10 月 15 日　　银付字第 33 号

摘要	借方科目		金额									记账符号
	总账科目	明细科目	百	十	万	千	百	十	元	角	分	
购入原材料一批	原材料				5	0	0	0	0	0	0	
	应交税费					8	5	0	0	0	0	
合计				¥	5	8	5	0	0	0	0	

附单据 6 张

财务主管（签章）　记账（签章）　审核（签章）　出纳（签章）　制单（签章）刘斌

表 5－7

转账凭证

2015 年 10 月 15 日　　　　转字第 125 号

摘要	账户名称		借方金额									贷方余额									记账
	一级科目	明细科目	百	十	万	千	百	十	元	角	分	百	十	万	千	百	十	元	角	分	
购进甲材料，货款暂欠	材料采购	甲材料				7	5	5	0	0	0										
	应交税费	应交增值税				1	2	7	5	0	0										
	应付账款	A 公司													8	8	2	5	0	0	
合计					¥	8	8	2	5	0	0			¥	8	8	2	5	0	0	

附单据 6 张

财务主管（签章）　记账（签章）　审核（签章）　制单（签章）刘斌

（2）记账凭证按其填制的方式的不同，可以分为复式记账凭证和单式记账凭证。复式记账凭证也叫做多科目记账凭证，要求将某项经济业务所涉及的全部会计科目集中填列在一张记账凭证上。复式记账凭证可以集中反映账户对应关系，因而便于了解经济业务的全貌，了解资金的来龙去脉，便于查账；同时可以减少填制记账凭证的工作量，减少记账凭证的数量。但是不便于汇总计算每一会计科目的发生额，不便于分工记账。上述收款凭证、付款凭证和转账凭证的格式都是复式记账凭证的格式。

单式记账凭证也叫做单科目记账凭证，要求将某项经济业务所涉及的每个会计科目分别填制记账凭证，每张记账凭证只填列一个会计科目，其对方科目只供参考，不据以记账。单式记账凭证便于汇总计算每一个会计科目的发生额，便于分工记账。但是填制记账凭证的工作量变大，而且出现差错不易查找。工作中应用最广泛的是复式记账凭证。

表 5－8

借项记账凭证

对应科目：应收账款　　2015 年 11 月 27 日　　编号　32 1/2

摘要	借方科目		金额									记账符号
	总账科目	明细科目										
收到东方公司欠款	银行存款											
合计												

附单据 1 张

财务主管（签章）　记账（签章）　审核（签章）　出纳（签章）　制单（签章）刘斌

表 5-9 贷项记账凭证

对应科目：银行存款 2015 年 11 月 27 日 编号 32 2/2

摘要	借方科目		金额									记账符号
	总账科目	明细科目										
收到东方公司欠款	应收账款											
合计												

附单据 1 张

财务主管（签章） 记账（签章） 审核（签章） 出纳（签章） 制单（签章）刘斌

（3）记账凭证按其包括的内容不同，可以分为单一记账凭证、汇总记账凭证和科目汇总表三类。

单一记账凭证是指只包括一笔会计分录的记账凭证。上述的收付转凭证均为单一记账凭证。

汇总记账凭证是指根据一定时期内同类单一记账凭证定期加以汇总而重新编制的记账凭证。其目的是为了简化总分类账的登记手续。汇总记账凭证又可进一步分为汇总收款凭证、汇总付款凭证和汇总转账凭证。

科目汇总表是指根据一定时期内所有的记账凭证定期加以汇总而重新编制的记账凭证。其目的是为简化总分类账的登记手续。

第二节 原始凭证

一、原始凭证的基本内容

由于会计经济业务的内容多种多样，原始凭证的格式和内容也是千变万化的，但是所有的原始凭证都必须真实客观地记录和反映经济业务的发生和完成情况，因此，所有的原始凭证都必须具备以下几个要素：

（1）原始凭证的名称。

（2）填制原始凭证的日期。

（3）填制单位的名称或填制人姓名。

（4）经办人员的签名或签章。

（5）接受原始凭证单位名称。

（6）经济业务内容。

(7) 经济业务的数量、单价、计量单位和金额。

只有具备上述基本内容的原始凭证才可以成为证明经济业务发生具有法律效力的书面证明。当然，这些只是原始凭证的基本内容，是原始凭证的共同特征，对于一些特殊的原始凭证，还应当符合一定的附加条件。

二、原始凭证填制的要求

原始凭证是具有法律效力的证明文件，是进行会计核算的重要依据。原始凭证的填制必须符合下列要求：

(一) 记录真实

必须实事求是的填写经济业务，原始凭证上填制的日期、业务内容、数量、金额等必须与实际情况完全符合，确保内容真实可靠。

(二) 内容完整

原始凭证必须按规定的格式和内容逐项填写齐全，同时必须由经办业务的部门和人员签字盖章，对凭证的真实性和正确性负完全责任。

(三) 责任明确

原始凭证上要有经办人员或部门的签章。外来原始凭证，从外单位取得的，必须盖有填制单位的财务公章，从个人取得的，必须有填制人员的签名或盖章；自制原始凭证，必须由经办单位负责人签名或盖章；对外开出的原始凭证，必须加盖本单位的财务公章。

(四) 填制及时

每笔经济业务发生或完成后，经办业务的有关部门和人员必须及时填制原始凭证，做到不拖延、不积压，并按照规定程序传递、审核，以便据以编制记账凭证。

(五) 编号连续

如果凭证已预先印定编好，在需要作废时，应当加盖“作废”戳记，并连同存根和其他各联全部保存，不得随意撕毁。

(六) 书写规范

原始凭证要用蓝黑墨水书写，支票要用碳素墨水填写。文字和数字都要认真填写，要求字迹清楚，易于辨认，不得任意涂改、刮擦或挖补。

阿拉伯数字不得连笔写，金额数字前应书写货币币种符号或者货币名称简写。币种符号与阿拉伯金额数字之间不得留有空白。凡阿拉伯数字前写有币种符号的，数字后不再写货币单位。所有以元为单位的阿拉伯数字，除表示单价等情况外一律填写到角；无角分的，角位和分位可写“00”，或者符号“—”；有角无分的，分位应当写“0”，不得用符号“—”代替。

汉字大写数字金额一律用壹、贰、叁、肆、伍、陆、柒、捌、玖、拾、佰、仟、万、亿等正楷或者行书体书写，不得随意使用简化字。大写金额数字到元或角为止的，在“元”或“角”之后应当写“整”字或“正”字；大写金额数字有分的，分字后面不写“整”或者“正”字。大写金额数字前未印有货币名称的，应当加填货币名称，货币名称与金额数字之间不得留有空白。

阿拉伯金额数字中间有“0”时，汉字大写金额要写“零”字，如￥101.50，汉字大写金额应写成人民币壹佰零壹元伍角整。阿拉伯金额数字中间连续有几个“0”时，汉字大写金额中可以只写一个“零”字，如￥1 004.56，汉字大写金额应写成人民币壹仟零肆元伍角陆分。阿拉伯金额数字元位是“0”或数字中间连续有几个“0”，元位也是“0”，但角位不是“0”时，汉字大写金额可只写一个“零”字，也可不写“零”字，如￥1 320.56，汉字大写金额应写成人民币壹仟叁佰贰拾元零伍角陆分，或人民币壹仟叁佰贰拾元伍角陆分。

三、原始凭证的审核

为了如实反映经济业务的发生和完成情况，充分发挥会计的监督职能，保证会计信息的真实性、可靠性和正确性，会计机构、会计人员必须对原始凭证进行严格审核。具体包括：

（一）审核原始凭证的真实性

真实性的审核包括凭证日期是否真实、业务内容是否真实、数据是否真实等内容的审查。对相关凭证是否有盖章或签名及其真实性进行审核。

（二）审核原始凭证的合法性

审核原始凭证所记录经济业务是否有违反国家法律法规的情况，是否履行了规定的凭证传递和审核程序。

（三）审核原始凭证的合理性

审核原始凭证所记录的经济业务是否符合企业生产经营活动的需要，是否符合有关的计划和预算等。

（四）审核原始凭证的完整性

审核原始凭证各项基本要素是否齐全，是否有遗漏的情况，日期是否完整，数字是否清晰，文字是否工整，有关人员签章是否齐全，凭证联次是否正确等。

（五）审核原始凭证的正确性

审核原始凭证各项金额的计算及其填写是否正确，包括阿拉伯数字、大写金额和小写金额的填写等。

（六）审核原始凭证的及时性

原始凭证的及时性是保证会计信息及时性的基础。为此，要求在经济业务发生或完成时及时填制有关原始凭证，及时进行凭证的传递。审核时应注意审查凭证的填制日期，尤其是支票等时效性较强的原始凭证，更应仔细验证其签发日期。

经审核的原始凭证应根据不同情况处理：对于完全符合要求的原始凭证应及时据以编制记账凭证入账；对于真实、合法、合理但内容不够完整、填写有错误的原始凭证，应退回有关经办人员，由其负责将有关凭证补充完整、更正错误或重开后，再办理正式会计手续；对于不真实、不合法的原始凭证，会计机构、会计人员有权不予接受，并向单位负责人报告。

第三节　记账凭证的填制和审核

记账凭证是由会计人员根据审核无误的原始凭证或原始凭证汇总表，按记账的要求归类整理而编制的，是登记账簿的直接依据。

一、记账凭证的基本内容

由于记账凭证所反映的经济业务的内容不同，因而在具体格式上会存在差异，但所有的记账凭证都必须满足记账的要求，必须具备以下的基本内容：

（1）记账凭证的名称。

（2）填制凭证的日期和凭证编号。

（3）经济业务的内容摘要。

（4）账户名称、借贷方向和金额。

（5）记账符号。

（6）所附原始凭证的张数：原始凭证是编制记账凭证的依据，必须在记账凭证上填写所附原始凭证的张数，两者必须相符。

（7）填制凭证人员、稽核人员、记账人员、会计机构负责人、会计主管人员签名或签章。收款和付款记账凭证还应当有出纳人员签名或盖章。

二、记账凭证填制的要求

会计人员填制记账凭证要严格按照规定的格式和内容进行，除必须做到记录真实、内容完整、填制及时、书写清楚之外，还必须符合下列要求：

（1）“摘要”栏是对经济业务内容的简要说明，要求文字说明要简练、概括，以满足登记账簿的要求。

（2）应当根据经济业务的内容，按照会计准则的规定，确定应借应贷的科目。科目使用必须正确，不得任意改变、简化会计科目的名称，有关的二级或明细科目要填写齐全。

（3）记账凭证中，应借、应贷的账户必须保持清晰的对应关系。

（4）记账凭证填制完毕后，应按所使用的记账方法，加计合计数，以检查对应账户的平衡关系。

（5）记账凭证必须连续编号，以便考查且避免凭证散失。

（6）每张记账凭证都要注明附件张数，以便于日后查对。

三、记账凭证的审核

记账凭证是登记账簿的依据，为了保证账簿登记的正确性，记账凭证填制完毕必须进行审核。审核的内容是：

（1）内容是否真实。审核记账凭证是否以原始凭证为依据填制，所附原始凭证的张数与记账凭证上填写的所附原始凭证的张数是否相符，内容是否一致。

（2）项目是否齐全。审核记账凭证各项目的填写是否齐全，包括日期、凭证编号、摘要、会计科目、金额及有关人员签章等是否齐全。

（3）科目是否正确。审核记账凭证应借应贷的会计科目是否正确，是否具有对应关系，所使用的科目是否符合企业会计准则的规定。

（4）金额是否正确。审核记账凭证所记录的金额与原始凭证的有关金额是否一致，原始凭证中的数量、单价、金额计算是否正确。

（5）书写是否规范。审核记账凭证中的记录是否文字工整、数字清晰，是否按规定使用蓝黑墨水，是否按规定进行更正。

在审核中若发现记账凭证填制有错误，应查明原因，予以重填或是按规定方法及时更正。只有经过审核无误的记账凭证，才能据以记账。

第六章　会 计 账 簿

第一节　会计账簿概述

一、会计账簿的含义

企业发生的经济业务，要由会计凭证做出最初的反映。通过凭证，可以做到全面地反映经济业务。但是，由于凭证数量多，比较分散和零星，同时每张凭证只能记录单个经济业务，提供个别数据。因此，为了对经济业务进行全面、连续、系统、综合的核算，从数据中提取系统有用的信息，必须采用登记会计账簿的方法，把分散在会计凭证上的零散的资料，加以集中和分类整理，取得经营管理所需的信息资料。

会计账簿又称账簿或账册，是指由具有一定格式、相互联系的账页组成，以审核无误的会计凭证作为依据，用来全面、系统连续地记录一个企业、单位各项经济业务的簿籍。根据《会计法》的规定，所有实行独立核算的国家机关、社会团体、公司、企业、事业单位和其他组织必须设置会计账簿，并保证其真实、完整。

二、会计账簿的作用

设置和登记账簿的作用可以概括如下：

（一）会计账簿是全面、连续、系统地记录和反映经济活动情况的重要工具

设置账簿，通过账簿记录，既能对经济业务活动进行序时、分类的核算，又能够提供各项总括和明细的核算资料；为改善企业经营管理、合理的使用资金提供有用的会计核算资料。为企业的经济管理提供系统、完整的会计信息。

（二）会计账簿是编制财务会计报告的重要依据

账簿登记是会计核算的一项重要内容，账簿记录是编制财务会计报告的基础。财务会计报告指标是否真实、编制是否及时，与账簿设置和登记的质量密切相关。

（三）会计账簿是检查、分析和控制单位经济活动的基础资料

通过设置账簿，利用账簿的核算资料，进行检查、分析，以了解、评价和监控单位的经济活动情况，提高经营管理水平。同时，会计账簿又是重要的经济档案，设置账簿有利于保存会计资料，以备日后查考，有利于会计检查，以实施会计监督。

三、会计账簿的设置原则

账簿设置包括确定账簿种类、内容、作用及登记方法，必须做到组织严密，层次分明，账簿之间保持内在联系和勾稽关系，起到相互制约的作用。一般来说，应遵循下列原则：

（一）统一性原则

首先要根据国家有关制度规定的会计科目、账簿格式和种类以及设置账簿的基本要求来设置会计账簿，开设账户。这样便于查账，有利于会计信息使用者利用会计资料，也有利于同一主管部门内或者整个国民经济范围内进行会计资料的汇总和比较。

（二）实用性原则

账簿设置要能够全面地反映经济活动和财务收支情况，满足经济管理的需要。凡是经营管理中需要考核的指标，如资金、成本、利润等，都应该在账簿上得到及时反映，通过账簿记录，能够控制财产物资的增减变动，满足财产管理的需要，做到有物有账，保证财产物资的安全完整。

（三）科学性原则

账簿设置要科学严密，避免重复和遗漏；各种账簿既要有明确的分工，又要有密切的联系；有关账簿之间还要有统驭关系和平行制约关系等。这样才能保证账簿记录正确、系统、全面地提供管理所需的各项指标。同时，在保证会计记录系统完整的前提下，要力求精简，避免繁琐复杂，以节约人力物力，提高工作效率。账页格式要简单明了，不宜过大；账本册数不宜过多，以便于日常使用，也便于保管。

四、会计账簿的种类

各单位经济业务和经营管理的要求不同，设置的账簿种类也就多种多样。从外表形式看，账簿是由账页组成的簿籍；从内容看，账簿记录经济业务时，应全面、连续、系统、综合。为了便于了解和应用各种账簿，可以按下列标准对账簿进行分类：

（一）账簿按其用途可以分为序时账簿、分类账簿、联合账簿和备查账簿

1. 序时账簿

序时账簿又称日记账，是按经济业务事项发生时间的先后顺序，逐日逐笔登记经济业务事项的账簿。日记账主要包括现金日记账和银行存款日记账两类。在实际工作中，它是按照会计部门收到会计凭证的先后顺序，即按照凭证的编号顺序进行登记的，实际上是一种特殊的序时明细账。由于序时账簿需要逐日逐笔连续记录经济业务事项的进行情况，详细反映和监督货币资金等的增加变化情况，从而有利于对重要经济业务的日常核对和监督。因此日记账是各单位加强现金和银行存款管理的重要账簿。

2. 分类账簿

分类账簿是分类登记经济业务的账簿，按照账簿反映经济业务的详细程度不同又分为总分类账和明细分类账两类。

（1）总分类账。简称总账，是根据总分类会计科目开设的账簿，用于分类登记单位的全部经济业务事项，提供资产、负债、费用、成本和收入等总括核算的资料。各单位可以根据所采用的记账方法和账务处理程序的需要设置总账。

（2）明细分类账。简称明细账，是根据总分类科目所属的明细科目设置的，用于分类登记某一类经济业务事项，提供有关明细核算资料。明细账是会计资料形成的基础环节。使用明细账，可以对经济业务信息或数据作进一步的加工整理和分析，也能为了解会计资料的形成提供具体情况和有关线索。该账对总账的有关总分类科目进行具体化和详细反映。企业可根据具体情况设置若干本明细账。

3. 联合账簿

联合账簿是指日记账和分类账结合在一起的账簿，如日记总账就是兼有日记账和总分类账作用的联合账簿。

4. 备查账簿

备查账簿又称辅助账簿，是为备忘备查而设置的，反映序时账簿和分类账簿不能记录或者记录不全的业务。如租入固定资产登记簿、委托加工材料登记簿等，它们可以对租入固定资产和委托加工材料的详细情况进行反映。是否设置以及设置什么备查账簿都根据管理的需要而定。

（二）账簿按其外表形式可以分为订本式账簿、活页式账簿和卡片式账簿

1. 订本式账簿

订本式账簿又称订本账，是一种在启用以前就将若干账页固定装订成册的账簿。应用订本式账簿，能够避免账页散失和抽换，能更好地加强账簿的管理。因

此总分类账、现金日记账和银行存款日记账，必须采用这种订本式账簿。启用订本式账簿，应当从第一页到最后一页顺序编定页码，不得跳页和缺号。订本式账簿的缺点是由于其账页是固定的，不能增减，必须为每一会计账户预留空白账页。如果账页预留过多，会造成浪费；预留过少则需要重新开设账户，又会影响账户的连续登记，容易造成混乱，不便于查阅。另外，订本式账簿在同一时间只能由一个人登记，不便于分工记账。

2. 活页式账簿

活页式账簿又称活页账，是由若干具有专门格式的零散账页装置在账夹中所组成的账簿。活页账的特点是启用之前不固定装订账页，启用后根据实际需要添加或抽出空白账页。各种明细账，大多采用活页式账簿。这样便于序时和分类连续登记，有利于记账人员分工和提高工作效率，但是容易造成账页散失和抽换。为了防止散失和抽换，应加强管理，可以在空白账页上连续编号，并由有关人员在账页上盖章；使用完毕后要整理装订成册，另加目录，记明每个账户的名称和页次，妥善保管。

3. 卡片式账簿

卡片式账簿又称卡片账，是指由若干具有专门格式的零散硬纸卡片所组成的账簿。卡片账可以根据核算和管理的需要，在卡片的正反两面设计必要的栏次，反映所需要的各种指标和内容。固定资产、低值易耗品等明细分类账一般采用卡片式账簿。这种卡片账使用比较灵活，反映的内容比较具体详细，可以跨年度长期使用，无须更换账页，便于分类汇总和根据管理的需要转移账卡。

实行会计电算化的单位，用计算机打印的会计账簿必须连续编号，经审核无误后装订成册，并由记账人员和会计机构负责人、会计主管人员签字或盖章。

（三）账簿按其账页格式分为三栏式账簿、多栏式账簿和数量金额式账簿

1. 三栏式账簿

在账页上设置“借方”、“贷方”和“余额”三栏，以反映该会计要素的增减变动及结余情况。总账、债权、债务类明细账一般采用三栏式账簿，如“原材料总账”、“应收账款明细账”等。

2. 多栏式账簿

在账页借方或贷方上设置多个栏目，以反映引起该会计要素增减变动的详细情况。一般费用、成本类明细账多采用多栏式账簿，如“制造费用明细账”、“管理费用明细账”等。

3. 数量金额式账簿

在账页上设置“借方”、“贷方”和“余额”三栏，各栏内分设“数量”、

“单价”和“金额”三栏，既记录金额又记录数量的账簿。一般材料物资等存货类明细账多采用数量金额式账簿。如“原材料明细账”、“库存商品明细账”等。

第二节 会计账簿的设置与登记

一、会计账簿的基本内容

企业、行政事业单位的账簿，虽然所记录的经济业务内容不同，形式多种多样，但都应具备下列基本内容：

（1）封面。封面主要用来载明账簿的名称与记账单位名称。

（2）扉页。扉页主要用来登记账簿的启用日期和截止日期、页数、册次，经管账簿人员一览表和签章，会计主管签章，账户目录等。

（3）账页。账页是账簿的主体。账页因所反映会计要素的具体内容不同，可以有不同的格式，但各种格式的账页均包括下列基本内容：

①账户的名称（一级科目，二级科目，明细科目）；

②账页的总页次和分户页次；

③记账日期栏；

④记账凭证的种类和号数栏；

⑤摘要栏（记录经济业务事项的简要说明）；

⑥金额栏（记录各种会计要素的增减变动情况和结果）。

二、会计账簿的启用与登记

（一）账簿的启用

为了保证会计账簿记录的合法性和资料的完整性，明确记账责任，会计账簿应当有专人负责登记。启用新的会计账簿时，应当在账簿封面上写明单位名称和账簿名称。在账簿扉页上应当附启用表，内容包括：启用日期、账簿页数、记账人员和会计机构负责人、会计主管人员姓名，并加盖名章和单位公章。活页式账簿可在装订成册后，填写账簿的起止页数。当记账人员或会计机构负责人、会计主管人员调动工作时，应当注明交接日期、接班人员和监交人员姓名，并由交接双方人员签名或者盖章。会计账簿启用表的格式如表 6－1 所示。

表 6-1　　　　　　　　　　　　启用表

单位名称 账簿名称			全宗号 目录号		
账簿页数		自第　页起至 第　页止共　页	案宗号		
			盒号		
使用日期		自　年　月　日 至　年　月　日	保管期限		
单位领导人签章			会计主管人员签章		
经管人员职别	姓名	经管或接管日期	签章	移交日期	签章
		年　月　日		年　月　日	

（二）账簿的登记

在登记会计账簿时应遵循下列基本要求：

1. 准确完整

登记账簿时，应当将会计凭证日期、编号、业务内容摘要、金额和其他有关资料逐项记入账内，做到数字准确、摘要清楚、登记及时、字迹工整。每一项会计事项，一方面要记入有关的总账，另一方面要记入该总账所属的明细账。账簿记录中的日期应填写记账凭证上的日期；以自制的原始凭证作为记账依据的，账簿记录中的日期应按有关自制凭证上的日期填列。

2. 注明记账符号

登记完毕后，要在记账凭证上签名或盖章，并在记账凭证"记账"栏内注明账簿的页数或作"√"标记，表示已经记账，以免重记或漏记，便于查找。

3. 书写留空

账簿中书写的文字和数字应紧靠行格底线书写，不要写满格，一般应占格距的$\frac{1}{2}$。这样在发生登记错误时，能比较容易地进行更正，同时方便查账。

4. 正常记账使用蓝黑墨水

登记账簿要用蓝黑墨水或者碳素墨水书写，不得使用圆珠笔（银行的复写账簿除外）或者铅笔书写。红色墨水一般是在结账、划线、改错、冲账和表示负数时使用。

5. 按账页顺序连续登记

各种账簿按页次顺序连续登记，不得跳行、隔页。如果发生跳行、隔页，应当在空行、空页画一对红线注销，或者注明"此行空白"、"此页空白"字样，并由记账人员签名或者盖章。

6. 结出余额

凡是需要结出余额的账户，结出余额后，应当在“借或贷”等栏内写明“借”或“贷”等字样。没有余额的账户，应当在“借或贷”等栏内写“平”字，并在余额栏内用“0”表示。现金日记账和银行存款日记账必须逐日结出余额。

7. 过次承前

每一账页登记完毕结转下页时，应当结出本页合计数及余额，写在本页最后一行和下页第一行有关栏内，并在摘要栏内注明“过次页”和“承前页”字样。

8. 定期打印

实行会计电算化的单位，总账和明细账应当定期打印；发生收款和付款业务的，在输入收款凭证和付款凭证的当天必须打印出现金日记账和银行存款日记账，现金日记账的账面余额要与库存现金核对无误。

9. 按规定更正错账

账簿记录发生错误，不准涂改、挖补、刮擦或者用药水消除字迹，不准重新抄写，必须按会计制度规定的错账更正方法进行更正。

三、日记账的格式与登记

日记账是按照经济业务的发生时间先后顺序，逐日逐笔登记经济业务的账簿。

企业为加强对货币资金的管理和严格遵守结算纪律，通常设置“现金日记账”和“银行存款日记账”。企业在购买材料、销售商品、支付费用、缴纳税金、结算债权债务的时候，都要通过货币资金来进行，而货币资金主要包括库存的现金和存放在银行的存款两部分，所以会计核算就有必要设置“现金日记账”和“银行存款日记账”来加强管理。

日记账按记录内容的不同可分为普通日记账和特种日记账两种。普通日记账，也称通用日记账或会计分录簿，是用来登记各单位全部经济业务的日记账。这种日记账目前在我国已很少采用，故不再介绍。

特种日记账是专门用来记录某一特定项目经济业务发生情况的日记账，主要有现金日记账、银行存款日记账和转账日记账三种。

（一）现金日记账的设置和登记

现金日记账，由出纳员根据库存现金的收款凭证和付款凭证逐日逐笔顺序登记的账簿。它是专门用来登记现金的收入和支出业务的日记账。为了确保账簿的安全、完整，现金日记账必须采用订本式账簿。现金日记账的格式有三栏式和多栏式两种。

1. 三栏式现金日记账

三栏式现金日记账，现金的收入、支出和结余同在一张账页上，各项收入和支出栏的对方账户另设专栏反映，也可不设对方账户栏。其基本结构为收入、支出和余额三栏。具体格式如表6-2所示。

表6-2 **现金日记账（三栏式）** 第 页

年		凭证		摘要	对方科目	收入	支出	余额
月	日	字	号					
				合计				

现金日记账的登记步骤如下：

(1) 将发生经济业务的日期记入"日期"栏，年度记入该栏的上端，月、日分两小栏登记。以后只在年度、月份变动或填写新账页时，才再填写年度和月份。

(2) 在"凭证号数"栏登记该项经济业务所填制的记账凭证的种类和编号，以表示登记账簿的依据。对于现金存入银行或从银行提取现金业务，由于只需要填制付款凭证，所以提取现金业务的凭证号数是"付×号"。

(3) 在"摘要"栏内简明的记入经济业务的内容。

(4) 根据记账凭证上的会计分录，在"对方账户"栏填写对应账户的名称，表明该项业务的来龙去脉。

(5) 根据现金收款凭证上应借账户的金额登记到"收入"栏，根据现金付款凭证上应贷账户的金额登记到"支出"栏。

(6) 用期初结存加本日收入减本日付出得出本日余额，填入"结余"栏。

(7) 到月末时，在本月末最后一行记载内容下面的"摘要"栏内写上"本月发生额及月末余额"，"收入"栏数额为本月收入的合计数，"支出"栏数额为本月支付的合计数，月初余额加本月收入合计减去本月支付合计为本月末结存的现金数额。

2. 多栏式现金日记账

多栏式现金日记账，是在三栏式现金日记账的基础上，按照与现金收入相对应的贷方科目和与现金支出相对应的借方科目分别设置专栏，如将借方按照其对应账户，如"银行存款"、"主营业务收入"等账户设置专栏，贷方按"原材料"等账户设置专栏，用于序时地、分类地反映与现金收支有关的经济业务事项。其格式如表6－3所示。

表6－3 现金日记账（多栏式）

第 页

年		凭证		摘要	收入		合计	支出			合计	余额
月	日	字	号		银行存款	其他应收款		银行存款	应付账款	应付职工薪酬		

取得现金收入时，按照对应账户将金额计入“收入”栏内的相应专栏；发生现金支出时，按照对应账户将金额计入“支出”栏内的相应专栏。每天现金收付业务登记完毕后，在“余额”栏内结出余额。月末根据各栏目合计数登记有关总账。应当注意的是，由于现金存入银行或从银行提取现金，已记入“银行存款”账户的借方金额栏或贷方金额栏，所以根据多栏式现金日记账登记总账时，就不再把“银行存款”专栏的合计数计入“银行存款”总账，以免重复。

上述多栏式的现金日记账分别按收入、支出现金的对应科目设置专栏，能够清晰、完整地反映现金收付的来龙去脉，但由于设置许多专栏，造成账页篇幅过大，不便于登记和保管，所以可以分设现金收入日记账和现金支出日记账两本账。其格式如表6－4和表6－5所示。

表6－4 现金收入日记账（多栏式）

第 页

年		凭证		摘要	应贷科目			支出合计	结余
月	日	字	号		银行存款	其他应收款	收入合计		

表6－5 现金支出日记账（多栏式）

第 页

年		凭证		摘要	应借科目		
月	日	字	号		银行存款	其他应付款	支出合计

采用这种多栏式现金日记账时，现金收入和现金支出分别反映在两本账上。根据现金付款凭证登记现金支出账，并按日结出每天现金支出总数填写在支出合

计栏，同时将现金支出日记账上的支出合计数转记到现金收入日记账上。根据现金收入凭证登记现金收入日记账，并按日结出每天现金收入总数填写在收入合计栏内，同时结出当天现金的结存余额，与现金实存数核对相符。

现金日记账要求每日记算出余额后，应当与当天的库存现金实有数进行核对，如发现不符，应立即查找原因。

（二）银行存款日记账的设置和登记

银行存款日记账是由出纳员根据银行存款的收款凭证和付款凭证逐日逐笔顺序登记的账簿。它是专门用来登记银行存款的增减变动和结余情况的账簿。通过银行存款日记账的设置和登记，以加强对银行存款的日常监督和管理，便于与银行进行账项的核对。其格式与现金日记账格式基本相同，只是在银行存款日记账中一般会设有“结算凭证的种类和号数”栏，以便与银行对账单对账。三栏式银行存款日记账的具体格式如表6－6所示。

表6－6　　银行存款日记账　（三栏式）　　第　页

年		凭证		摘要	结算凭证		对方科目	收入	付出	余额
月	日	字	号		种类	号数				

银行存款日记账的登记方法与现金日记账基本相同，所不同的仅是“结算凭证”栏要根据银行的结算凭证来登记。

银行存款日记账要每日计算出余额，每月计算出收入、支出合计数，并定期与开户银行送来的“对账单”核对。

（三）转账日记账

转账日记账是为了集中反映转账业务，便于管理上考查或作为登记总分类账的依据而设置的一种日记账。各单位是否设置转账日记账，可根据本单位的实际需要自行确定。特别是转账业务不多的单位，则不必设置转账日记账。它是根据转账凭证逐日逐笔登记的，其格式如表6－7所示。

表6－7　　转账日记账

年		凭证		摘要	账户名称	借方金额	贷方金额
月	日	字	号				

四、分类账的格式与登记

（一）总分类账

总分类账簿，简称总账，是按照总分类科目分类登记全部经济业务事项的账簿，用来核算经济业务的总括内容。在总分类账中，应该按照会计科目的编码顺序分设账户，并根据登记需要为每个账户预留若干账页。由于总分类账能够全面、连续、系统、总括地反映经济活动情况，并为编制财务会计报告提供资料，因而单位必须设置总分类账。总分类账必须采用订本式账簿。总账一般采用借方、贷方、余额三栏式，其账页格式如表6－8所示。

表6－8 总分类账

账户名称： 第 页

年		凭证		摘要	借方	贷方	借或贷	余额
月	日	字	号					

总分类账登记的依据和方法，取决于本单位所采用的账务处理程序，可以直接根据各种记账凭证逐笔进行登记，也可以把各种记账凭证先汇总编制成汇总记账凭证或科目汇总表，再据以登记总分类账。月末，在全部凭证都登记入账后，结算出总分类账各账户的本期发生额和月末余额，作为编制会计报表的依据。

（二）明细分类账

明细分类账，简称明细账，是按照明细分类科目详细记录某一经济业务事项具体内容的账簿。各个单位在设置总分类账的基础上，还应根据管理与核算的需要，按照总账科目设置若干相应的明细分类账。明细分类账应按二级科目和明细科目开设账户，用于连续地分类登记某一类经济业务事项，提供有关明细核算资料，作为总分类账的必要补充和具体说明。

明细分类账一般采用活页式账簿，对某些经济业务采用卡片式账簿，如固定资产明细账。对于重要的明细分类账也采用订本式，例如，金银等贵金属原材料的明细账等。根据管理的要求和会计核算的需要，以及明细分类账记录的经济内容，明细分类账一般采用以下三种格式。

1. 三栏式明细分类账

三栏式明细分类账的格式与总分类账基本相同，只设有借方、贷方和余额三个金额栏，不设数量栏。该类明细账由会计人员根据审核后的记账凭证或原始凭证，按经济业务发生的先后顺序逐日逐笔进行登记。这种格式的明细分类账主要适用于只要求进行金额核算而不要求进行数量核算的账户，如“应收账款”、“应付账款”、“短期借款”、“实收资本”等科目的明细核算，其格式如表6－9所示。

表6－9　　×××明细分类账（三栏式）

二级或明细科目：　　第　页

年		凭证		摘要	借方	贷方	借或贷	余额
月	日	字	号					

2. 数量金额式明细分类账

数量金额式明细分类账是既能提供货币指标，又能提供实物指标的明细分类账。数量金额式明细分类账分别设收入、发出和结存三大栏，每大栏下又分别设置数量、单价和金额三小栏。这种格式的明细分类账主要适用于既要进行金额核算，又要进行数量核算的各种实物资产的账户，如“原材料”等存货类账户的明细核算，其格式如表6－10所示。

表6－10　　×××明细分类账（数量金额式）

二级或明细科目：　类别：　品名规格：　计量单位：　编号：　第　页

年		凭证		摘要	收入			发出			结存		
月	日	字	号		数量	单价	金额	数量	单价	金额	数量	单价	金额

3. 多栏式明细分类账

多栏式明细分类账同以上两种明细分类账不同，它不是按照有关的明细科目分设账页，而是根据经济业务的特点和提供资料的要求，在一张账页内的“借方”、“贷方”按有关明细分类账或明细项目分设若干专栏，借以提供明细项目的详细资料。这种格式的明细分类账主要适用于有关费用、成本和收入等账户的明细分类核算。多栏式明细分类账的一般格式见表6－11所示。

在实际工作中，成本和费用类明细账一般按借方设专栏，登记借方发生的经济业务，如有需要冲减的经济业务事项，以红字记入借方相关专栏内，表示冲销。贷方只登记期末转出的账款。

明细分类账的登记方法，应根据单位经济内容特点、业务量大小、会计人员多少以及经营管理等的需要而定。一般应根据原始凭证、汇总原始凭证或有关的记账凭证登记，可以逐日逐笔登记，也可以定期汇总登记。

表 6-11　　生产成本明细账（多栏式）

产品名称：　　第　页

年		凭证		摘要	借方				贷方	余额
月	日	字	号		直接材料	直接人工	制造费用	合计		

第三节　错账的更正及对账

一、更正错账的方法

记账是会计核算的一个重要环节，会计人员应尽最大努力把账记准确，减少差错，保证账簿资料的正确可靠。由于种种原因出现错账时，要根据记账错误发生的具体情况和时间不同，按照规定的方法进行更正。常用的更正方法主要有以下几种：

（一）划线更正法

在结账之前，如果发现账簿记录中的数字或文字有错误，但记账凭证没有错误，即过账时发生数字或文字上的笔误或数字计算有错误，应采用划线更正法。更正时，先在错误的数字或文字上划一道红线表示注销，但必须保证原有的字迹清晰可认；然后在红线上端的空白处用蓝黑色字体填写正确的数字或文字，并由经办人员在更正处加盖印章，以示负责。需要注意的是，对于错误的数字应将整笔数字划掉。

（二）红字更正法

红字更正法，又称红字冲账法，这种方法主要适用于记账凭证的会计科目用错、方向记错和数字多记等造成的账簿记录错误的更正。具体更正方法又分为以下两种情况：

（1）记账之后，发现记账凭证上所用的会计科目有误或借贷方向记错。更正时，先用红字金额填制一张内容与错误记账凭证完全相同的记账凭证，并在摘要栏中写明“更正×年×月×号凭证的错误”，并据以用红字金额登记入账，冲销原有的错误记录。然后，再用蓝字金额填制一张正确的记账凭证，据以登记入账。

例：生产车间生产产品领用材料一批，投入生产，计25 000元，误将“生产成本”科目写为“制造费用”科目，并已登记入账。

①原有错误的会计分录如下：

借：制造费用 25 000

　　贷：原材料 25 000

②发现错误时，先用红字金额填制一张记账凭证，并登记入账。

借：制造费用 [25 000]

　　贷：原材料 [25 000][1]

③然后，再用蓝字填制一张正确的记账凭证，并登记入账。

借：生产成本 25 000

　　贷：原材料 25 000

（2）记账以后，发现记账凭证所记的金额大于应记金额，但记账凭证所用的会计科目无误。更正时，应将多记的金额用红字金额填制一张与原错误记账凭证内容完全相同的凭证，并在摘要栏中写明“冲销×年×月×号凭证多记金额”，并据以用红字金额登记入账，以冲销多记金额。

例：某企业用银行存款归还前面一笔经济业务中所欠的材料款2 000元，但错误的编制下列会计分录并已经登记入账：

①借：应付账款 20 000

　　　贷：银行存款 20 000

②发现错误以后，应将多记的金额用红字进行注销，即编制如下会计分录并登记入账：

借：应付账款 [18 000]

　　贷：银行存款 [18 000]

（三）补充登记法

补充登记法适用于记账后发现记账凭证中应借、应贷的会计科目正确，但所

---

① 注：[25 000]表示红字金额。

填金额小于应记金额的情况。

采用补充登记法时，将少填的金额用蓝字填制一张记账凭证，并在“摘要”栏内注明“补充第×年×月×号凭证少记金额”，并据以入账。这样便将少记的金额补充登记入账簿。

例：从银行提取现金 11 000 元，准备发放工资，原来编制的会计分录把金额误写成 10 000 元，并已登记入账。

①原错误分录如下：

借：库存现金　　10 000

　　贷：银行存款　　10 000

②发现错误后，将少记金额 1 000 元用蓝字填制一张与原科目相同的记账凭证，并登记入账。补充登记更正如下：

借：库存现金　　1 000

　　贷：银行存款　　1 000

二、对账

在月份和年度终了时，应将账簿记录核对结算清楚，使账簿资料如实反映情况，为编制会计报表提供可靠的资料。核对账目是保证账簿记录正确性的一项重要工作，对账的内容包括账证核对、账账核对和账实核对。

（一）账证核对

账证核对是指日记账、分类账同记账凭证及其所附的原始凭证核对，应着重核对会计凭证所记载的经济业务事项的内容、数量、金额，会计凭证上的会计分录与账簿记录是否一致。这种核对应在日常记账过程中进行，以便及时发现错账进行更正。

（二）账账核对

账账核对是指各种账簿记录的相互核对，保证账簿之间有关数字相符。核对的内容包括：

1. 总账记录的相互核对

根据借贷记账法的记账规则，所有账户的借方发生额之和等于所有账户的贷方发生额之和；期初或期末的借方余额之和等于贷方余额之和。因此，可以通过编制总分类账户本期发生额及余额核对表来检查总账记录是否正确、完整。

2. 总账与明细账核对

根据总账和明细账的关系，总分类账户的发生额和余额应当等于它所属明细分类账的发生额和余额之和。通过总账和所属明细账发生额及余额相互核对，可以检查各个总账和所属明细账的记录是否正确、完整。

3. 日记账与分类账核对

核对现金、银行存款日记账的本期发生额及期末余额同总分类账中有关账户的余额是否相等。如果日记账和分类账都是根据记账凭证登记的，通过核对，可以检查过账过程中有无差错；如果分类账是根据多栏式日记账登记的，通过核对，可以检查过账过程中的重记、漏记、错记情况。

4. 会计账与业务账核对

对于固定资产、存货等财产物资的增减变化，除会计部门进行综合核算要设置账簿外，有关财产物资的使用和保管部门也要设置账卡进行记录。因此，会计账簿与业务部门账、卡记录进行核对，可以加强财产物资的管理，保证会计核算的正确进行。

5. 本单位账目与外单位账目核对

对本单位与外单位之间的债权、债务、结算业务，双方都要记账，因为双方记账的内容一致，其记录也应当相等。双方经常核对账目有利于正确及时地结算债权、债务，避免不必要的经济纠纷。本单位与外单位核对账目可以采用查询或互送对账单的方式进行。

（三）账实核对

账实核对是指将账面会计账簿记录与财产物资、款项等的实际结存数核对，做到账实相符，以保证财产物资的安全完整。内容包括：

（1）现金日记账的账面余额与现金实际库存数核对相符；

（2）银行存款日记账账面余额定期与银行对账单相核对；

（3）各项固定资产、存货、有价证券等财产物资明细账的账面余额与实物实存数量相互核对相符。

账实核对一般要结合财产清查进行。

第四节　期末账项调整和结账

一、收入和费用的确认标准

在企业日常的经营活动中，由于收入和费用等经济业务的发生与现金收付行为的发生在时间上往往不一致，现金收付行为有的早于收入和费用等经济业务的发生，有的则晚于收入和费用等经济业务的发生。此时就存在一个问题，应该以什么为标准来确认收入和费用。

（一）收入和费用的收支期间与归属期间

收入和费用的收支期间，是指收入收到了现款（现金或银行存款）和费用用现款（现金或银行存款）支付的会计期间。收入和费用的归属期间，则是指应获得收入和应负担费用的会计期间。收入和费用的收支期间与归属期间的关系有三种可能：

（1）本期内收到的收入就是本期已获得的收入，本期已支付的费用就是本期应当负担的费用。

（2）本期内收到而本期尚未获得的收入，本期内支付而不应当由本期负担的费用。

例如，某企业在1月把全年的保险费一次付讫，则1月应当负担的保险费，仅为整笔支出的1/12，其余部分应由以后11个月分别负担。这部分已经支付但应由以后月份负担的费用，在1月来看，就成为预付费用。

（3）本期应获得的但尚未收到的收入，本期应负担但尚未支付的费用。

例如，每个季度的银行存款利息收入一般是在季末结算的。第二季度的利息收入须在6月末才能收到，4月存款应得的利息收入，该月内虽然未收到，但明显的是属于4月的收入。这部分已经获得但尚未收到的利息收入，在4月末就称为应计收入。

在上述第一种情况下，收入和费用的收支期间与应归属期间相一致，因而，确定为本期的收入和本期的费用不存在任何问题。至于第二、第三种情况下的收入和费用，则有两种方法来确定它们是否为本期的收入和费用：一种为收付实现制；另一种为权责发生制。这是确定本期收入和费用的两种不同处理方法。

（二）收付实现制与权责发生制的比较

1. 收付实现制

收付实现制以款项的实际收付作为标准来确定本期收入和费用。凡是本期收到现金的收入和支付现金的费用，不管其是否应归属本期，都作为本期的收入和费用；反之，凡本期未收到现金的收入和未支付现金的费用，即使应归属于本期，也不作为本期的收入和费用处理。由于确认收入和费用是以现金的实际收付为准，所以又称为现金制或实收实付制。

收付实现制不考虑预收收入、预付费用，以及应计收入和应计费用的存在。所以，不存在期末对账簿记录进行调整的问题。

2. 权责发生制

权责发生制以应收应付作为标准确定本期的收入和费用。凡属本期已获得的收入，不管其款项是否收到，都作为本期的收入处理；凡属本期应当负担的费用，不管其款项是否付出，都作为本期的费用；反之，凡不应归属本期的收入，即使其款项已经收到并入账，都不作为本期的收入处理；凡不应归属本期的费用，即使其款项已经付出并入账，都不作为本期的费用。由于它不问款项的收付，而以收入和费用应否归属本期为准，所以称为应计制或应收应付制。

在权责发生制下归属本期的收入和费用，不仅包括上述第一种和第三种情况的收入还包括以前会计期间收到而在本期获得的收入，以及在以前会计期内支付而应由本期负担的费用。但它不包括第二种情况下的收入和费用。所以，在会计期末，要确定本期的收入和费用，就要根据账簿记录，按照归属原则进行账项调整。

3. 权责发生制和收付实现制的比较

会计期末，确定本期收入和费用时，采用收付实现制无须对账簿记录进行账项调整，而采用权责发生制必须进行必要的账项调整。因此，就会计处理手续而言，前者较后者简便；但就所确定的本期收入和费用，从而计算盈亏来说，则后者比前者更为合理。如前所述，费用和收入应在相关的基础上进行配比，只有合理的配比，才能比较正确的反映企业的经营成果。采用收付实现制，由于以款项实际收付为准，本期的收入和费用之间缺乏上述合理配比关系，如据此计算本期盈亏，相对来说不够正确。采用权责发生制，本期的收入和费用由于以应否归属本期为准，两者之间存在合理的配比关系，所以用以计算本期盈亏就比较正确。

二、期末账项调整

按照我国《企业会计准则》的规定，企业会计核算采用权责发生制。所以在期末结账以前，必须对账簿里已记录的有关账项进行必要的调整。

账簿中所记录的，乃是该会计期间实际发生的经济业务，其收入和费用的实际收支时期和它应归属的时期，有时并不一致。因此每个会计期末都应该按权责发生制予以调整，以便合理地反映企业的经营成果。这种期末按照权责发生制要求对部分会计事项予以调整的行为就是所谓的结账前的账项调整，也称期末账项调整。账项调整时所编制的会计分录，就是调整分录。同时，期末进行账项调整，虽然主要是为了能正确地反映本期的经营成果，但是收入和费用的调整，必然也影响到有关资产和负债出现相应的增减变动。因此，期末账项调整不仅关系到在利润表中正确反映其盈亏，而且也关系到在资产负债表中正确反映其财务状况。

期末账项调整的内容有如下三个方面：一是应计项目，包括应计收入的记录、应计费用的记录；二是递延项目，包括预付费用的摊销、预收收入的分配；

三是其他项目，包括应收账款坏账准备、固定资产折旧。

（一）应计项目

凡是本会计期间已赚取的收入及已耗用的费用，因尚未收付现金而在平时未予确认入账，但在期末应予以记录入账。

1. 应计费用

应计费用是指本期已耗用或受益，但尚未支付现金或银行存款，而应由本期负担的费用，如应付利息等。因此，到了每期期末，应将未入账的应计费用调整入账。对企业来说，费用发生后，就有支付的责任，未支付之前就形成负债。因此，应计费用的调整，一方面确认费用；另一方面增加负债。具体的调整因应计费用的内容而异，常见的有“其他应付款”、“应付利息”、“应交税费”等项目。

（1）其他应付款。企业有许多服务费用，是在对方提供服务后才分次或一次性支付的，由此形成企业已受益或享受了服务，但尚未支付服务费的应付服务费项目。在实际工作中，对于这些项目，在每个会计期末，应按照权责发生制的要求进行账项调整，将这些应付而未付的服务费借记“制造费用”、“管理费用”等账户，贷记“其他应付款”账户。

【例 6－1】某企业在年初因扩大产量的需要，从其他单位租入一台设备，设备每月租金 4 000 元，每半年支付一次。企业对该业务应编制会计分录如下：

①1～5 月，每月末确认本月应负担的租金，记入“制造费用”：

借：制造费用　　4 000
　　贷：其他应付款　　4 000

②6 月末支付上半年的租金：

借：制造费用　　4 000
　　其他应付款　　20 000
　　贷：银行存款　　24 000

（2）应付利息。企业自银行借入的各种款项尽管期限、用途各异，但利息一般都是按季结算的。而企业的经济活动一般又是按月核算。这样，企业为了正确地核算各个月份的经营成果，就必须将借款利息费用按月予以入账。因此，企业每月月末都要对利息费用进行账项调整。预提的利息费用，应计入“财务费用”等账户的借方。同时，将应付而未付的利息记入“应付利息”的贷方。

【例 6－2】某企业 1 月 3 日向银行借款 500 000 元，用于生产经营周转资金，期限 6 个月。1、2 月末估算应计入当月的银行借款利息皆为 5 000 元，3 月末收到银行借款利息通知书，实际支付第一季度利息 15 000 元。

编制的会计分录如下：

①每季度第1、2个月月末预提借款利息：

借：财务费用　　5 000

　　贷：应付利息　　5 000

②季末实际支付银行借款利息：

借：应付利息　　10 000

　　财务费用　　5 000

　　贷：银行存款　　15 000

（3）应交税费。企业应按税法规定，向国家缴纳各种税款。有些税是发生时直接支付的，在支付时借记“管理费用”账户，贷记“银行存款”或“库存现金”账户。这种税就不需要进行账项调整。但有些税是根据营业额或收入额，按规定税率计算，于下月初缴纳的，如营业税、消费税等。为了正确计算企业的营业利润，必须将应由本期承担的税金进行账项调整。期末调整时，借记“营业税金及附加”等账户，贷记“应交税费”账户。“应交税费”账户反映的是企业应于下月缴纳的各种税款，表示企业对征税机关所负的债务，因而是一个负债账户，在资产负债表中作为流动负债项目列示。企业的大部分税金通过“应交税费”账户的贷方反映，在下月缴纳税金时，借记“应交税费”账户，贷记“银行存款”账户。

应计费用除以上的三种情况外，还包括月底应计的工资费用及福利费用等。

2. 应计收入

应计收入是指本期中已实现但现金尚未收取的各项收入，如应收利息、应收租金等。

对于应计收入，款项虽然在本期内尚未收取，但劳务或财产使用权已提供，在权责发生制下，应构成本期获得的收入。因此，在会计期末，需要将这种未入账的应计收入计算入账，作为本期的收入。应计收入的调整，一方面增加收入；另一方面增加资产。在实际工作中，应计收入一般是通过“应收账款”或“其他应收款”等账户进行核算的。对于已经赚取的收入，借记“应收账款”账户或“其他应收款”、“应收利息”等账户，贷记有关收入账户；日后实际收取时，借记“库存现金”或“银行存款”账户，贷记“应收账款”或“其他应收款”账户。

【例6-3】某企业10月末和11月末根据银行存款金额和存款利率，估算本月份的存款利息收入皆为1 200元，12月末收到第四季度银行存款利息4 000元。应编制如下会计分录：

①10月末、11月末估算本月利息收入：

借：应收利息　　　　　　　　　　　　　　　　　　1 200
　　贷：财务费用　　　　　　　　　　　　　　　　　　1 200

②12 月末收到本季度利息 4 000 元：

借：银行存款　　　　　　　　　　　　　　　　　　4 000
　　贷：应收利息　　　　　　　　　　　　　　　　　　2 400
　　　　财务费用　　　　　　　　　　　　　　　　　　1 600

（二）递延项目

所谓递延，即推迟确认已收到现金的收入或已付现的费用。这种预收收入或预付费用，随着营业的继续会逐渐成为已实现收入或已发生费用。这样，原记录的项目性质因实际情况的变动而有所变化，故应在期末将已实现的收入从预收收入账（负债账）转入收入账，将已发生的费用从预付费用账（资产账）转入费用账。

1. 预付费用

企业在经营过程中会因为各种原因出现大量的先支付、后受益的事项。这些支付在先、发生在后的费用就是预付费用。如果该预付费用支付与受益的时间差不超过一个会计年度，则称为收益性支出。收益性支出应在一个会计年度内按实际发生或受益情况全部摊销完毕；如果支付与受益的时间差长于一个会计年度，则称为资本性支出，应该按它的可能受益年限分摊。前者在我国被称为待摊费用，它在企业日常的经营过程中以多种形式存在；企业大量的固定资产支出属于后一类型，固定资产支出的分摊，一般称为折旧。

一般而言，待摊费用都是摊销期限不超过一个会计年度的预付费用，如预付保险费、预付报刊征订费等。它们都有一个共同的特征，即与费用有关的现金支付在先，效益的实际发生在后。因此，当现金支付发生时，不应计入当期的费用，而应作为预付费用递延到以后的会计期间，即支付时借记“其他应付款”账户，贷记“银行存款”账户；摊销时借记有关费用账户，贷记“其他应付款”账户。

【例 6－4】 某企业 1 月 5 日以银行存款预付全年的财产保险费 24 000 元，本月应摊销财产保险费 2 000 元。

编制的会计分录如下：

①以银行存款预付全年的财产保险费：

借：其他应付款　　　　　　　　　　　　　　　　24 000
　　贷：银行存款　　　　　　　　　　　　　　　　　24 000

②按月摊销每月应分摊的财产保险费：

借：管理费用　　　　　　　　　　　　　　　　　2 000

　　贷：其他应付款　　　　　　　　　　　　　　　　2 000

2. 预收收入

预收收入是指已经收到现金，但尚未交付产品或提供服务的收入。按照权责发生制，虽然企业已收到现金，但只要相应的义务未履行，这笔收入就不能算作企业已经实现的收入，在以后的期间里，企业就有义务履行相关的义务。如果企业没有履行相应的义务，就不能将预收收入作为本期的收入入账；如果企业履行了部分的义务，就有权利将这部分的预收收入转为本期已实现的收入。因此，每期的期末都要对预收收入账项进行调整，将已实现的部分转为本期的收入，未实现的部分递延到下期，因此，预收收入也称递延收入。

具体来讲，预收收入于现金收取时记为负债，如预收货款、预收利息等，随着产品的支付、劳务的提供，已赚取的部分应从负债账调整到收入账。预收收入一般通过“预收账款”账户来进行核算，实际预先收到款项时借记“银行存款”账户，贷记“预收账款”账户；等到义务实际履行时再相应冲减预收账款。

【例6－5】某企业6月收到出租固定资产下半年的租金收入12 000元，款项存入银行。

编制的会计分录如下：

①预收下半年的租金时：

借：银行存款　　　　　　　　　　　　　　12 000

　　贷：预收账款　　　　　　　　　　　　　　　　12 000

②每月月末确认收入：

借：预收账款　　　　　　　　　　　　　　2 000

　　贷：其他业务收入　　　　　　　　　　　　　　2 000

（三）其他账项调整

除上述预收收入、应计收入、预付费用、应计费用期末需要进行账项调整外，为使成本与收入更能密切配合，以正确计算利润，还有一些账项需要调整。这些账项调整与前述调整不同之处在于调整的金额具有不确定性。在计算此类金额时，常需考虑未来的事项作为计算依据，比如坏账损失的计提、固定资产折旧的提取等。

1. 固定资产折旧

由于固定资产金额较大，且使用寿命一般长于一年，按照划分资本支出与收益支出的原则，为了使成本与收入相互配比，固定资产应于使用期内将其成本，以合理的、系统的方法分摊于各使用期内。这种成本分摊即为折旧。折旧计算的主要目的是将固定资产成本分摊于各使用期内，故计算时一般要考虑以下三个要素：资产原始成本、估计残值及估计使用年限。

企业购买固定资产的支出也是一种支付在先、受益在后的巨额预付费用。因此，折旧费用年末调整入账类似于预付项目的年末调整，它也是将已耗用的价值从资产账户转入费用账户，所不同的是固定资产价值的减少并不是实物数量的减少。所以，为了在固定资产账上完整清晰地反映固定资产购入或取得时的原始资本，就要求对折旧的计提，另设“累积折旧”账户予以反映。这样，调整时应借记“管理费用”或“制造费用”账户，贷记“累积折旧”账户。

2. 应收款项的坏账准备

企业因赊销产品或劳务而应向客户所取的款项，称为应收账款。这类资产可能因债务人无力偿还欠款，从而使债权人因全部或部分收不回账款而发生坏账，构成一项损失。应收项目通常由赊销引起，赊销业务必然伴有坏账发生的可能，如果某项账款最后无法收回，那么如不考虑坏账因素，则必然高估应收账款这类资产，也会虚增赊销期的净利润。因为赊销发生时无法确知哪笔账款不能收回，所以必须在期末估计可能的坏账损失，并列为费用，抵销销售收入，以正确配比并正确反映应收项目的可变现价值。坏账调整应借记“资产减值损失”账户，贷记“坏账准备”账户。

结账时，资产减值损失转入本期利润账户计算盈亏，并列入利润表；而坏账准备期末列示在资产负债表的应收账款下作为应收项目的减项，以列示应收款项可变现价值。以后，若确认某客户无法清偿债务，应借记“坏账准备”账户，贷记“应收账款”账户。

三、结账

（一）结账的含义

在会计期终时，即在月末或年末，为了编制会计报表的需要，必须进行结账。所谓结账，是指在把一定时期（月份、季度、年度）内发生的经济业务全部登记入账的基础上，将各种账簿的记录结算出本期发生额和期末余额，并将期末余额转入下期的一项会计工作。结账的目的是分清上下期的会计记录，结出本期损益，最终为编制利润表和资产负债表提供必要的数据。

结账工作的展开取决于账户的种类。企业账户按照账户与会计报表的关系可分为两类：一类是利润表账户；另一类是资产负债表账户。利润表账户是指收入及费用账户，即列示在利润表上的账户。会计期终了，这类账户的余额应结平，这样一方面是为了计算本期盈亏；另一方面是为了下一会计期使用方便，因为结账之后，各账户余额复归为零，下期可从头开始归集收入和费用。资产负债表账户是指资产、负债及所有者权益账户，即列示在资产负债表上的账户。会计期终，分别结出资产、负债及所有者权益账户的本期发生期和期末余额，并将期末余额转为下期的期初余额，以分清上下期的会计记录。

在把一定时期内发生的全部经济业务登记入账的基础上，结算出各账户的本期发生额和期末余额，通过结账，可以总结一定时期内的经济活动和财务收支情况，为编制会计报表提供资料。结账是一个过程，包括以下基本程序：

（1）查明本期所发生的经济业务是否已全部登记入账；

（2）在全面入账的基础上，按照权责发生制的原则，将收入和费用归属于各个相应的会计期间，即编制调整分录；

（3）编制结账分录，对于各种收入、费用类账户的余额，应在有关账户之间进行结转，结账分录也需要登记到相应的账簿中去；

（4）计算各账户的本期发生额合计和期末余额，划红线以结束本期记录，然后，将期末余额结转下期，作为下一个会计期间的期初余额。

通过结账，使已记录和储存的会计信息进一步提高清晰性、可靠性和相关性，便于通过会计报表输出并充分利用。

（二）收入、费用类账户的结账

1. 编制结账分录

收入、费用类账户的结账，应设“本年利润”账户，以归集当期收入、费用账户的余额。具体方法是：

（1）将所有收入账户，包括“主营业务收入”、“其他业务收入”、“营业外收入”等账户的贷方余额结转“本年利润”账户，即借记各项收入账户，贷记“本年利润”账户。从而，结平各收入账户。这时，“本年利润”账户的贷方金额即表明本期全部收入的合计金额。

（2）将所有费用类账户，包括“主营业务成本”、“销售费用”、“管理费用”、“财务费用”、“其他业务成本”、“营业税金及附加”、“营业外支出”等账户的借方余额结转“本年利润”账户，即借记“本年利润”账户，贷记各费用类账户。从而，结平各费用类账户。这时，“本年利润”账户的借方金额即表明本期全部费用的合计金额。

收入、费用类账户结账时，应在最后一笔业务，即转入“本年利润”账户下，划一条单红线。然后，在单红线下的“摘要”栏内注明“本期发生额及期末余额”，再加计借贷方发生额，显示双方金额相等后，在“余额栏”写上“0”。最后在“本期发生额及期末余额”一行下划一条单红线，以表示该账户月底已结平，无余额。下月份可在单红线下连续登记。

2. 结清“本年利润”账户

“本年利润”账户只在结账过程中使用。该账户的借方归集了本期全部费用的合计金额，贷方归集了本会计期间全部收入的合计金额。如果“本年利润”账户出现借方余额，即借方总额大于贷方总额，表示本期亏损；而当该账户的贷方总额大于借方总额时，其贷方余额表示本期利润。“本年利润”账户的余额应在结账时转入所有者权益类账户的“利润分配—未分配利润”账户中。

（三）资产、负债及所有者权益账户的结账

资产、负债及所有者权益账户的结账工作，主要是计算各账户借贷方的本期发生额和期末余额，并加以划线结束，然后将期末余额结转下期，继续纪录。所谓继续记录，不一定延用原账簿，可视实际情况换用新账簿，新账簿上接续原账簿余额继续记载新会计期的业务。按其结账的时间可分为月度结账和年度结账。

1. 月度结账

为了确定本月的财务状况，便于编制资产负债表，月份终了时，要在账簿中计算出这类账户的本期发生额和期末余额，并将期末余额转入下月，作为下月的期初余额。由于该类账户一般均有余额，其结账方法基本相同。

这些资产、负债、所有者权益类账户月度结账时，应在最后一笔经济业务下划单红线。然后，在单红线下的“摘要”栏内注明“本期发生额及期末余额”，在结出本期借贷方发生额和期末余额后，再在“本期发生额及期末余额”一行下划一条单红线，以表示本月的账簿记录已经结束。紧接下一行，在“日期”栏填写下月的一日，在“摘要”栏注明“期初余额”，并在“余额”栏将上期期末余额转为本期的期初余额。此后即可连续登记下月份的经济业务。

2. 年度结账

年度结账同月度结账一样，需要首先结出 12 月的本期发生额和期末余额。除此以外，还要将资产、负债、所有者权益类账户结平，并将各账户余额结转到下年度新开的账户中去。结转时，可在各账户“本期发生额及期末余额”一行的下面，在“摘要”栏注明“结转下年”字样，并以与期末余额相反的方向、相同的金额记入“借方”或者“贷方”栏内，即借方期末余额记入“贷方”栏内，贷方期末余额记入“借方”栏内。然后，在其下面划双红线，以表示该账户已在本年底结束。在下年度新开账户第一行填写日期“1 月 1 日”，在“摘要”栏内注明“上年结转”字样，并填入余额。上年为借方余额的，结转至下年仍为借方余额；贷方余额也一样。

（四）编制结账后的试算平衡表

为了检查结账后各账户是否正确，还应在结账后编制期末余额试算平衡表，将各账户借方余额与贷方余额合计数加计相等，证明结账分录及过账基本正确，并据此编制会计报表。结账后试算表的用途如下：

1. 便于验证账户余额

结账工作十分繁琐，容易发生错误，而编制结账后试算表，可验证各账户余额及借贷方向是否正确，以免影响下期记录。

2. 便于编制报表

结账后试算表中罗列了资产、负债及所有者权益账户及金额，只要稍加排列，便可编制资产负债表。

在编制试算平衡表时，一般按资产、负债及所有者权益的顺序，把资产、负债类账户列在前面，之后是收入、费用类账户，最后是所有者权益账户。期末，企业正式编制资产负债表时，收入、费用类账户被结平（无期末余额）。这样，这两类账户在试算平衡表中被删除，其净影响体现在期末留存利润账户中。

第七章　财 产 清 查

第一节　财产清查概述

一、财产清查的概念

企业单位各种财产物资的增减变动和结存情况，通过凭证的填制与审核、账簿的登记与核对，已经在账簿体系中得到了正确的反映，但账簿记录的正确性并不足以说明各种财产物资实际结存情况的正确。在具体会计工作中，即使是账证相符、账账相符的情况下，财产物资的账面数与实际结存数仍然可能不一致。根据资产管理制度以及为编制会计报表提供正确可靠的核算资料的要求，必须使账簿中所反映的有关财产物资和债权债务的结存数额与其实际数额保持一致，做到账实相符。因此，必须运用财产清查这一会计核算的专门方法。

财产清查是指通过对各种财产物资、货币资金和往来款项的实地盘点、账项核对或查询，查明某一时期的实际结存数，并与账存数核对，确定账实是否相符的一种会计核算方法。

二、财产清查的意义

（一）造成账实不符的原因

财产清查的关键是要解决账实不符的问题。造成账存数与实存数发生差异，其原因是多方面的，一般有以下几种情况：

（1）财产物资收发时，由于计量、检验器具不准确而发生品种、数量或质量上的差错。

（2）因规章制度不健全、管理不善或工作人员失职而出现财产物资的腐烂变质、毁损或短缺。

（3）因贪污盗窃、营私舞弊等违法行为造成财产的短缺。

（4）财产物资运输、保管过程中的自然损耗或自然升溢。

(5) 结算过程中因未达账项或拒付而引起的银行存款及往来账项的数额不符。

(6) 自然灾害造成的财产损失。

(7) 会计人员在记账过程中由于个人疏忽造成的漏记、重记、错记等错账现象。

上述种种原因都会影响账实的一致性。因此，运用财产清产手段，对各种财产物资进行定期或不定期的核对和盘点具有十分重要的意义。

(二) 财产清查的意义

财产清查既是一种会计核算方法，又是单位内部实施会计控制和会计监督的一种活动。财产清查的意义主要表现在以下方面：

1. 保证会计核算资料真实可靠

通过财产清查，可以查明财产物资有无短缺或盈余以及发生盈亏的原因，确定财产物资的实有数，并通过账项的调整达到账实相符，保证会计核算资料的真实性，为正确编制会计报表奠定基础。

2. 充分挖掘财产物资的潜力，提高资金使用效率

通过财产清查，可以查明财产物资的利用情况，发现其有无超储积压或储备不足以及不配套等现象，以便采取措施，对储备不足的设法补足，对呆滞积压和不配套的及时处理，充分挖掘财产物资潜力，提高财产物资的利用率和使用效果。

3. 保证财经纪律和结算纪律的执行

通过财产清查，可以查明现金的使用是否符合《现金管理暂行条例》的规定，银行存款的结算是否符合《支付结算办法》的规定，明确企业拥有的债权和承担的债务是否正常，以便及时发现问题、采取措施，从而使工作人员更加自觉地遵纪守法，自觉维护和遵守财经纪律。

4. 强化财产管理的内部控制制度

通过财产清查，可以发现财产管理工作中存在的各种问题，诸如手法手续不健全、保管措施不得力、控制手续不严密等，以便采取对策加以改进，健全内部控制制度，保护财产物资的安全与完整。

5. 完善财产管理的岗位责任制，促使保管人员总结经验，吸取教训，不断学习先进的管理技术，增强敬业精神、提高业务素质。

三、财产清查的种类

按照不同标准，财产清查可以有以下几种分类；

(一) 按清查的对象和范围分类

1. 全面清查

它是指对一个单位的全部财产物资，包括实物资产、货币资金以及债权债务等

进行全面彻底的盘点与核对。其清查对象主要包括：原材料、在产品、自制半成品、库存商品、库存现金、短期存款、有价证券及外币、在途物资、委托加工物资、往来款项、固定资产等。其特点是：清查范围大、投入、耗费时间长。一般只在下列情况下实施全面清查：（1）年终编制决算会计报表前；（2）企业撤销、合并或改变隶属关系时；（3）企业更换主要负责人时；（4）企业改制等需要进行资产评估时。

2. 局部清查

它是指对一个单位的部分实物资产或债权债务进行的盘点或核对。其特点是：清查范围小、专业性强、人力与时间的耗费较少。其清查对象主要是流动性较强、易发生损耗以及比较贵重的财产。实际工作中，局部清查比较常见，如材料、商品在产品、库存现金于每日营业终了进行的实地盘点；企业与银行之间进行的账项核对；企业与有关单位进行的债券和债务核对或查询等。

（二）按清查的时间分类

按照清查的时间不同，可分为定期清查和不定期清查。

1. 定期清查

它是指根据事先计划安排的时间，对一个单位的全部或部分财产物资进行的清查，常在月末、季末和年末结账时进行。定期清查可以是全面清查，如年终决算前的清查，也可以是局部清查，如月末结账前对库存现金、银行存款以及一些贵重物资的清查。

2. 不定期清查

它是指事前未规定清查时间，而根据某种特殊需要进行的临时清查。如更换财产物资经管人员（出纳员、仓库保管员）时；财产物资遭受自然或其他损失时；单位合并、迁移、改制和改变隶属关系时；财政、审计、税务等部门进行会计检查时；按规定开展临时性清产核算工作时等，都可以根据不同需求进行全面清查或局部清查。

第二节　财产清查的方法

一、财产清查前的准备工作

财产清查是一项复杂细致的工作，它涉及面广、政策性强、工作量大。为了加强领导，保质保量完成财产清查工作，一般应在单位负责人的领导下，成立由领导干部、财会人员、专业人员和职工参加的财产清查领导小组，负责财产清查工作。在清查前，必须首先做好以下几项准备工作：

1. 制订财产清查计划，确定清查对象、范围，配备清查人员，明确清查任务。

2. 会计部门要将总账、明细账等有关资料配备齐全，核对正确，结出余额。保管部门要对所保管的各种财产物资以及账簿、账卡挂上标签，标明品种、规格、数量，以备查对。

3. 对银行存款、银行借款和结算款项，要取得银行对账单等资料，以便查对。

4. 清查小组应组织有关部门准备好计量器具，印制好各种登记表册。

二、实物资产的清查方法

（一）财产物资的盘存制度

会计核算中，在计算各种财产物资期末结存数时，有两种方法，由此而形成两种盘存制度，即“永续盘存制”和“实地盘存制”。

1. 永续盘存制

也称账面盘存制，是指对于各种财产物资的增减变化，平时就要根据会计凭证在账簿上予以连续登记，并随时结算出账面结存数额的一种方法。可用公式表示如下：

账面期末余额 = 账面期初余额 + 账面本期增加额 − 账面本期减少额

采用这种盘存制度，可以及时反映和掌握各种财产的收、发和结存的数量和金额，随时了解资产变动情况，有利于加强对资产的控制和管理，但登记账簿的工作量较大。

需要注意的是，采用永续盘存制计算的财产的账面期末结存数与实存数并不一定相符，因此，仍需定期对各种财产进行实地盘点，确定账实是否相符以及不符的原因。

2. 实地盘存制

也称以存计销制，或盘存计销制，是指对于各种财产物资的增减变化，平时在账簿上只登记其增加数，而不登记其减少数，期末通过实地盘点确定财产物资的结存数后，倒算出本期减少数并据此登记入账的一种方法。可用公式表示如下：

本期减少金额 = 账面期初结存数额 + 账面本期增加额 − 期末盘点结存金额

采用实地盘存制，核算工作较简单，但手续不够严密，容易造成工作上的弊端，诸如浪费、被盗、被挪用以及自然损耗而引起的资产短缺，往往都是等同为正常的减少入账，从而影响资产减少数额计算的正确性，难以通过会计记录对资产实施日常控制，一般不予采用。

（二）实物资产清查的具体方法

实物资产的清查主要是针对有形财产物资的清查，包括固定资产、原材料、在产品、库存商品、低值易耗品等，清查应从品种、规格、型号、数量、质量方面进行。清查的具体方法有实地盘点法和技术推算法两种。

1. 实地盘点法

指通过点数、过磅、量尺等方式，确定财产物资的实有数量。该方法适用范围较广、计量准确、直观且易于操作，大部分实物资产均可采用。

2. 技术推算法

指通过技术推算（如量方、计尺等）测定财产物资实有数量的方法。该方法适用于大堆存放、物体笨重、价值低廉、不便逐一盘点的实物资产。从本质上讲，它是实地盘点法的一种补充方法。

对实物资产进行盘点时，实物保管人员必须在场，并与清查人员一起参与盘点。对于盘点结果，应由有关人员如实填制盘存单，并由盘点人和实物保管人共同签字或盖章。盘存单是用来记录实物盘点结果，反映实物资产实存数额的原始凭证。盘存单格式如表 7－1 所示。

表 7－1　　盘存单

单位名称：　　　　　　　　　　　　　　　　编号：

盘点时间：　　　　　　财产类别：　　　　　存放地点：

编号	名称	计量单位	数量	单位	金额	备注

盘点人员：　　　　　　　　　实物保管人：

盘存单是记录实物盘点结果的书面文件，也是反映资产实有数的原始凭证。为了进一步查明盘点结果与账面结存数额是否一致，确定盘盈、盘亏情况，还要根据盘存单和有关账簿的记录编制实存账存对比表。实存账存对比表用来反映实物资产实存数与账存数之间的差异并作为调整账簿记录的原始凭证，是确定有关人员经济责任的依据。其格式如表 7－2 所示。

表 7－2　　实存账存对比表

单位名称：　　　　　　　　　　　　　　　　年　月　日

编号	类别及名称	计量单位	单价	实存		账存		差异				备注
								盘存		盘亏		
				数量	金额	数量	金额	数量	金额	数量	金额	

会计主管（签章）：　　　　　复核（签章）：　　　　　制表（签章）：

该表是一种非常重要的原始凭证，在这个凭证上所确定的各种实物的实存同账存之间的差异，既是经批准后调整账簿记录的原始依据，又是分析差异原因，明确经济责任的依据。

三、货币资金的清查方法

（一）库存现金的清查

库存现金的清查是通过实地盘点的方法确定库存现金的实存数，再与现金日记账的账面余额进行核对，以查明盈亏情况。在库存现金清查时，为了明确责任，除了人员必须在场，现钞应逐张查点，一切借条、收据不准抵充现金，并查明库存现金是否超过限额，有无坐支现金的问题。在现金盘点后，应根据盘点的结果与现金日记账核对的情况编制库存现金盘点报告表，它既是盘存清单，又是实存账存对比表。它的格式如表7－3所示。

表7－3　　库存现金盘点报告表

单位名称：　　　　　　　　　　　　　　　　　　　年　月　日

实存金额	账存金额	对比结果		备注
		盘盈	盘亏	

盘点人（签章）：　　　　　　　　　　　　　　出纳人（签章）：

实际工作中，现金的收支业务很频繁，且容易出错，出纳人员应每日进行库存现金的清查，做到日清日结，这种清查一般由出纳人员在每日工作结束之前，将“现金日记账”当日账面结存数额与库存现金实际盘点数额进行核对，以此检查当日工作准确与否，确保每日账实相符。

有价证券主要包括国库券、金融证券、公司债券、股票等。其清查方法与库存现金的清查相同。

（二）银行存款的清查

对银行存款的清查主要采用账项核对的方法，即根据“银行存款日记账”与开户银行转来的“银行对账单”进行核对，它与实物、现金清查所使用的方法不同。

清查之前将本单位所发生的经济业务过入“银行存款日记账”，再对账面记录进行检查复核，确定账面记录是完整、准确的。然后，将银行提供的“对账单”与“银行存款日记账”账面记录进行逐笔核对。

通过核对，往往发现双方账目不一致。其主要原因有两个方面：第一，使双方账目可能发生的不正常的错账漏账；第二，使双方记账均无错误，而是由于未达账项的原因造成双方账面不平衡。

未达账项，主要是指存款单位与开户银行之间因结算凭证传递时间的差别，发生的一方已经记账，而另一方尚未接到有关凭证没有记账的款项。未达账项一般有四种情况：

（1）单位已收、银行未收款。本单位送存银行的款项，以作为本单位存款增加计入银行存款日记账收入栏，但银行尚未入账。

（2）单位已付、银行未付款。本单位开出支票或其他支款凭证后，已作为本单位存款减少记入银行存款日记账支出栏。但持票人尚未到银行办理转账，故银行未作为存款单位存款的减少入账。

（3）银行已收、单位未收款。银行存款单位收进的款项已作为存款单位存款增加记账，而存款单位因未受接到收款通知单尚未入账。

（4）银行已付、单位未付款。银行代存款单位支付的款项已作为存款单位的存款减少记账，而存款单位因未接到付款通知单尚未入账。

上述第一、第四种情况下，会使存款单位的银行存款日记账余额大于开户银行的对账单余额，而在第二、第三种两种情况下，则会使存款单位的银行存款日记账的账面余额小于开户银行的对账单余额。

为了消除未达账项的影响，单位应根据核对后发现的未达账项，编制“银行存款余额调节表”，以此调节双方账面余额。对于这项调节工作，一般是采用双方余额各自补记已入账而另一方尚未入账的款项（包括增加金额和减少金额），然后验证经过调解后的余额是否相符。如果相符，表明双方账目一般没有错误，否则说明记账有错误，应进一步查明原因，予以改正。

现举例说明“银行存款余额调节表”的编制方法：

【例 7－1】某企业 2015 年 12 月 31 日银行存款日记账余额为 83 000 元，开户银行转来的银行对账单余额为 79 000 元，经逐笔核对，发现有以下未达账项：

（1）企业 12 月 29 日送存银行转账支票一张，金额 12 000 元，银行尚未入账；

（2）企业委托银行代收的销货款 9 000 元，银行已于 12 月 29 日代收；

（3）企业 12 月 30 日开出转账支票一张 3 000 元支付广告费用，银行尚未收到该转账支票；

(4) 银行于12月31日代企业支付水电费4 000元，已登记入账，企业未接到付款通知单。

根据上述未达账项，编制银行余额调节表如表7-4所示。

表7-4 银行余额调节表

户名：结算户存款 2015年12月31日 单位：元

项目	金额	项目	金额
银行存款日记账	83 000	银行对账单余额	79 000
加：银行已收企业未收的款项（银行代收销货款）	9 000	加：企业已收银行未收的款项（企业送存银行转账支票）	12 000
减：银行已付企业未付的款项（银行代付水电费）	4 000	减：企业已付银行未付的款项（企业开出支票）	3 000
调整后余额	88 000	调整后余额	88 000

可见，该种调节方法的计算公式是：

单位银行存款日记账余额+银行已收单位未收数额-银行已付单位未付数额

=银行对账单余额+单位已收银行未收数额-单位已付银行未付数额

上表所列调节后的存款余额，是根据双方账面余额和未达账项调节后的余额，是企业实际可使用的存款数额。对于银行已入账而企业尚未入账的各项经济业务，应在接到银行的收付款结算凭证后再进行入账。因此，银行存款余额调节表并不是作为更改账簿记录的原始凭证，而是及时查明本单位和银行双方账面记载有无差错的一种清查方法。

四、往来款项的清查方法

往来款项主要包括应收款、应付款、暂收款等款项。各种往来款项的清查，也是采用同对方单位核对账目的方法，清查单位应按每一个经济往来单位编制往来款项对账单（一式两联，其中一联作为回单），送往各经济往来单位。对方单位若核对相符，应在回单上盖章后退回。若发现数字不符，应将不等情况在回单上注明或另抄对账单退回，作为进一步核对的依据。在收到对方回单后，应根据收到的往来款项对账单编制往来款项清查表，其一般格式如表7-5所示。

表 7 – 5　　往来款项清查表

总分类账户名称：　　年　月　日

明细分类账户		清查结果		核对不符原因分析			备注
名称	账面余额	核对相符金额	核对不符金额	未达账项金额	有争议款项金额	其他	

第三节　财产清查结果的账务处理

一、财产清查结果的处理要求

财产清查的结果不外乎三种情况：一是账存数与实存数相符；二是账存数小于实存数，即盘盈；三是账存数大于实存数，盘亏。通过财产清查工作，对所发现的财产管理和核算方面存在的问题，应当认真分析研究，切实总结经验，并以有关的法令、制度为依据，做好财产清查结果的处理工作。

（一）查明差异，分析原因

对于财产清查中发现的账存数与实存数之间的差异，应当核准数字，调查分析发生差异的原因，明确经济责任，提出处理意见，按照规定程序报经有关部门核准后，予以认真严肃处理。

（二）认真总结，加强管理

在财产清查以后，针对所发现的问题，应当认真总结经验教训，表彰先进，克服缺点，做好工作。同时，要通过建立健全必要的规章制度，明确财产管理责任，从根本上加以解决，保护财产的安全和完整。

（三）调整账目，账实相符

对于财产清查中所发现的财产盘盈、盘亏和毁损，必须及时进行账簿记录的调整，以保证账实相符。具体应分为两步进行：第一步，在审批前，应将已经查明的财产盘盈、盘亏和毁损等，根据有关原始凭证（如盘存单等）编制记账凭证，以此登记有关账簿，使各项财产的账存数与实存数相一致；第二步，在审批后，应根据盘盈、盘亏的原因或批准处理意见，编制记账凭证，以此登记有关账簿。

二、财产清查结果的处理程序

（一）从账务处理的程序看，一般分成以下两步：

第一步，根据实存账存对比表、现金盘点报告表等反映的各项财产物资的盘盈、盘亏毁损数额，编制记账凭证并登记入账，使通过调整后的账面结存数与财产物资的实存数趋于一致，并将盈亏数额记入“待处理财产损溢”账户。同时，将盈亏情况、查明的原因及处理建议向单位领导或有关部门办理报批手续。

第二步，接到单位领导及有关部门的批复意见后，根据财产物资盘盈、盘亏的性质及原因，分别编制向责任人索赔、转入管理费用、营业外支出、营业外收入等的记账凭证，并记入有关账簿，同时核销“待处理财产损溢”账户的记录。

（二）“待处理财产损溢”账户的设置

由于财产清查结果的账务处理需分成两步，报批前已经调整了账簿记录，报批后才能针对盈亏原因做出相应的处理，因此，必须有一个过渡性的账户——“待处理财产损溢”账户解决报批前后的相关记录。

“待处理财产损溢”账户是用来核算企业在财产清查过程中发生的各种财产物资的盘盈、盘亏或毁损及其处理情况的过渡性账户。其借方登记发生的待处理财产盘亏毁损数和结转已批准处理的财产盘盈数，其贷方登记发生的待处理财产盘盈数和结转已批准处理的财产盘亏和毁损数。该账户借方余额表示尚待批准处理的财产物资的净损失，贷方余额表示尚待批准处理的财产物资的净溢余。

根据资产的定义，按现行会计制度的规定，对待处理财产损溢应及时报批处理，并在期末结账前处理完毕。如果在期末结账前尚未经批准的，应在对外提供的财务报告时先行处理。所以，该账户在期末没有余额。

三、财产清查结果的账务处理

（一）实物资产清查结果的账务处理

【例7-2】财产清查中，盘亏小型运输车辆一部，账面原价32 000元，已提折旧16 000元，原因为管理不善丢失，责任不清，报经批准后作为营业外支出处理。

盘亏时应注销车辆原值及已提折旧，编制如下会计分录：

借：待处理财产损溢	16 000	
累计折旧	16 000	
贷：固定资产		32 000

批准处理后编制如下会计分录：

借：营业外支出　　16 000

　　贷：待处理财产损溢　　16 000

【例 7－3】财产清查中，发现库存甲材料盈余 150 千克，单价 6 元，原因查明为计量器具不准少发。报批后按规定冲减管理费用。

盘盈时编制如下会计分录：

借：原材料　　900

　　贷：待处理财产损溢　　900

批准处理后编制如下会计分录：

借：待处理财产损溢　　900

　　贷：管理费用　　900

【例 7－4】财产清查中，发现库存乙材料短缺 2 300 千克，单价 4 元。分析其原因，一是由于计量器具不准造成材料领用时多发了 700 千克；二是定额内自然损耗 200 千克；三是由保管员王某失职造成 100 千克丢失；四是火灾造成毁损 1 300 千克。

按规定，对盘亏的材料进行账簿调整，编制会计分录如下：

借：待处理财产损溢　　9 200

　　贷：原材料　　9 200

【例 7－5】上述盘亏的材料，报批处理后作如下处理：因计量不准多发和定额内损耗造成的 900 千克盘亏记入管理费用，因保管员失职造成的 100 千克盘亏令其赔偿，从下月工资中扣除；因火灾造成的 1 300 千克损失由保险公司赔偿 80%，其余记入营业外支出。

根据上述处理意见，编制如下会计分录：

借：其他应收款——王某　　400

　　　　　　——保险公司　　4 160

　　管理费用　　3 600

　　营业外支出　　1 040

　　贷：待处理财产损溢　　9 200

（二）库存现金清查结果的账务处理

【例 7－6】库存现金清查结束后，发现短款 140 元，其中 50 元应由出纳员承担责任，另 90 元无法查明原因。

按规定调整现金账户记录，编制如下会计分录：

借：待处理财产损溢　　140

　　贷：库存现金　　140

【例7-7】上述盘亏的现金报经领导审批后，按下列意见处理：由出纳员刘某负责的令其赔偿，从下月工资中扣除，责任无法分清的列入营业外支出。

根据批准后的处理意见编制下列会计分录：

借：其他应收款——刘某　　50

　　营业外支出　　90

　　贷：待处理财产损溢　　140

（三）往来款项清查结果的账务处理

在财产清查中，确认无法收回的应收款项和无法支付的应付款项，按制度规定，应在上报有关部门批准后予以核销。

【例7-8】A公司所欠本公司的货款2 500元，确认无法收回，按规定作坏账损失处理。

有关坏账损失的处理，有两种方法：一是“直接冲销法”，即确认应收款项无法收回时直接记入管理费用；二是“坏账备抵法”，即平时按规定比率记提坏账准备基金，记入管理费用，形成坏账准备（借：管理费用，贷：坏账准备），待坏账发生时，冲减坏账准备。

采用直接冲销法，应编制如下会计分录：

借：管理费用　　2 500

　　贷：应收账款——A公司　　2 500

采用坏账备抵法，应编制下列会计分录：

借：坏账准备　　2 500

　　贷：应收账款——A公司　　2 500

【例7-9】本公司所欠某运输公司的运费300元，因对方单位撤销而无法清偿，按规定作为其他资本公积处理。

应编制的会计分录如下：

借：其他应付款　　300

　　贷：资本公积——其他资本公积　　300

第八章 会计报表

第一节 会计报表概述

一、会计报表的定义及作用

会计报表是以货币为主要计量单位，通过整理、汇总日常会计核算资料而定期编制的，用来集中、总括地反映企业单位在某一特定日期的财务状况以及某一特定时期的经营成果和现金流量的书面报告。

编制会计报表，是会计核算的一种专门方法，也是会计核算程序的最后环节。在会计核算过程中，通过填制和审核会计凭证，可以明确经济业务的发生、执行和完成情况，但会计凭证提供的资料内容分散、庞杂。将会计凭证上记录的经济业务在各种账簿中加以连续、分类地记录之后，通过账簿记录所能得到的会计信息比起会计凭证无疑要集中、系统得多。但是账簿提供的会计信息还是分散在各类账户中，仍然不能系统而概括地反映经济活动的全貌。因此，就必须对账簿中的会计信息作进一步加工、整理、综合，并结合其他的核算资料，按一定的指标体系，以报告文件的形式集中地反映出来，从而全面、系统、概括地提供一个单位某一特定日期资产、负债和所有者权益情况及一定期间的经营成果和现金流动情况的会计信息。

企业编制会计报表的主要目的，就是为会计报表的使用者提供决策所需的会计信息。会计报表使用者通常包括投资者、债权人、政府及相关机构、企业管理人员、职工和社会公众等，他们对会计报表提供信息要求各有侧重。企业的投资者和债权人通过会计报表了解企业的营运资金情况、短期偿债能力和支付能力，了解企业的经营前景、盈利能力和发放股利的能力等，以保证投资者能获取相应收益，保证债权人能及时、安全地收回各项贷款。政府有关部门通过了解会计报表信息，便于加强对企业的经营管理指导，实现经济稳定有序地发展。企业管理者通过会计报表了解企业的资产、负债及所有者权益的构成情况，以及资金、成本、利润的基本状况，从而有针对性地组织企业的生产经营活动，加强经营管理，为提高企业的经济效益服务。

二、会计报表的种类

不同性质的经济单位由于会计核算的内容不一样，经济管理的要求及其所编制会计报表的种类也不尽相同。就企业而言，其所编制的会计报表也可按不同的标志划分为不同的类别。

（一）按照会计报表所反映的经济内容分类

按会计报表反映的经济内容分为四种类型：

（1）反映一定日期企业资产、负债及所有者权益等财务状况的报表，如资产负债表。

（2）反映一定时期企业经营成果的会计报表，如利润表。

（3）反映一定时期企业构成所有者权益的各组成部分的增减变动情况的报表，如所有者权益变动表。

（4）反映一定时期内企业财务状况变动情况的会计报表，如现金流量表。

以上四类报表可以划分为静态报表和动态报表，前者为资产负债表，后者为利润表、所有者权益变动表和现金流量表。

（二）按照会计报表报送对象分类

财务报表按其服务的对象可分为两大类。一类是对外报送的会计报表，包括资产负债表、利润表、所有者权益变动表和现金流量表等。这些报表可用于企业内部管理，但更偏向于现在和潜在投资者、贷款人、供应商和其他债权人、顾客、政府机构、社会公众等外部使用者的信息要求。这类报表一般有统一格式和编制要求。另一类是对内报送的财务报表。这类报表是根据企业内部管理需要编制的，主要用于企业内部成本控制、定价决策、投资或筹资方案的选择等，这类报表无规定的格式、种类。

（三）按照会计报表编报的编制分类

按会计报表编报的编制不同，可将其分为个别会计报表和合并会计报表两类。这种划分是在企业对外单位进行投资的情况下，由于特殊的财务关系所形成的。

个别会计报表指只反映对外投资企业本身的财务状况和经营情况的会计报表，包括对外和对内会计报表。合并会计报表是指一个企业在能够控制另一个企业的情况下，将被控制企业与本企业视为一个整体，将其有关经济指标与本企业的数字合并而编制的会计报表。合并会计报表所反映的是企业与被控制企业共同的财务状况与经营成果。合并会计报表一般只编制对外会计报表。

（四）按照会计报表编制的时间分类

按照会计报表编制的时间不同，可将其分为定期会计报表和不定期会计报表，其中定期会计报表又可分为年度会计报表、季度会计报表和月份会计报表三类。年报是年终编制的报表，它是全面反映企业财务状况、经营成果及其分配、现金流量等方面的报表。季报是每一季度末编制的报表，种类比年报少一些。月报是月终编制的财务报表，只包括一些主要的报表，如资产负债表、利润表等。

在编制会计报表时，哪些报表为年度会计报表，哪些报表为季度会计报表，哪些报表为月份会计报表，都应根据《企业会计准则》的规定办理。月度会计报表，季度会计报表称为中期报告，企业在持续经营的条件下，一般是按年、季、月编制会计报表，但在某种特殊情况下则需编制不定期会计报表，如在企业宣布破产时应编制和报送破产清算会计报表。

通常情况下，年度报表的会计期间是指公历每年的1月1日至12月31日；半年报表的会计期间为公历每年的1月1日至6月30日；季度报表的会计期间为公历的每一季度；月度报表的会计期间为公历每月1日至最后一日。

（五）按照会计报表编制单位分类

按照会计报表编制单位不同，可将其分为单位会计报表和汇总会计报表两类。

单位会计报表是指由独立核算的会计主体编制的，用以反映某一会计主体的财务状况、经营活动成果和费用支出及成本完成情况的报表。汇总会计报表是指由上级主管部门将其所属各基层经济单位的会计报表，与其本身的会计报表汇总编制的，用以反映一个部门或一个地区经济情况的会计报表。

为了帮助会计报表的使用者更加清晰、明了地了解和掌握企业的经济活动情况，使会计报表在经济管理中起到更大的作用，企业应在编制、报送年度会计报表的同时，撰写并报送财务状况说明书。财务状况说明书的主要内容是：

（1）企业在报告期内的生产情况。

（2）企业在报告期内的盈亏情况及利润的分配情况。

（3）企业在报告期内的资金周转及其增减变动情况。

（4）企业在报告期内的资本结构及其情况。

（5）企业在报告期内的主要税、费的计算及缴纳情况。

（6）企业在报告期内的财产盈亏及报损情况。

（7）企业在报告期内会计核算方法的变更情况。

（8）其他有必要说明的情况。

根据《企业会计准则第30号——财务报表列报》的规定，企业对外提供的会计报表至少包括资产负债表、利润表、现金流量表、所有者权益（股东权益）变动表。

本教材只介绍资产负债表和利润表，现金流量表和所有者权益（股东权益）变动表在中级财务会计中介绍。

三、会计报表的编制要求

为了充分发挥会计报表的作用，会计报表的种类、格式、内容和编制方法，都应由财政部统一制定，企业应严格地按照统一规定填制和上报，才能保证会计报表口径一致，便于各有关部门利用会计报表了解、考核和管理企业的经济活动。

为确保会计报表质量，编制会计报表必须符合以下要求：

（一）数字真实

根据客观性原则，企业会计报表所填列的数字必须真实可靠，能准确地反映企业的财务状况和经营成果。不得以估计数字填列会计报表，更不得弄虚作假、篡改伪造数字。为了确保会计报表的数字真实准确，应做到如下几点：

（1）报告期内所有的经济业务必须全部登记入账，应根据核对无误的账簿记录编制会计报表，不得用估计数字编制会计报表，不得弄虚作假，不得篡改数字。

（2）在编制会计报表之前，应认真核对账簿记录，做到账证相符、账账相符。发现有不符之处，应先查明原因，加以更正，再据以编制会计报表。

（3）企业应定期进行财产清查，对各项财产物资、货币资金和往来款项进行盘点、核实，在账实相符的基础上编制会计报表。

（4）在编制会计报表时，要核对会计报表之间的数字，有勾稽关系的数字应要认真核对；本期会计报表与上期会计报表之间的数字应相对衔接一致、本年度会计报表与上年度会计报表之间相关指标数字应衔接一致。

（二）内容完整

会计报表中各项指标和数据是相互联系、相互补充的，必须按规定填列齐全、完整。不论主表、附表或补充资料，都不能漏填、漏报。各会计报表之间，项目之间凡有对应关系的项目的数据，应该相互一致，做到表表相符。

（三）计算正确

会计报表上的各项指标，都必须按《企业会计准则》中规定的口径填列，不得任意删减或增加，凡需经计算填列的指标，应按规定的公式计算填列。

（四）编报及时

企业应按规定的时间编报会计报表，及时逐级汇总，以便报表的使用者及时、有效地利用会计报表资料。为此，企业应科学地组织好会计的日常核算工作，选择适合本企业具体情况的会计核算组织程序认真做好记账、算账、对账和按期结账工作。

第二节 资产负债表

一、资产负债表的概念和作用

资产负债表是总括地反映企业在某一特定日期（一般为月末、季末、年末）全部资产、负债和所有者权益及其构成情况的报表，又称为“财务状况表”。这是一张静态的会计报表。该表是根据“资产 = 负债 + 所有者权益”这一基本会计等式，依照一定的分类标准和一定的顺序，把企业一定日期的资产、负债和所有者权益予以适当的排列，按一定的编制要求编制而成。

资产负债表可提供的信息有：

(1) 流动资产实有情况的信息，包括货币资金、应收及预付款项、交易性金融资产和存货等流动资产实有情况的信息。

(2) 非流动资产实有情况的信息，包括可供出售金融资产、持有至到期金融资产、长期股权投资、固定资产、无形资产等非流动资产实有情况的信息。

(3) 流动负债的信息，包括短期借款、交易性金融负债、应付及预收款项等流动负债的信息。

(4) 非流动负债的信息，包括长期借款、应付债券、长期应付款等信息。

(5) 所有者权益的信息，包括实收资本、盈余公积和未分配利润的信息。

通过资产负债表的分析，可以全面综合地了解企业资产的规模和结构、负债的规模和结构以及所有者权益的构成情况，了解企业的资产实力、偿债能力强弱和变动情况，以及财务状况的大致变化趋势。其具体作用如下：

(1) 通过资产负债表可以了解企业所掌握的经济资源及其分布的情况，经营者可据此分析企业资产分布是否合理，以改进经营管理，提高管理水平。

(2) 通过资产负债表可以了解企业资金的来源渠道和构成，投资者和债权人可据此分析企业所面临的财务风险，以监督企业合理使用资金。

(3) 通过资产负债表可以了解企业的财务实力、短期偿债能力和支付能力，投资者和债权人可据此做出投资和贷款的正确决策。

(4) 通过对前后期资产负债表的对比分析，可了解企业资金结构的变化情况，经营者、投资者和债权人可据此掌握企业财务状况的变化趋势。

二、资产负债表的格式与内容

资产负债表的格式通常有报告式和账户式两种。我国资产负债表的格式一般采用账户式。账户式资产负债表是按照T形账户的形式，依据“资产=负债+所有者权益”这一会计等式的基本原理设计的资产负债表，将报表分为左右结构，左边列示企业的资产，右边列示企业的负债和所有者权益，左右两方总额相等。资产负债表左、右两方各项目前后顺序是按其流动性排列的，一般企业的资产负债表基本格式如表8－1所示。

表8－1 **资产负债表** 会企01表

编制单位： 年 月 日 单位：元

资产	年初数	期末数	负债和所有者权益	年初数	期末数
流动资产：			流动负债：		
货币资金			短期借款		
交易性金融资产			交易性金融负债		
应收票据			应付票据		
应收账款			应付账款		
预付款项			预收账款		
应收利息			应付职工薪酬		
应收股利			应交税费		
其他应收款			应付利息		
存货			应付股利		
一年内到期的非流动资产			其他应付款		
其他流动资产			一年内到期的非流动负债		
			其他流动负债		
流动资产合计			**流动负债合计**		
非流动资产：			非流动负债：		
可供出售金融资产			长期借款		
持有至到期投资			应付债券		
长期应收款			长期应付款		
长期股权投资			专项应付款		
投资性房地产			预计负债		
固定资产			递延所得税负债		
工程物资			其他非流动负债		
在建工程			**非流动负债合计**		

续表

资产	年初数	期末数	负债和所有者权益	年初数	期末数
固定资产清理			**负债合计**		
生产性生物资产			所有者权益：		
油气资产			实收资本		
无形资产			资本公积		
开发支出			减：库存股		
商誉			盈余公积		
递延所得税资产			未分配利润		
其他非流动资产					
非流动资产合计			**所有者权益合计**		
资产总计			**负债和所有者权益总计**		

（一）资产的排列顺序

1. 流动资产

包括在一年或超过一年的一个经营周期以内可以变现或耗用、售出的全部资产。在资产负债表上排列为：货币资金、交易性金融资产、应收票据、应收账款、预付款项、应收利息、其他应收款、存货、一年内到期的非流动资产等。

2. 非流动资产

包括变现能力在一年或超过一年的一个经营周期以上的资产。在资产负债表上排列为：可供出售金融资产、持有至到期投资、长期股权投资、长期应收款、投资性房地产、固定资产、在建工程、工程物资、固定资产清理、生产性生物资产、油气资产、无形资产、开发支出、商誉、长期待摊费用、递延所得税资产等。

（二）负债的排列顺序

1. 流动负债

包括偿还期在一年以内的全部负债。在资产负债表上排列顺序为：短期借款、交易性金融负债、应付票据、应付账款、预收款项、应付职工薪酬、应交税费、应付利息、应付股利、其他应付款、一年内到期的非流动负债等。

2. 非流动负债

包括偿还期在一年或超过一年的一个经营周期以上的债务。在资产负债表上排列顺序为：长期借款、应付债券、长期应付款、专项应付款、预计负债、递延所得税负债等。

（三）所有者权益的排列顺序

所有者权益包括所有者投资、企业在生产经营过程中形成的盈余公积和未分配利润。在资产负债表上的排列顺序为：实收资本、资本公积、盈余公积和未分配利润等。

三、资产负债表的编制方法

（一）资产负债表中的“年初数”和“期末数”

资产负债表中“年初数”栏各项的数字，应按上年年末资产负债表中“期末数”栏中的数字填列。“期末数”栏内各项数字根据会计期末各总账账户及所属明细账户余额填列。若本年度资产负债表中规定的各项目的名称和内容与上年度不一致，应对上年年末资产负债表各项的名称和数字按照本年度的规定进行调整后，填入表中的“年初数”栏。

（二）资产负债表中各项目的填列方法

（1）“货币资金”项目，反映企业库存现金、银行结算户存款、外埠存款、银行汇票存款、银行本票存款、信用卡存款、信用证保证金存款等的合计数。本项目应根据“现金”、“银行存款”、“其他货币资金”科目的期末余额合计数填列。

（2）“交易性金融资产”项目，反映企业为交易目的所持有的债券投资、股票投资、基金投资等交易性金融资产的公允价值。本项目应根据“交易性金融资产”科目的期末余额填列。

（3）“应收票据”项目，反映企业收到的未到期收款也未向银行贴现的应收票据，包括商业承兑汇票和银行承兑汇票。本项目应根据“应收票据”科目的期末余额填列。已向银行贴现和已背书转让的应收票据不包括在本项目内，其中已贴现的商业承兑汇票应在会计报表附注中单独披露。

（4）“应收账款”项目，反映企业因销售商品、产品和提供劳务等而应向购买单位收取的各种款项，减去已计提的坏账准备后的净额。本项目应根据“应收账款”科目所属各明细科目的期末借方余额合计数，减去“坏账准备”科目中有关应收账款计提的坏账准备期末余额后的金额填列。如“应收账款”科目所属明细科目期末有贷方余额，应在本表“预收账款”项目内填列。

（5）“应收股利”项目，反映企业因股权投资而应收取的现金股利，企业应收其他单位的利润，也包括在本项目内。本项目应根据“应收股利”科目的期末余额填列。

（6）“应收利息”项目，反映企业因债权投资而应收取的利息。企业购入到期还本付息债券应收的利息，不包括在本项目内。本项目应根据“应收利息”科目的期末余额填列。

（7）“其他应收款”项目，反映企业对其他单位和个人的应收和暂付的款项，减去已计提的坏账准备后的净额。本项目应根据“其他应收款”科目的期末余额，减去“坏账准备”科目中有关其他应收款计提的坏账准备期末余额后的金额填列。

（8）“预付款项”项目，反映企业预付给供应单位的款项。本项目应根据“预付账款”科目所属各明细科目的期末借方余额合计填列。如“预付账款”科目所属有关明细科目期末有贷方余额的，应在本表“应付账款”项目内填列。如“应付账款”科目所属明细科目有借方余额的，也应包括在本项目内。

（9）“存货”项目，反映企业期末在库、在途和在加工中的各项存货的可变现净值，包括各种材料、商品、在产品、半成品、包装物、低值易耗品、分期收款发出商品、委托代销商品、受托代销商品等。本项目应根据“物资采购”、“原材料”、“低值易耗品”、“自制半成品”、“库存商品”、“包装物”、“分期收款发出商品”、“委托加工物资”、“委托代销商品”、“受托代销商品”、“生产成本”等科目的期末余额合计减去“代销商品款”、“存货跌价准备”科目期末余额后的金额填列。材料采用计划成本核算，以及库存商品采用计划成本或售价核算的企业，还应按加或减材料成本差异、商品进销差价后的金额填列。

（10）“一年内到期的非流动资产”项目，反映企业将于一年内到期的非流动资产。本项目应根据有关科目的期末余额分析计算填列。

（11）“其他流动资产”项目，反映企业除以上流动资产项目外的其他流动资产，本项目应根据有关科目的期末余额填列。如其他流动资产价值较大的，应在会计报表附注中披露其内容和金额。

（12）“可供出售金融资产”项目，反映企业持有的划分为可供出售金融资产的证券。本项目根据“可供出售金融资产”科目的期末余额填列。

（13）“持有至到期投资”项目，反映企业持有的划分为持有至到期投资的证券。本项目根据“持有至到期投资”科目的期末余额减去“持有至到期投资减值准备”科目的期末余额后填列。

（14）“投资性房地产”项目，反映企业持有的投资性房地产。本项目应根据“投资性房地产”科目的期末余额，减去“投资性房地产累计折旧”、“投资性房地产减值准备”所属有关明细科目期末余额后的金额分析计算填列。

（15）“长期股权投资”项目，反映企业不准备在1年内（含1年）变现的各种股权性质的投资的可收回金额。本项目应根据“长期股权投资”科目的期末余额，减去“长期投资减值准备”科目中有关股权投资减值准备期末余额后的金额填列。

(16)“长期应收款”项目，反映企业持有的长期应收款的可收回金额。本项目应根据“长期应收款”科目的期末余额，减去“坏账准备”科目所属相关明细科目期末余额，再减去“未确认融资收益”科目期末余额后的金额分析计算填列。

(17)“固定资产”项目，反映企业的固定资产可收回金额。本项目应根据“固定资产”科目的期末余额，减去“累计折旧”、“固定资产减值准备”科目期末余额后的金额填列。

(18)“在建工程”项目，反映企业期末各项未完工程的实际支出，包括交付安装的设备价值，未完建筑安装工程已经耗用的材料、工资和费用支出、预付出包工程的价款、已经建筑安装完毕但尚未交付使用的工程等的可收回金额。本项目应根据“在建工程”科目的期末余额填列。

(19)“工程物资”项目，反映企业各项工程尚未使用的工程物资的实际成本。本项目应根据“工程物资”科目的期末余额填列。

(20)“固定资产清理”项目，反映企业因出售、毁损、报废等原因转入清理但尚未清理完毕的固定资产的账面价值，以及固定资产清理过程中所发生的清理费用和变价收入等各项金额的差额。本项目应根据“固定资产清理”科目的期末借方余额填列；如“固定资产清理”科目期末为贷方余额，以“-”号填列。

(21)“无形资产”项目，反映企业各项无形资产的期末可收回金额。本项目应根据“无形资产”科目的期末余额，减去“累计摊销”、“无形资产减值准备”科目期末余额后的金额填列。

(22)“递延所得税资产”项目，反映企业确认的递延所得税资产。本项目应根据“递延所得税资产”科目期末余额分析填列。

(23)“其他非流动资产”项目，反映企业除以上资产以外的其他长期资产。本项目应根据有关科目的期末余额填列。如其他长期资产价值较大的，应在会计报表附注中披露其内容和金额。

(24)“短期借款”项目，反映企业借入尚未归还的1年期以下（含1年）的借款。本项目应根据“短期借款”科目的期末余额填列。

(25)“交易性金融负债”项目，反映企业为交易而发生的金融负债，包括以公允价值计量且其变动计入当期损益的金融负债。本项目应根据“交易性金融负债”等科目的期末余额分析填列。

(26)“应付票据”项目，反映企业为了抵付货款等而开出、承兑的尚未到期付款的应付票据，包括银行承兑汇票和商业承兑汇票。本项目应根据“应付票据”科目的期末余额填列。

(27)“应付账款”项目，反映企业购买原材料、商品和接受劳务供应等而应付给供应单位的款项。本项目应根据“应付账款”科目所属各有关明细科目的期末贷方余额合计填列；如“应付账款”科目所属各明细科目期末有借方余额，应在本表“预付账款”项目内填列。

(28)“预收款项”项目，反映企业预收购买单位的账款。本项目应根据“预收账款”科目所属各有关明细科目的期末贷方余额合计填列。如“预收账款”科目所属有关明细科目有借方余额的，应在本表“应收账款”项目内填列；如“应收账款”科目所属明细科目有贷方余额的，也应包括在本项目内。

(29)“应付职工薪酬”项目，反映企业应付未付的职工薪酬。本项目应根据“应付职工薪酬”科目期末贷方余额填列。如“应付职工薪酬”科目期末为借方余额，以“-”号填列。

(30)“应交税费”项目，反映企业期末未交、多交或未抵扣的各种税费。本项目应根据“应交税费”科目的期末贷方余额填列；如“应交税费”科目期末为借方余额，以“-”号填列。

(31)“应付利息”项目，反映企业应付未付的利息。本项目应根据“应付利息”科目的期末贷方余额填列。

(32)“应付股利”项目，反映企业尚未支付的现金股利。本项目应根据“应付股利”科目的期末余额填列。

(33)“其他应付款”项目，反映企业所有应付和暂收其他单位和个人的款项。本项目应根据“其他应付款”科目的期末余额填列。

(34)“预计负债”项目，反映企业预计负债的期末余额。本项目应根据“预计负债”科目的期末余额填列。

(35)“一年内到期的非流动负债”项目，反映企业承担的将于一年内到期的非流动负债。本项目应根据有关非流动负债科目的期末余额分析计算填列。

(36)“其他流动负债”项目，反映企业除以上流动负债以外的其他流动负债。本项目应根据有关科目的期末余额填列，如“待转资产价值”科目的期末余额可在本项目内反映。其他流动负债价值较大的，应在会计报表附注中披露其内容及金额。

(37)“长期借款”项目，反映企业借入尚未归还的1年期以上（不含1年）的借款本息。本项目应根据“长期借款”科目的期末余额填列。

(38)“应付债券”项目，反映企业发行的尚未偿还的各种长期债券的本息。

本项目应根据“应付债券”科目的期末余额填列。

(39)“长期应付款”项目，反映企业除长期借款和应付债券以外的其他各种长期应付款。本项目应根据“长期应付款”科目的期末余额，减去“未确认融资费用”科目期末余额后的金额填列。

(40)“递延所得税负债”项目，反映企业确认的递延所得税负债。本项目应根据“递延所得税负债”科目期末余额分析填列。

“其他非流动负债”项目，反映企业除以上负非流动债项目以外的其他非流动负债。本项目应根据有关科目的期末余额填列。如其他非流动负债价值较大的，应在会计报表附注中披露其内容和金额。

(41)“实收资本（或股本)”项目，反映企业各投资者实际投入的资本（或股本）总额。本项目应根据“实收资本”（或“股本”）科目的期末余额填列。

(42)“资本公积”项目，反映企业资本公积的期末余额。本项目应根据“资本公积”科目的期末余额填列。

(43)“盈余公积”项目，反映企业盈余公积的期末余额。本项目应根据“盈余公积”科目的期末余额填列。

(44)“未分配利润”项目，反映企业尚未分配的利润。本项目应根据“本年利润”科目和“利润分配”科目的余额计算填列。未弥补的亏损，在本项目内以“-”号填列。

（三）资产负债表的编制方法举例

从上述具体项目的填列方法分析，可将资产负债表的编制方法归纳为以下几种：

(1) 根据总账科目的余额填列。资产负债表中大多数项目是根据有关总账科目的余额填列的。例如，交易性金融资产、固定资产清理、长期待摊费用、递延所得税资产、短期借款、交易性金融负债、应付票据、应付职工薪酬、应交税费、应付利息、应付股利、其他应付款、递延所得税负债、实收资本、资本公积、库存股、盈余公积等项目。

(2) 根据总账科目的余额计算填列。例如，“货币资金”项目，应根据“现金”、“银行存款”、“其他货币资金”等总账科目的期末借方余额汇总后填列。

(3) 根据有关明细科目的余额计算填列。例如，“预付账款”项目，应根据“预付账款”和“应付账款”两个总账科目所属各明细科目的借方余额合计后填列；“应付账款”项目，应根据“应付账款”和“预付账款”总账科目所属明细科目的贷方余额合计后填列；“预收账款”项目，应根据“预收账款”和“应收账款”两个总账科目所属各明细科目的贷方余额合计后填列；“应收账款”项目，应根据“预收账款”和“应收账款”两个总账科目所属各明细科目的借方余额合计后填列。

（4）根据有关总账科目和明细科目的余额分析计算填列。例如，“长期应收款”项目，应当根据“长期应收款”总账科目余额，减去“未实现融资收益”总账科目余额，再减去所属相关明细科目中将于一年内到期的部分填列；“长期借款”项目，应当根据“长期借款”总账科目余额，减去“长期借款”科目所属明细科目中将于一年内到期的部分填列；“应付债券”项目，应当根据“应付债券”总账科目余额，减去“应付债券”科目所属明细科目中将于一年内到期的部分填列；“长期应付款”项目，应当根据“长期应付款”总账科目余额，减去“未确认融资费用”总账科目余额，再减去所属相关明细科目中将于一年内到期的部分填列。

（5）根据总账科目与其备抵科目抵销后的净额填列。例如，“存货”项目，应根据“材料采购”、“原材料”、“产成品”、“生产成本”等总账科目的借方余额计算后，减去“存货跌价准备”总账科目的贷方余额后填列；“持有至到期投资”项目，应当根据“持有至到期投资”科目期末余额，减去“持有至到期投资减值准备”科目期末余额后的金额填列；“固定资产”项目，应当根据“固定资产”科目期末余额，减去“累计折旧”、“固定资产减值准备”等科目期末余额后的金额填列。

【例 8－1】齐鲁有限责任公司 2014 年 12 月 31 日的资产负债表（年初余额略）及 2015 年 12 月 31 日的科目余额表分别如表 8－2 和表 8－3 所示。请编制该公司 2015 年的资产负债表。

表 8－2 资产负债表 会企 01 表

编报单位：齐鲁有限责任公司 编制时间：2014 年 12 月 31 日 单位：元

资产	年末	负债和所有者权益	年末
流动资产：		流动负债：	
货币资金	2 812 600	短期借款	600 000
交易性金融资产	30 000	交易性金融负债	0
应收票据	492 000	应付票据	400 000
应收账款	598 200	应付账款	1 907 600
预付款项	200 000	预收款项	0
应收利息	0	应付职工薪酬	220 000
应收股利	0	应交税费	73 200

续表

资产	年末	负债和所有者权益	年末
其他应收款	10 000	应付利息	2 000
存货	5 160 000	应付股利	0
一年内到期的非流动资产	0	其他应付款	100 000
其他流动资产	200 000	一年内到期的非流动负债	2 000 000
流动资产合计	9 502 800	其他流动负债	0
非流动资产：		流动负债合计	5 302 800
可供出售金融资产	0	非流动负债：	
持有至到期投资	0	长期借款	1 200 000
长期应收款	0	应付债券	0
长期股权投资	500 000	长期应付款	0
投资性房地产	0	专项应付款	0
固定资产	2 200 000	预计负债	0
在建工程	3 000 000	递延所得税负债	0
工程物资	0	其他非流动负债	0
固定资产清理	0	非流动负债合计	1 200 000
生产性生物资产	0	负债合计	6 502 800
油气资产	0	股东权益：	
无形资产	1 200 000	股本	10 000 000
开发支出	0	资本公积	0
商誉	0	减：库存股	0
长期待摊费用	0	盈余公积	200 000
递延所得税资产	0	未分配利润	100 000
其他非流动资产	400 000	股东权益合计	10 300 000
非流动资产合计	7 300 000		
资产合计	16 802 800	负债和股东权益合计	16 802 800

表 8－3　　　　**科目余额表**

2015 年 12 月 31 日　　　　单位：元

账户名称	借方余额	账户名称	贷方余额
库存现金	4 000	短期借款	100 000
银行存款	1 572 270	应付票据	200 000
其他货币资金	14 600	应付账款	1 907 600
交易性金融资产	0	其他应付款	100 000
应收票据	132 000	应付职工薪酬	60 000

续表

账户名称	借方余额	账户名称	贷方余额
应收账款	1 200 000	应交税费	453 462
坏账准备	-3 600	应付利息	0
预付账款	200 000	应付股利	64 431.70
其他应收款	10 000	一年内到期的非流动负债	0
材料采购	550 000	长期借款	2 320 000
原材料	90 000	股本	10 000 000
生产成本	76 100	盈余公积	249 540.80
库存商品	4 244 800	未分配利润	381 435.50
材料成本差异	8 500		
其他流动资产	180 000		
长期股权投资	500 000		
固定资产	4 802 000		
累计折旧	-340 000		
固定资产减值准备	-60 000		
工程物资	300 000		
在建工程	1 156 000		
无形资产	1 200 000		
累计摊销	-120 000		
递延所得税资产	19 800		
其他非流动资产	400 000		
合计	16 136 470	合计	16 136 470

根据表 8-2、表 8-3，编制 2015 年资产负债表如表 8-4 所示。

表 8-4 资产负债表 会企 01 表

编报单位：齐鲁有限责任公司 编制时间：2015 年 12 月 31 日 单位：元

资产	年末	年初	负债和所有者权益	年末	年初
流动资产：			流动负债：		
货币资金	1 590 870	2 812 600	短期借款	100 000	600 000
交易性金融资产	0	30 000	交易性金融负债	0	0
应收票据	132 000	492 000	应付票据	200 000	400 000
应收账款	1 196 400	598 200	应付账款	1 907 600	1 907 600
预付款项	200 000	200 000	预收款项	0	0
应收利息	0	0	应付职工薪酬	360 000	220 000

续表

资产	年末	年初	负债和所有者权益	年末	年初
应收股利	0	0	应交税费	453 462	73 200
其他应收款	10 000	10 000	应付利息	0	2 000
存货	4 969 400	5 160 000	应付股利	64 431.7	0
一年内到期的非流动资产	0	0	其他应付款	100 000	100 000
其他流动资产	180 000	200 000	一年内到期非流动负债	0	2 000 000
流动资产合计	8 278 670	9 502 800	其他流动负债	0	0
非流动资产：			流动负债合计	3 185 493.7	5 302 800
可供出售金融资产	0	0	非流动负债：		
持有至到期投资	0	0	长期借款	2 320 000	1 200 000
长期应收款	0	0	应付债券	0	0
长期股权投资	500 000	500 000	长期应付款	0	0
投资性房地产	0	0	专项应付款	0	0
固定资产	4 402 000	2 200 000	预计负债	0	0
在建工程	1 156 000	3 000 000	递延所得税负债	0	0
工程物资	300 000	0	其他非流动负债	0	0
固定资产清理	0	0	非流动负债合计	2 320 000	1 200 000
生产性生物资产	0	0	负债合计	5 505 493.7	6 502 800
油气资产	0	0	所有者权益（或股东权益）：		
无形资产	1 080 000	1 200 000	实收资本（或股本）	10 000 000	10 000 000
开发支出	0	0	资本公积	0	0
商誉	0	0	减：库存股	0	0
长摊待摊费用	0	0	盈余公积	249 540.8	200 000
递延所得税资产	19 800	0	未分配利润	381 435.5	100 000
其他非流动资产	400 000	400 000	股东权益合计	10 630 976.3	10 300 000
非流动资产合计	7 857 800	7 300 000			
资产合计	16 136 470	16 802 800	负债和所有者权益合计	16 136 470	16 802 800

第三节 利 润 表

一、利润表的概念和作用

利润表，是反映企业在一定会计期间经营成果的会计报表。总括反映企业在一定时期（年度、季度或月份）内的经营成果及利润（或亏损）的实际情况。

利润表可以提供的信息有：(1) 企业在一定时期内取得的全部收入，包括营业收入、投资收益和营业外收入。(2) 企业在一定时期内发生的全部费用和支出，包括营业成本、销售费用、管理费用、财务费用和营业外支出。(3) 全部收入与支出相抵后计算出企业一定时期内实现的利润（或亏损）总额。

通过利润表，可以从总体上了解企业收入、费用和净利润（或亏损）的实现和构成情况，用以分析企业的盈利能力和亏损原因。企业的外部使用者可以根据报表提供的信息评比对企业投资的价值和报酬，判断企业的资本是否保全以进行各自的经济决策；企业的内部管理人员则可以据此分析、考核企业经营目标及利润计划的执行结果，并从利润的构成入手，分析影响利润的主要因素及利润增减变动的原因，发现存在的问题，采取有效的措施，加强和改善内部经营管理，以进一步提高企业的经济效益。

二、利润表的格式与内容

利润表一般包括表首、正表两部分。其中，表首概括说明报表名称、编制单位、编制日期、报表编号、货币名称、计量单位；正表是利润表的主体，反映形成经营成果的各个项目和计算过程。正表的格式一般有两种：单步式利润表和多步式利润表。单步式利润表是将当期所有的收入列在一起，然后将所有的费用列在一起，两者相减得出当期净损益。多步式利润表是通过对当期的收入、费用、支出项目按性质加以归类，按利润形成的主要环节列示一些中间性的利润指标，如营业利润、利润总额、净利润，分步计算当期净损益。在我国，利润表一般采用多步式，具体格式如表 8 - 5 所示。

利润表主要包括以下五个方面的内容：

（一）营业收入

营业收入由主营业务收入和其他业务收入组成。

（二）营业利润

营业收入减去营业成本（主营业务成本、其他业务成本）、营业税金及附加、销售费用、管理费用、财务费用、资产减值损失、加上公允价值变动收益、投资收益，即为营业利润。

（三）利润总额

营业利润加上营业外收入，减去营业外支出，即为利润总额。

（四）净利润

利润总额减去所得税费用，即为净利润。

(五) 每股收益

每股收益包括基本每股收益和稀释每股收益两项指标。

表8-5 **利润表** 会企02表

编报单位： 年 月 单位：元

项　目	本期数	上期数
一、营业收入		
减：营业成本		
营业税金及附加		
销售费用		
管理费用		
财务费用		
资产减值损失		
加：公允价值变动收益（损失以“-”号填列）		
投资收益（损失以“-”号填列）		
其中：对联营企业和合并企业的投资收益		
二、营业利润（亏损以“-”号填列）		
加：营业外收入		
减：营业外支出		
其中：非流动资产处置损失		
三、利润总额（净亏损以“-”号填列）		
减：所得税费用		
四、净利润		
五、每股收益：		
（一）基本每股收益		
（二）稀释每股收益		

三、利润表的编制方法

(一) 利润表中的“本期数”与“上期数”

企业会计准则要求：会计报表至少应当反映相关两个期间的比较数据。也就是说，企业需要提供比较利润表，所以，利润表各项目需要分为“本期数”和“上期数”两栏分别填列。

利润表中“本期数”栏反映各项目的本期实际发生数。在编报月、季度、半年利润表时，填列上年同期实际发生数；在编报年度利润表时，填列上年全年实际发生数。如果上年度利润表与本年度利润表的项目名称和内容不一致，应对上年度利润表项目的名称和数字按本年度的规定进行调整，填入本表“上期数”栏。

（二）利润表各项目的填列

利润表中的各个项目，都是根据有关会计科目记录的本期实际发生数和累计发生数分别填列的。

（1）“营业收入”项目，反映企业经营活动所取得的收入总额。本项目应根据“主营业务收入”、“其他业务收入”等科目的发生额分析填列。

（2）“营业成本”项目，反映企业经营活动发生的实际成本。本项目应根据“主营业务成本”、“其他业务成本”等科目的发生额分析填列。

（3）“营业税金及附加”项目，反映企业经营活动应负担的营业税、消费税、城市维护建设税、资源税、土地增值税和教育费附加等。本项目应根据“营业税金及附加”科目的发生额分析填列。

（4）“销售费用”项目，反映企业在销售商品和商品流通企业在购入商品等过程中发生的费用。本项目应根据“营业费用”科目的发生额分析填列。

（5）“管理费用”项目，反映企业发生的管理费用。本项目应根据“管理费用”科目的发生额分析填列。

（6）“财务费用”项目，反映企业发生的财务费用。本项目应根据“财务费用”科目的发生额分析填列。

（7）“资产减值损失”项目，反映企业确认的资产减值损失。本项目应根据“资产减值损失”科目的发生额分析填列。

（8）“公允价值变动损益”项目，反映企业确认的交易性金融资产或交易性金融负债的公允价值变动额。本项目应根据“公允价值变动损益”科目的发生额分析填列。

（9）“投资收益”项目，反映企业以各种方式对外投资所取得的收益。本项目应根据“投资收益”科目的发生额分析填列；如为投资损失，以“-”号填列。

（10）“营业外收入”项目和“营业外支出”项目，反映企业发生的与其生产经营无直接关系的各项收入和支出。这两个项目应分别根据“营业外收入”科目和“营业外支出”科目的发生额分析填列。

（11）“利润总额”项目，反映企业实现的利润总额。如为亏损总额，以“-”号填列。

（12）“所得税”项目，反映企业按规定从本期损益中减去的所得税。本项目应根据“所得税”科目的发生额分析填列。

（13）“净利润”项目，反映企业实现的净利润。如为净亏损，以“－”号填列。

（14）“基本每股收益”和“稀释每股收益”项目，反映企业根据每股收益准则计算的两种每股收益指标的金额。

（三）利润表的编制方法举例

从上述具体项目的填列方法分析，利润表的填列方法可归纳为以下两种：

（1）根据账户的发生额分析填列。利润表中的大部分项目都可以根据账户的发生额分析填列，如销售费用、营业税金及附加、管理费用、财务费用、营业外收入、营业外支出、所得税等。

（2）根据报表项目之间的关系计算填列。利润表中的某些项目需要根据项目之间的关系计算填列，如营业利润、利润总额、净利润等。

【例8－2】齐鲁有限责任公司2015年度损益类科目本年累计发生净额如表8－6所示。

表8－6　　2015年度损益类科目累计发生净额　　单位：元

科目名称	借方发生额	贷方发生额
主营业务收入		3 750 000
主营业务成本	2 250 000	
营业税金及附加	6 000	
销售费用	210 000	
管理费用	220 000	
财务费用	124 500	
资产减值损失	104 000	
投资收益		154 500
营业外收入		150 000
营业外支出	59 100	
所得税费用	307 197	

根据上述资料编制该企业2015年度利润表如表8－7所示。

表8－7　　利润表　　会企02表

编制单位：齐鲁有限责任公司　　2015年度　　单位：元

项　　目	本期金额	上期金额（略）
一、营业收入	3 750 000	
减：营业成本	2 250 000	
营业税金及附加	6 000	

续表

项　　目	本期金额	上期金额（略）
销售费用	210 000	
管理费用	220 000	
财务费用	124 500	
资产减值损失	104 000	
加：公允价值变动收益（损失以“－”号填列）	0	
投资收益（损失以“－”号填列）	154 500	
其中：对联营企业和合营企业的投资收益	0	
二、营业利润（亏损以“－”号填列）	990 000	
加：营业外收入	150 000	
减：营业外支出	59 100	
其中：非流动资产处置损失	（略）	
三、利润总额（亏损总额以“－”号填列）	1 080 900	
减：所得税费用	307 197	
四、净利润（净亏损以“－”号填列）	773 703	
五、每股收益：	（略）	
（一）基本每股收益		
（二）稀释每股收益		

第四节　财务报表分析

一、会计报表分析的基本方法

（一）比较分析法

比较分析法以企业当年所编制的财务报表信息为依据，与前期、计划及同行业或资本市场平均水平等指标进行对比，提供有关企业当期经营业绩大致变化水平的信息。

1. 公司内部比较分析

企业内部比较分析是指对企业内部有关部门数据进行对比分析，包括趋势分析和总体结构分析。

趋势分析包括绝对数趋势分析和百分比趋势分析，是以企业现在和过去的历史资料相比较，以评价企业财务业绩和状况的方法。

总体结构分析又叫纵向分析，是以百分比的形式表述公司在一个特定期间内，财务报表项目与某一共同项目之间的关系。

2. 公司间的比较分析

公司间的比较分析是将公司的业绩与竞争对手的业绩相比、与整个行业比较或与相关的企业相比。在比较分析时，可以比较一期，也可以与过去多期相比较。比较的基础可以是比率、发展趋势或结构。

（二）比率分析法

比率分析法是指利用同一时期财务报表中两项相关数值之比来揭示企业的财务状况、经营成果及相关项目之间内在联系的分析方法。是最基本的分析方法，在实践中得到最为广泛的应用。

二、会计报表的具体比率分析

（一）盈利能力分析

盈利能力比率考核企业的盈利能力，具体指利润与投入资产的关系。用以反映企业盈利能力的比率，一般有资产报酬率、所有者权益报酬率、销售毛利率等。

（1）资产报酬率。也称全部资产报酬率，指的是息前利润与平均资产总额的比率，以反映运用全部经济资源的获利能力。其计算公式如下：

资产报酬率 = 息前利润/平均总资产

其中息前利润计算为“净利润 + 利息费用/(1 – 税率)”。资产报酬率越高，表明投资盈利水平就越高，企业获利能力也越强；反之则相反。

（2）净资产报酬率。也称所有者权益报酬率，指的是净利润与净资产的比率，它是反映企业获利能力的一个重要指标。其计算公式如下：

净资产报酬率 = 净利润/净资产平均余额

该比率越大，表明企业所有者所享有的净利润就越多，投资盈利水平就越高，企业获利能力相应地也越强；反则亦然。

（3）销售毛利率。也称边际利润率，是指销售利润总额和销售收入净额的比率。其计算公式如下：

销售毛利率 = 产品销售利润总额/产品销售收入净额

该比率通常用于衡量企业产品销售收入的获利能力，包括对销售过程成本和费用的控制能力。企业的销售成本和期间费用越低，企业销售收入的获利能力就越高。

（二）资产运营效率分析

资产运营效率比率也称周转比率，是反映企业资产运转快慢、评价企业资产流动性的方法。

（1）资产周转率。指的是销售收入净额与资产总额的比率，反映企业对其所拥有的全部资产的有效利用程度。其计算公式如下：

资产周转率 = 销售收入净额/资产平均余额

一般而言，当其他条件不变的情况下，销售上升时，资产周转率也上升，表明企业各项资产的运用效率提高，企业管理水平上升；反之亦然。

（2）应收账数周转率。也称应收账款周转次数，指的是企业销售净额与应收账款平均余额的比率，用以反映企业应收账款收回的速度和管理效率。其计算公式如下：

应收账款周转率 = 销售收入净额/应收账款平均余额

应收账款平均收账期 =（应收账款平均余额/销售收入净额）×365

= 365/应收账款周转率

上式中，销售净额是销售收入（包括赊销收入和现销收入）扣除销售退回、折扣与折让后的净额。应收账款平均余额应按应收票据和应收账款扣除坏账准备后的净额的期初余额和期末余额平均计算。

应收账款周转率越高，表明应收账款的管理效率越高，短期偿债能力越强。因为该比率越高，说明企业收款迅速，可减少坏账损失而且资产的流动性强，偿债能力也强。但过高的应收账款周转率也可能说明企业在赊销政策方面存在问题，或为及早收回款项而给予顾客过高的现金折扣，从而降低企业的盈利水平，或奉行严格的信用政策，付款条件过于苛刻，从而虽然降低了应收账款数额，但同时限制了企业销售量，影响企业的销售收入，最终影响企业的盈利水平。

（3）存货周转率。也称存货利用率，指的是企业在某一特定期间的销售成本同存货平均余额的比率，反映企业在特定期间的存货周转速度，以衡量企业销售商品的能力、经营绩效及偿债能力。其计算公式如下：

存货周转率 = 销售成本/平均存货

存货平均周转天数 =（平均存货/销售成本）×365 = 365/存货周转率

一般来说，该比率越高越好。该比率高，表明企业存货管理越有效率，存货变现能力越强。存货周转率越高，存货积压的风险相对降低，资产使用效率也越高。但过高的周转率也可能表明该企业的存货管理水平过低，从而导致经常缺货影响正常生产经营活动进行；或由于采购次数过于频繁，每次订量过小而增加存货采购成本。存货周转率过低，往往表明存货管理不善，造成资金沉淀，销售不畅，存货积压。

（4）应付账款周转率。是指年内应付账款的周转次数或周转天数。计算公式如下：

应付账款周转率 = 购货成本/应付账款平均余额

应付账款平均周转天数 =(应付账款平均余额/购货成本)×365

=365/应付账款周转天数

其中购货成本是销货成本加上期末存货成本减去期初存货成本。周转次数越高或平均周转天数越低，表明购买存货和现金支付之间的时间就越短。

(三) 短期偿债能力分析

流动性比率是考察短期偿债能力的指标，关键比率主要有流动比率、速动比率、现金比率、速动资产够用天数等。

(1) 流动比率。指的是企业流动资产总额与流动负债总额的比率，用以衡量企业在某一时点用现有的流动资产去偿还到期流动负债的能力。计算公式如下：

流动比率 = 流动资产/流动负债

一般来说，该比率越高，表明企业资产的流动性越大，变现能力越强，短期偿债能力相应越高。长期经验证明，流动比率一般维持在 2:1 或 200% 左右，就视为企业具有充裕的短期偿债能力，为此，流动比率习惯上也称为 2 与 1 比率。

(2) 速动比率。尽管流动比率能较好地反映企业资产的流动性和短期偿债能力，但由于流动资产包括了一部分流动性较差的资产如存货和部分几乎没有变现能力的资产如待摊费用（或预付费用）。如果这部分资产在流动资产中所占份额较高，流动比率用于衡量企业短期偿债能力的作用将大打折扣。为此，实践中产生了一种新的比率，即将流动资产中变现能力较差的资产如存货和待摊费用剔除，形成所谓“速动资产”。以速动资产总额与流动负债总额比较，就是“速动比率”，也称“酸性测验比率”（acid test ratio）。它用于衡量企业在某一时点运用随时可变现流动资产偿付到期流动负债的能力。计算公式如下：

速动资产 = 流动资产 - 存货 - 待摊费用

速动比率 = 速动资产/流动负债

一般来说，速动比率应维持在 1:1 或 100% 以上，即速动资产应至少与流动负债相等，企业才具有较强的短期偿债能力，短期债权人如期收回债权的安全系数高。

(3) 现金比率。如果一个企业处于财务困境，它的存货和应收账款被抵押或者流动不畅，企业的偿债能力降低，则企业资产的流动性只有依靠现金和有价证券。因此评价企业短期偿债能力的最佳指标是现金比率，其计算公式为：

现金比率 =(现金 + 有价证券)/流动负债

(4) 速动资产够用天数。速动资产够用天数指现有速动资产可以支持企业日常现金支出的天数，其计算公式为：

速动资产够用天数 = 速动资产/每日经营支出

上式中每日经营支出是通过销售成本加上销售和管理费用及其他现金支出，再除以 365 天后计算求得。

速动资产够用天数为投资者在决定企业满足日常经营支出的能力方面建立了一个安全范围。它反映企业可以用部分速动资产偿还短期负债而不会影响日常支付的能力。如果速动资产够用天数较高，一方面说明企业具有较强的短期偿债能力，另一方面也表明企业具有较高的自我保护能力。

（四）资本结构比率分析

资本结构比率是反映企业长期偿债能力的指标，它向企业的长期债券持有人和股东提供对公司投资安全（风险）程度的信息。

（1）资产负债率。也称举债经营比率。指的是负债总额与资产总额之比，它通过企业由债权人提供的资本占资产总额的比重，表明企业负债水平高低和长期偿债能力，反映债权人提供贷款的安全程度。计算公式如下：

资产负债率 = 负债总额/资产总额

一般来说，负债比率越小，资产对债权人的保障程度就越高。因为它说明企业资产中，债权人提供的资金越少，所有者投入的资金就越多，这样企业本身的财力就越强；反之，负债比率越高，企业长期偿能力越差，债权人收回债权的保障就越低，债权人面临的风险就越大。如果负债比率大于100%，则表明企业已资不抵债，面临破产的危险，债权人将蒙受损失。

（2）财务杠杆。财务杠杆是指企业在安排资本结构时，合理安排借入资金与股东权益的比例。当借入资金的投资报酬率高于利息率时，借入资金对股东权益的比率越大，股东权益报酬率越高。反之亦然。

财务杠杆 = 资产总额/所有者权益总额

（3）利息保障倍数。利息保障倍数是用息税前收益除以利息费用得出的，常用于评价公司所赚取收益支付利息费用的能力和债权人在公司投资的安全性。其计算公式为：

利息保障倍数 =（税前利润 + 利息费用）/利息费用

一般而言，利息保障倍数越高，公司支付利息的能力就越强。

（五）股东盈利比率分析

股东盈利比率是反映公司股东获利目标的指标。

（1）每股收益。每股收益是财务分析中最重要的指标之一。每股收益的计算相当复杂，如果公司资本结构中没有可能冲减每股收益的证券，每股收益可以简单地通过净利润减去优先股股利再除以发行在外的普通股加权平均数进行计算。

每股收益 =（净利润 - 优先股股利）/流通在外普通股加权平均数

在分析每股收益时，应注意公司可以利用股票回购的方式减少发行在外的普通股股份数，使每股收益简单增加。另外，如果公司派发股票股利或配售股票，就会使流通在外的股份数增加，这样将会稀释每股收益，因此要计算摊薄每股收益。

与每股收益相对应的是每股经营现金流量，可以反映会计收益是否伴随着相应的经营现金流入，有助于衡量会计收益质量。其计算公式为：

每股经营现金流量＝(经营现金流量－优先股股利)/流通在外普通股加权平均数

(2) 市盈率。也称价格与收益比率，是指普通股每股市价与每股盈利（收益）的比率。其计算公式为：

市盈率＝普通股每股市价/普通股每股收益

该比率常常被投资者作为判断股票价格是否具有吸引力的一种依据。它反映股东每得1元收益所需要付出的代价。从理论上讲，市盈率越低的股票越具有投资价值。与其他类似公司相比，市盈率越高，表明该公司股价中泡沫成分可能越多。运用这一指标时，要考虑公司的成长性。

(3) 股利支付率。股利支付率是现金股利与净收益的比率。该比率不考虑发行在外的优先股，它主要衡量在普通股的每股收益中，有多大比例用于支付股利。其计算公式为：

股利支付率＝现金股利/(净利润－优先股股利)

（六）财务比率的综合分析

财务比率之间具有内在的经济关系，如总资产报酬率就是由净利润和总资产周转率相乘得到的，这两个比率中的任何一个发生变化，都会导致总资产报酬率的变化。财务比率之间的这种相互关系对财务分析具有非常重要的意义。杜邦分析就是财务比率综合分析的一个典型例子。

杜邦分析法，又称杜邦财务分析体系，简称杜邦体系，是利用各主要财务比率指标间的内在联系，对企业财务状况及经济效益进行综合系统分析评价的方法。该体系是以净资产收益率为龙头，以资产净利率和权益乘数为核心，重点揭示企业获利能力及权益乘数对净资产收益率的影响，以及各相关指标间的相互影响关系。

因其最初由美国杜邦公司成功应用，所以得名。杜邦分析法中的几种主要的财务指标关系为：

净资产收益率＝资产净利率×权益乘数

资产净利率＝销售净利率×资产周转率

净资产收益率＝销售净利率×资产周转率×权益乘数

其中，权益乘数等于资产总额除以权益总额，总资产周转率等于销售收入除以资产总额，销售净利率等于净利润除以销售收入。其实也可以直接将净利润除以权益总额得出。但是分解成三块的原因是分别从资产周转速度（资产套现能力）、销售能力和资产结构来分析公司的经营状况。

杜邦分析法有助于企业管理层更加清晰地看到权益资本收益率的决定因素，以及销售净利润率与总资产周转率、债务比率之间的相互关联关系，给管理层提供了一张明晰的考察公司资产管理效率和是否最大化股东投资回报的路线图。

杜邦分析模型结构如图 8－1 所示。

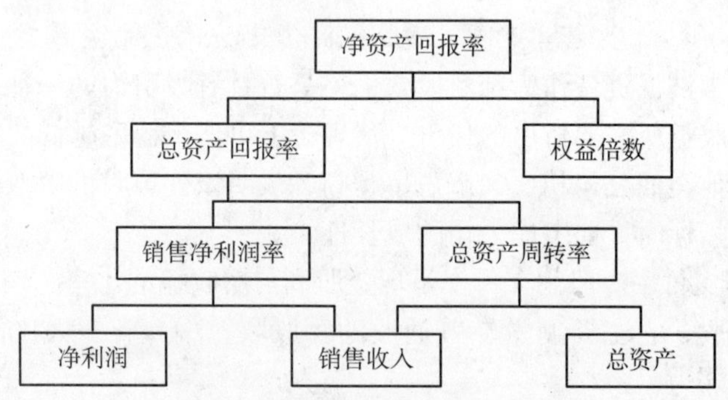

净资产回报率 = 资产回报率 × 财务杠杆（权益倍数）
资产回报率 = 销售利润率 × 资产周转率
财务杠杆 = 总资产 / 所有者权益

图 8－1　杜邦分析模型结构图

杜邦分析法几个指标所表现的含义：

销售净利润率：产品的盈利能力，我们在分析的时候可以以单独的产品来进行，也可以以产品线来确认销售净利润率。

资产周转率：反映资产管理的效率。

财务杠杆：反映公司利用财务融资对所有者投资回报的促进作用。

第九章　账务处理程序

第一节　账务处理程序概述

在会计工作中，除了进行会计凭证的填制、账簿的设置和登记，以及会计报表的编制，还必须明确会计凭证、账簿和会计报表之间的关系，使之构成一个有机的整体。而凭证、账簿和报表之间一定的组织形式，就形成了不同的账务处理程序。

一、账务处理程序的概念及意义

（一）账务处理程序的概念

账务处理程序，也称会计核算组织程序或会计核算形式，是指在会计循环中，会计主体采用的会计凭证、会计账簿、会计报表的种类和格式与记账程序有机结合的方法和步骤。不同的账务处理程序规定了填制会计凭证、登记账簿、编制会计报表的不同步骤和方法。

1. 会计循环

会计循环是指一个会计主体在一定的会计期间内，从交易或事项发生取得或填制会计凭证起，到登记账簿、编制会计报表止的一系列处理程序。之所以称为循环，是指上述程序按照会计期间，周而复始地进行会计信息处理。一个完整的会计循环过程主要包括：

（1）根据原始凭证填制记账凭证，并采用复式记账法编制经济业务的会计分录；

（2）根据审核无误的记账凭证登记相关的日记账、明细分类账和总分类账户；

（3）根据分类账户的记录编制结账前试算表；

（4）期末按照权责发生制基础的要求编制调整分录并予以过账；

（5）编制结账分录，结清损益类账户（月末或年末）和利润账户（年末）；

（6）根据全部账户数据资料编制结账后试算表；

（7）编制资产负债表、利润表等会计报表。

其中前三个环节属于会计主体日常的会计核算工作内容；后四个环节属于会计主体在会计期末的会计核算内容。上述过程如图 9－1 所示。

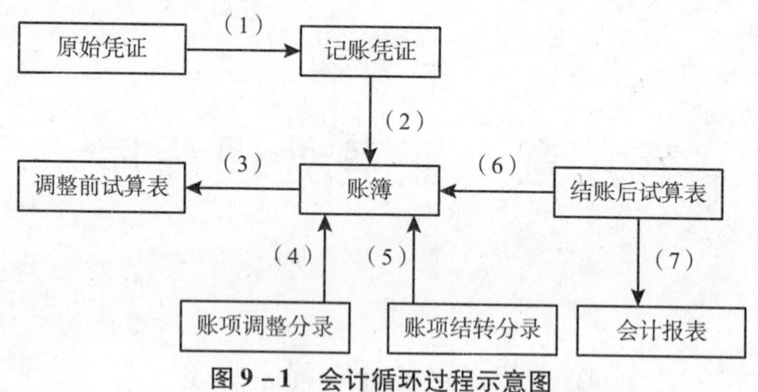

图9-1　会计循环过程示意图

2. 记账程序

记账程序是指企业在会计循环中，利用不同种类和格式的会计凭证、会计账簿和会计报表对发生的经济业务进行记录和反映的具体过程。

在实务工作中，会计凭证、会计账簿和会计报表种类繁多，格式也各不相同。一个特定的会计主体应当根据自身经济管理的特点、经济活动的性质、企业规模的大小、经济业务的多少以及会计机构和人员设置等情况，选择恰当种类和格式的会计凭证、会计账簿和会计报表，以更有效地记录和反映发生的经济业务。这就决定了不同的会计主体所采用的会计凭证、会计账簿和会计报表的种类和格式也有所不同。也就是说，即使是对于相同的经济事项进行账务处理，由于所采用的会计凭证、会计账簿和会计报表的种类和格式不同，会使得不同会计主体采用的记账程序也不同，进而形成各不相同的账务处理程序。这其中最主要的差别是在于对总分类账户进行登记的方法不同。

（二）设计账务处理程序的意义

（1）科学合理的账务处理程序，能够形成规范的会计核算秩序，使会计人员在进行会计核算的过程中能够做到有序可依，有章可循，提高会计核算工作效率，保证会计信息整理、加工和报告的及时性。

（2）科学合理的账务处理程序，能减少不必要的会计核算环节，选用的凭证、账簿和报表种类适当、格式适用、数量适中、节约人力物力和财力，降低会计核算成本。

（3）科学合理的账务处理程序，规定了凭证、账簿之间的相互联系和账务处理的步骤与方法，使会计核算过程受到有效控制和监督，有利于加强内部有关部门和人员之间的牵制，充分发挥会计工作的监督职能。

二、设计账务处理程序的原则

会计主体在确定账务处理程序时，一般要考虑以下基本原则：

（1）充分考虑会计主体的实际情况，主要是其经济活动特点、经济性质、规模的大小、业务的繁简和会计机构与会计人员设置情况等因素，选择适合本单位会计核算工作的账务处理程序。

（2）能准确、全面、系统、及时地完成会计信息的处理，保证会计信息质量。同时，尽可能简化会计核算环节，提高工作效率，节约核算成本。

（3）保证会计人员分工合理，职责明确，不同核算环节之间责任清晰、相互牵制，便于建立岗位责任制。

三、账务处理程序的种类

常用的账务处理程序主要有：

（1）记账凭证账务处理程序。

（2）科目汇总表账务处理程序。

（3）汇总记账凭证账务处理程序。

记账凭证账务处理程序是最基本的账务处理程序，是其他账务处理程序的基础。这些账务处理程序都遵循“凭证—账簿—财务报表”的基本程序，其主要区别在于登记总分类账的依据和方法不同。

第二节　记账凭证账务处理程序

一、记账凭证账务处理程序的基本内容

（一）记账凭证账务处理程序的定义

记账凭证账务处理程序是根据原始凭证（或原始凭证汇总表）填制记账凭证，再根据记账凭证直接逐笔登记总分类账，并定期编制会计报表的一种账务处理程序。它的特点是直接根据记账凭证逐笔登记总分类账。它是最基本的账务处理程序，其他账务处理程序都是以此为基础演变而来的。

（二）记账凭证账务处理程序下记账凭证、会计账簿和会计报表系统

在记账凭证账务处理程序下，记账凭证可以采用两种设置方式：

（1）通用记账凭证。

（2）专用记账凭证，分别设置收款凭证、付款凭证和转账凭证。

会计账簿一般设置有：

（1）日记账，主要是库存现金日记账和银行存款日记账，格式为“借、贷、余”三栏式。

（2）总分类账，均采用“借、贷、余”三栏式。

（3）明细分类账，根据需要可采用“借、贷、余”三栏式、多栏式或数量金额式。

会计报表主要是资产负债表、利润表和现金流量表。国家颁布的会计准则中对会计报表的格式做了统一的规定，所以，无论哪种账务处理程序下，会计报表系统的种类和格式都没有太大的区别，因此，在对账务处理程序的研究中，会计报表系统的种类和格式不再进行讨论。

（三）记账凭证账务处理的基本步骤

在记账凭证账务处理程序下，对经济业务进行处理主要包括以下步骤：

1. 根据原始凭证或原始凭证汇总表，编制收款凭证、付款凭证和转账凭证（或填制通用记账凭证，下同）。

2. 根据收款凭证、付款凭证逐笔登记现金日记账和银行存款日记账。

3. 根据原始凭证或原始凭证汇总表和记账凭证，逐笔登记各种明细分类账。

4. 根据记账凭证逐笔登记总分类账。

5. 月末，将现金日记账、银行存款日记账的余额，以及各明细分类账户余额合计数，分别与总分类账中有关账户的余额进行核对。

6. 月末，根据核对无误的总分类账和各种明细分类账，编制会计报表。

记账凭证账务处理程序的步骤如图 9 – 2 所示。

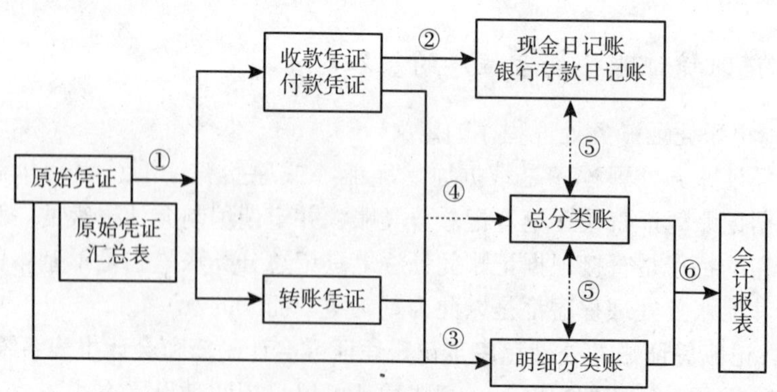

图 9 – 2　记账凭证账务处理程序步骤示意图

二、记账凭证账务处理程序举例

【例 9 – 1】 齐鲁有限责任公司 8 月 5 日购买甲材料 1 000 公斤，单价 10 元。用银行存款支付材料价款 10 000 元，材料已入库（假设不考虑增值税）。

根据记账凭证账务处理程序的步骤：

（1）根据原始凭证编制付款凭证如表9－1所示。

表9－1 **付款凭证**

贷方科目：银行存款　　20××年8月5日　　银付字第001号

摘要	借方科目		金额									记账
	总账科目	明细科目	百	十	万	千	百	十	元	角	分	
购买材料	原材料	甲材料			1	0	0	0	0	0	0	√
合计				¥	1	0	0	0	0	0	0	

附原始凭证贰张

财务主管 王翔　　记账 刘晓　　出纳 胡雯　　审核 黄玉峰　　制单 肖慧

（2）根据付款凭证逐笔登记银行存款日记账如表9－2所示。

表9－2 **银行存款日记账** 第×页

20××年		凭证		摘要	对方科目	借方（收入）	贷方（付出）	结余
月	日	字	号					
8	1			承前页				80 000
	5	**付**	**1**	**购买材料**	**原材料**		**10 000**	**70 000**

（3）根据原始凭证和记账凭证，逐笔登记各种明细分类账。此业务涉及的明细账为原材料明细账（数量金额式明细账），如表9－3所示。

表9－3 **原材料明细账**

类别：甲材料　　编号：

品名或规格：　　存放地点：

储备定额：　　计量单位：公斤

20××年		凭证		摘要	收入			发出			结存		
月	日	字	号		数量	单价	金额	数量	单价	金额	数量	单价	金额
8	1			承前页							250	10	2 500
	5	**付**	**1**	**购入**	**1 000**	**10**	**10 000**				**1 250**	**10**	**12 500**

（4）根据记账凭证逐笔登记总分类账。此业务涉及银行存款总分类账（表9－4）和原材料总分类账（表9－5）。

表9－4 **总分类账**

会计科目：银行存款　　　　单位：元　第×页

20××年		凭证		摘要	借方	贷方	借或贷	余额
月	日	字	号					
8	1			承前页			借	80 000
	5	付	1	购进材料		10 000	借	70 000
				本期发生额合计及期末余额				

表9－5 **总分类账**

会计科目：原材料　　　　单位：元　第×页

20××年		凭证		摘要	借方	贷方	借或贷	余额
月	日	字	号					
8	1		承前页				借	2 500
	5	付	1	购进材料	10 000		借	12 500
				本期发生额合计及期末余额				

（5）月末，将现金日记账、银行存款日记账的余额，以及各明细分类账户余额合计数，分别与总分类账中有关账户的余额进行核对。（表略）

（6）月末，根据核对无误的总分类账和各种明细分类账，编制会计报表。（表略）

以上是以银行存款付款凭证为例介绍记账凭证账务处理程序，需填制现金付（收）款凭证、银行收款凭证的相关经济事项的处理与之类似，不再赘述。

【例9－2】 齐鲁有限责任公司8月10日领用原材料甲500公斤，单价10元/公斤，用于A产品的生产。

根据记账凭证账务处理程序的步骤：

（1）根据原始凭证编制转账凭证，如表9－6所示。

表9-6 转账凭证 转字第004号

20××年8月10日

摘要	总账科目	明细科目	借方金额									贷方金额									记账
			百	十	万	千	百	十	元	角	分	百	十	万	千	百	十	元	角	分	
领用材料	生产成本	A产品				5	0	0	0	0	0										√
	原材料	甲材料													5	0	0	0	0	0	√
合计					¥	5	0	0	0	0	0			¥	5	0	0	0	0	0	

附原始凭证×张

财务主管 王翔　　记账 刘晓　　出纳 胡雯　　审核 黄玉峰　　制单 肖慧

（2）根据原始凭证和记账凭证，逐笔登记各种明细分类账，此业务涉及的明细账为生产成本明细账（表9-7）和原材料明细账（表9-8）。

表9-7 生产成本明细账

产品名称：A产品　　第×页

年		凭证		摘要	成本项目			合计
月	日	字	号		直接材料	直接人工	制造费用	
8	1			期初	500	260	310	1 070
	10			材料费用	5 000			5 000

表9-8 原材料明细账

类别：甲材料　　编号：

品名或规格：　　存放地点：

储备定额：　　计量单位：公斤

20××年		凭证		摘要	收入			发出			结存		
月	日	字	号		数量	单价	金额	数量	单价	金额	数量	单价	金额
8	1			承前页							250	10	2 500
	5	付	1	购入	1 000	10	10 000				1 250	10	12 500
	10	转	4	领用				500	10	5 000	750	10	7 500

（3）根据记账凭证逐笔登记总分类账。此业务涉及生产成本总分类账（表9-9）和原材料总分类账（表9-10）。

表 9－9　　　　总分类账

会计科目：生产成本　　　　单位：元　第×页

20××年		凭证		摘要	借方	贷方	借或贷	余额
月	日	字	号					
8	1			承前页※			借	1 070
	10	转	4	材料费用	5 000		借	6 070
				本期发生额合计及期末余额				

※ 假设该企业只有一个基本生产车间，只生产 A 产品。

表 9－10　　　　总分类账

会计科目：原材料　　　　单位：元　第×页

20××年		凭证		摘要	借方	贷方	借或贷	余额
月	日	字	号					
8	1			承前页			借	2 500
	5	付	1	购进材料	10 000		借	12 500
	10	转	4	生产领用		5 000	借	7 500
				本期发生额合计及期末余额				

（4）月末，将现金日记账、银行存款日记账的余额，以及各明细分类账户余额合计数，分别与总分类账中有关账户的余额进行核对。（表略）

（5）月末，根据核对无误的总分类账和各种明细分类账，编制会计报表。（表略）

三、对记账凭证账务处理程序的评价

（一）记账凭证账务处理程序的特点

无论哪种账务处理程序，都遵循“记账凭证——会计账簿——会计报表”的顺序，而且根据记账凭证登记日记账和明细分类账的做法也是基本相同的。各种账务处理程序之间最大的区别就在于登记总分类账的依据和方法不同。从这点来看，记账凭证账务处理程序的特点是直接根据各种记账凭证逐笔登记总分类账。

（二）记账凭证账务处理程序的优缺点及适用范围

1. 记账凭证账务处理程序的优点

通过前面的举例，我们可以发现，记账凭证账务处理程序有如下优点：

（1）在记账凭证处理程序下，所采用的是专用记账凭证或通用记账凭证，通过每张凭证，可以清晰地将经济业务的来龙去脉反映出来，所涉及的账户之间对应关系直接明了，便于核对审查。

（2）在记账凭证处理程序下，总分类账的登记方法和明细分类账的登记方法是一样的，都是根据记账凭证逐笔登记的，所以总分类账能够比较具体地反映各项经济业务发生和完成的情况，而且因为登记方法相同，也是一种易于掌握的账务处理程序。

2. 记账凭证账务处理程序的缺点

由于总分类账是根据记账凭证逐笔登记的，实际与明细分类账登记的内容一致，虽然方法简单，但是对同一经济事项进行了重复记录，如果经济业务比较多的企业使用这种账务处理程序，会使得登记总分类账的工作变得异常繁重。另外，由于每笔业务都要在总分类账上登记，会使得总分类账账页耗用增加，又因为实际业务的多少很难估计，所以也会使得预留账页变得困难。

3. 记账凭证账务处理程序的适用范围

经过对记账凭证账务处理程序优缺点的分析，我们发现，记账凭证账务处理程序一般适用于企业规模比较小，经济业务比较少，记账凭证不需要填制很多的会计主体。

第三节　科目汇总表账务处理程序

一、科目汇总表账务处理程序的基本内容

（一）科目汇总表账务处理程序的定义

科目汇总表账务处理程序是指根据各种记账凭证定期（或月末一次）按会计科目进行汇总并编制科目汇总表，然后根据科目汇总表登记总分类账，并定期编制会计报表的账务处理程序。它的特点是，登记总分类账的直接依据是科目汇总表，而不是记账凭证。这种账务处理程序是在记账凭证核算组织程序的基础上发展演变来的。

（二）科目汇总表账务处理程序下的记账凭证和会计账簿系统

在科目汇总表账务处理程序下，记账凭证可以采用如下设置方式。

（1）采用通用记账凭证或采用专用记账凭证，分别设置收款凭证、付款凭证和转账凭证。

（2）采用科目汇总表记账凭证。

会计账簿一般设置有：

（1）日记账，主要是库存现金日记账和银行存款日记账，格式为“借、贷、余”三栏式。

（2）总分类账，均采用“借、贷、余”三栏式。

（3）明细分类账，根据需要可采用“借、贷、余”三栏式、多栏式或数量金额式。

（三）科目汇总表的编制

科目汇总表是根据记账凭证（专用记账凭证或通用记账凭证）定期按照会计科目进行汇总编制而成的，其一般格式如表9－11所示。

表9－11　　科目汇总表

年　月　日至　日　　　　编号：

会计科目	本期发生额		总账页数
	借方金额	贷方金额	
合计			

其编制的方法是：将一定时期内全部记账凭证按照相同会计科目的借方和贷方归类，定期（每10天或15天，或每月一次）汇总每一账户的借方本期发生额和贷方本期发生额，填写到科目汇总表的相应栏目内，用以反映全部账户的借方和贷方本期发生额。登记总分类账时，只需要将科目汇总表中各科目的借方发生额和贷方发生额合计数分次或月末一次记入相应总分类账户的借方或贷方。

（四）科目汇总表账务处理程序的基本步骤

在科目汇总表账务处理程序下，经济业务的账务处理程序经过的步骤如下：

（1）根据原始凭证或原始凭证汇总表填制专用记账凭证（或填制通用记账凭证，下同）；

（2）根据收款凭证和付款凭证逐笔登记库存现金日记账和银行存款日记账；

（3）根据记账凭证并参考原始凭证或原始凭证汇总表，逐笔登记各种明细账；

（4）根据各种记账凭证汇总编制科目汇总表；

（5）根据科目汇总表登记总分类账；

（6）月末，将日记账、明细账的余额与总分类账中相应账户的余额进行核对；

（7）月末，根据总账和明细账的资料编制会计报表。

科目汇总表账务处理程序的基本步骤示意图如图 9－3 所示。

【例 9－3】齐鲁有限责任公司 9 月发生如下经济业务（假设不考虑增值税）：

（1）9 月 1 日，银行存款购买甲材料 3 000 千克、每千克 5 元，货款以银行存款支付，材料均已验收入库。

（2）9 月 4 日，生产 A 产品，领用甲材料 1 000 千克、每千克 5 元。

（3）9 月 6 日，销售 A 产品 150 件，每件售价 150 元，货款已存入银行。

（4）9 月 8 日，购买厂长办公室办公用品 300 元，以现金支付。

（5）9 月 10 日，从银行提取现金 25 000 元，以备发放工人工资。

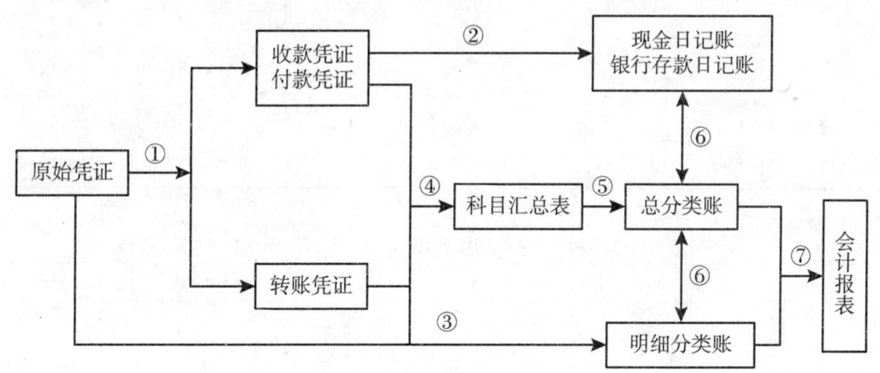

图 9－3　科目汇总表账务处理程序步骤示意图

根据上述经济事项，按照科目汇总表账务处理程序的步骤：

（1）根据原始凭证或原始凭证汇总表填制记账凭证如表 9－12、表 9－13、表 9－14、表 9－15、表 9－16 所示。

表 9－12　　　　付款凭证

贷方科目：银行存款　　　　20××年 9 月 1 日　　　　银付字第 001 号

摘要	借方科目		金额									记账
	总账科目	明细科目	百	十	万	千	百	十	元	角	分	
购买材料	原材料	甲材料			1	5	0	0	0	0	0	√
合计				¥	1	5	0	0	0	0	0	

附原始凭证 × 张

财务主管　　　记账　　　出纳　　　审核　　　制单

表 9－13 **转账凭证** 转字第 001 号

20××年 9 月 4 日

摘要	总账科目	明细科目	借方金额									贷方金额									记账
			百	十	万	千	百	十	元	角	分	百	十	万	千	百	十	元	角	分	
领用材料	生产成本	A 产品				4	5	0	0	0	0										√
	原材料	甲材料													4	5	0	0	0	0	√
合计					¥	4	5	0	0	0	0			¥	4	5	0	0	0	0	

附原始凭证 × 张

财务主管　　记账　　出纳　　审核　　制单

表 9－14 **收款凭证**

借方科目：银行存款　　20××年 9 月 6 日　　银收字第 001 号

摘要	贷方科目		金额									记账
	总账科目	明细科目	百	十	万	千	百	十	元	角	分	
销售 A 产品	主营业务收入	A 产品			2	2	5	0	0	0	0	√
合计				¥	2	2	5	0	0	0	0	

附原始凭证 张

财务主管　　记账　　出纳　　审核　　制单

表 9－15 **付款凭证**

贷方科目：库存现金　　20××年 9 月 8 日　　现付字第 001 号

摘要	借方科目		金额									记账
	总账科目	明细科目	百	十	万	千	百	十	元	角	分	
购买厂办用品	管理费用						3	0	0	0	0	√
合计						¥	3	0	0	0	0	

附原始凭证 × 张

财务主管　　记账　　出纳　　审核　　制单

表9－16　付款凭证

贷方科目：银行存款　20××年9月10日　银付字第002号

摘要	借方科目		金额									记账	
	总账科目	明细科目	百	十	万	千	百	十	元	角	分		附原始凭证
提取现金	库存现金				2	5	0	0	0	0	0	√	
													×
合计				¥	2	5	0	0	0	0	0		张

财务主管　记账　出纳　审核　制单

（2）根据收款凭证和付款凭证逐笔登记库存现金日记账和银行存款日记账，如表9－17、表9－18所示。

表9－17　库存现金日记账　第×页

20××年		凭证		摘要	对方科目	借方（收入）	贷方（付出）	结余
月	日	字	号					
9	1			承前页				10 000
	8	现付	1	支付办公用品费	管理费用		300	9 700
				本日合计			300	9 700
	10	银付	2	提取现金	银行存款	25 000		34 700
				本日合计		25 000		34 700

表9－18　银行存款日记账　第×页

20××年		凭证		摘要	对方科目	借方（收入）	贷方（付出）	结余
月	日	字	号					
9	1			承前页				80 000
	1	银付	1	购买材料	原材料		15 000	65 000
				本日合计			15 000	65 000
	6	银收	1	销售A产品	主营业务收入	22 500		87 500
				本日合计		22 500		87 500
	10	银付	2	提取现金	银行存款		25 000	62 500
				本日合计			25 000	25 000

（3）根据记账凭证并参考原始凭证或原始凭证汇总表，逐笔登记各种明细账，如表9－19、9－20、9－21、9－22所示。

表 9－19　　原材料明细账

类别：甲材料　　编号：
品名或规格：　　存放地点：
储备定额：　　计量单位：公斤

20××年		凭证		摘要	收入			发出			结存		
月	日	字	号		数量	单价	金额	数量	单价	金额	数量	单价	金额
9				承前页							250	5	1 250
	1	银付	1	购入	3 000	5	15 000				3 250	5	16 250
	4	转	1	生产领用				1 000	4.5	4 500	2 250		11 750

表 9－20　　生产成本明细账

产品名称：A 产品　　第×页

年		凭证		摘要	成本项目			合计
月	日	字	号		直接材料	直接人工	制造费用	
9	1			期初	500	260	310	1 070
	4	转	1	材料费用	4 500			5 500

表 9－21　　主营业务收入明细账

明细科目：A 产品　　第×页

20××年		凭证		摘要	借方	贷方	借或贷	余额
月	日	字	号					
9	6	银收	1	销售 A 产品	22 500		借	22 500
				本期发生额合计及期末余额				0

表 9－22　　管理费用明细账

第×页

20××年		凭证		摘要	借方	贷方	项目分析		借或贷	余额
月	日	字	号				办公用品	其他		
9	8	现付	1	购买办公用品	300		300		借	300
				本期发生额合计及期末余额						0

（4）根据各种记账凭证汇总编制科目汇总表，假定该企业每10天编制一次科目汇总表。

我们利用科目汇总表工作底稿法编制科目汇总表（注意：只汇总本期发生额），其格式及本例题汇总情况如表10－23所示。

表9－23　　科目汇总表工作底稿

9月1～10日

库存现金	
（5）25 000	（4）300
合计25 000	合计300

银行存款	
（3）22 500	（1）15 000 （5）25 000
合计22 500	合计40 000

原材料	
（1）15 000	（2）4 500
合计15 000	合计4 500

生产成本	
（2）4 500	
（2）4 500	合计0

主营业务收入	
	（3）22 500
合计0	合计22 500

管理费用	
（4）300	
（3）22 500	合计0

需要注意的是："科目汇总表工作底稿"中采用的汇总形式从表面上看像是"T"形账户，但并不是"T"形账户。运用这种形式的目的是对各个会计科目的本期发生额进行汇总，以便于编制"科目汇总表"。另外，"科目汇总表"可以每月编制一次，也可以根据会计核算的需要定期分次编制。本例假定是月内每10天编制一次，其编号采用"科汇字第×号"形式，按月连续编号。

根据以上科目汇总表的汇总结果，编制9月1日～10日"科目汇总表"如表9－24所示。

表9－24　　科目汇总表

20××年9月1～10日　　科汇第1号

会计科目	本期发生额		总账页数
	借方金额	贷方金额	
库存现金	25 000	300	
银行存款	22 500	40 000	

续表

会计科目	本期发生额		总账页数
	借方金额	贷方金额	
原材料	15 000	4 500	
生产成本	4 500		
主营业务收入		22 500	
管理费用	300		
合计	67 300	67 300	

(5) 根据科目汇总表登记总分类账，将科目汇总表对应科目的借方、贷方本期发生额合计数过入相应总账科目。我们仅以银行存款总分类账为例介绍，如表9－25所示。

表9－25 **总分类账**

会计科目：银行存款　　　　单位：元　第×页

20××年		凭证		摘要	借方	贷方	借或贷	余额
月	日	字	号					
9	1			承前页			借	80 000
	10	科汇	**1**	根据科目汇总表过入	**22 500**	**40 000**	借	**62 500**
				本期发生额合计及期末余额				

(6) 月末，将日记账、明细账的余额与总分类账中相应账户的余额进行核对。(表略)

(7) 月末，根据总账和明细账的资料编制会计报表。(表略)

二、对科目汇总表账务处理程序的评价

(一) 科目汇总表账务处理程序的特点

科目汇总表账务处理程序的特点是定期根据记账凭证编制科目汇总表，根据科目汇总表中的汇总数字进行相应账户总分类账的登记。

(二) 科目汇总表账务处理程序的优缺点及适用范围

1. 优点

由于科目汇总表会计核算形式是根据科目汇总表登记总分类账，因此，具有

以下优点：

（1）减少了登记总分类账的工作量。

（2）能够起到总分类账入账前的试算平衡作用，便于及时发现问题，采取措施。

2. 缺点

科目汇总表只能汇总各科目的本期借方发生额和贷方发生额，不按对应科目进行汇总，不能反映各科目之间的对应关系，因此，不能较具体地反映各项经济业务的来龙去脉，不便于账目的核对和检查。

3. 适用范围

这种会计核算形式一般适用于规模大、经济业务量特别多的单位。

第四节 汇总记账凭证账务处理程序

一、汇总记账凭证账务处理的基本内容

（一）汇总记账凭证账务处理的定义

汇总记账凭证账务处理程序是指根据各种专用记账凭证先定期汇总编制汇总记账凭证，然后根据汇总记账凭证登记总分类账，并定期编制会计报表的账务处理程序。这种账务处理程序也是在记账凭证账务处理程序的基础上发展演变而来的。

（二）汇总记账凭证账务处理下记账凭证与会计账簿系统

在汇总记账凭证账务处理程序下，记账凭证一般设置两套：

（1）采用专用记账凭证，分别设置收款凭证、付款凭证和转账凭证。

（2）采用汇总记账凭证，分别设置汇总收款凭证、汇总付款凭证和汇总转账凭证。

会计账簿一般设置有：

（1）日记账，主要是库存现金日记账和银行存款日记账，格式为“借、贷、余”三栏式。

（2）总账，格式一般为“借、贷、余”三栏式。

（3）明细分类账，根据需要可采用“借、贷、余”三栏式、多栏式或数量金额式。

（三）汇总记账凭证的编制方法

汇总记账凭证是在专用记账凭证的基础上，按照一定的方法汇总编制而成

的。汇总的期间不应超过十天，每月至少汇总三次，每月填制一张，月末结算出合计数，以便登记总分类账。其种类可分为汇总收款凭证、汇总付款凭证和汇总转账凭证。采用汇总记账凭证时，凭证的编号方法是按照汇总记账凭证种类前加“汇”字，即“汇现收字第×号”、“汇现付字第×号”、“汇银收字第×号”、“汇银付字第×号”、“汇转字第×号”。汇总记账凭证的种类不同，其编制方法也有所不同。

1. 汇总收款凭证的编制

汇总收款凭证是根据现金或银行存款收款凭证，分别按现金或银行存款账户的借方设置，并按对应的贷方科目定期（如5天或10天）进行汇总，每月编制一张。汇总时计算出每一个贷方科目发生额合计数，填入汇总收款凭证的相应栏次。下面以现金收款凭证为例介绍汇总收款凭证的编制。

【例9-4】某企业某月1~10日发生库存现金收款业务，其现金收款凭证如表9-26~表9-31所示：

表9-26 收款凭证

借方科目：库存现金　　20××年×月2日　　现收字第001号

摘要	贷方科目		金额									记账
	总账科目	明细科目	百	十	万	千	百	十	元	角	分	
收到赔款	其他应收款	张三					5	0	0	0	0	√
合计						¥	5	0	0	0	0	

附原始凭证　张

财务主管　　记账　　出纳　　审核　　制单

表9-27 收款凭证

借方科目：库存现金　　20××年×月3日　　现收字第002号

摘要	贷方科目		金额									记账
	总账科目	明细科目	百	十	万	千	百	十	元	角	分	
收包装物租金	其他业务收入	包装物				1	5	0	0	0	0	√
合计					¥	1	5	0	0	0	0	

附原始凭证　张

财务主管　　记账　　出纳　　审核　　制单

表 9－28　　　　　　　　　**收款凭证**

借方科目：库存现金　　　　　　20××年×月5日　　　　　　现收字第003号

摘要	贷方科目		金额									记账
	总账科目	明细科目	百	十	万	千	百	十	元	角	分	
销售原材料	其他业务收入	原材料				1	0	0	0	0	0	√
合计					¥	1	0	0	0	0	0	

附原始凭证　张

财务主管　　　　记账　　　　出纳　　　　审核　　　　制单

表 9－29　　　　　　　　　**收款凭证**

借方科目：库存现金　　　　　　20××年×月8日　　　　　　现收字第004号

摘要	贷方科目		金额									记账
	总账科目	明细科目	百	十	万	千	百	十	元	角	分	
收到退回押金	其他应收款						5	0	0	0	0	√
合计						¥	5	0	0	0	0	

附原始凭证　张

财务主管　　　　记账　　　　出纳　　　　审核　　　　制单

表 9－30　　　　　　　　　**收款凭证**

借方科目：库存现金　　　　　　20××年×月9日　　　　　　现收字第005号

摘要	贷方科目		金额									记账
	总账科目	明细科目	百	十	万	千	百	十	元	角	分	
收到应收账款	应收账款					1	8	0	0	0	0	√
合计					¥	1	8	0	0	0	0	

附原始凭证　张

财务主管　　　　记账　　　　出纳　　　　审核　　　　制单

表 9－31

收款凭证

借方科目：库存现金　　20××年×月10日　　现收字第006号

摘要	贷方科目		金额									记账
	总账科目	明细科目	百	十	万	千	百	十	元	角	分	
出租包装物	其他业务收入	包装物					5	0	0	0	0	√
合计						¥	5	0	0	0	0	

附原始凭证　张

财务主管　　记账　　出纳　　审核　　制单

由于是根据现金收款凭证编制汇总收款凭证，所以，汇总收款凭证的借方为“库存现金”科目。上述六笔业务中，“库存现金”账户对应的贷方科目有三种：“其他应收款”（现收1、现收4共两笔业务）、“其他业务收入”（现收2、现收3和现收6共三笔业务）和“应收账款”（现收5一笔业务），所以分别按照上述三个科目进行贷方发生额的汇总。

其中“其他应收款”科目发生额为：500＋500＝1 000元

“其他业务收入”科目发生额为：1 500＋1 000＋500＝3 000元

“应收账款”科目发生额为：1 800元

根据以上分析，编制汇总收款凭证，如表9－32所示。

表 9－32

汇总收款凭证

借方科目：库存现金　　××年××月　　编号：汇现收字第×号

贷方科目	金额				总账页数	
	1～10日 凭证1～6号	11～20日 凭证7～10号	21～30日 凭证11～15号	合计	借方	贷方
其他应收款	1 000					
其他业务收入	3 000					
应收账款	1 800					
合计	5 800					

会计主管　　记账　　审核　　填制

需要注意的是，为了便于编制汇总收款凭证，在日常编制收款凭证时，会计分录形式最好是一借一贷或一借多贷，不宜多借一贷或多借多贷。因为汇总收款凭证是根据借方科目设置的，无论是编制多借一贷分录还是多借多贷分录，都会使得收款凭证在汇总中被反复使用，容易出错，而且账户之间的对应关系也不够清晰。

2. 汇总付款凭证的编制

汇总付款凭证是根据现金或银行存款付款凭证，分别按现金或银行存款账户的贷方设置，并按对应的借方科目定期（如 5 天或 10 天）进行汇总，每月编制一张。汇总时计算出每一个借方科目发生额合计数，填入汇总付款凭证的相应栏次。下面以银行存款付款凭证为例介绍汇总付款凭证的编制。

【例 9－5】 某企业某月 1 ~ 10 日发生的银行存款付款业务的付款凭证如表 9－33 ~ 表 9－38 所示。

表 9－33

付款凭证

贷方科目：银行存款　　20××年×月 1 日　　银付字第 001 号

摘要	借方科目		金额									记账
	总账科目	明细科目	百	十	万	千	百	十	元	角	分	
偿还应付款	应付账款				2	5	0	0	0	0	0	√
合计				¥	2	5	0	0	0	0	0	

附原始凭证 × 张

财务主管　　记账　　出纳　　审核　　制单

表 9－34

付款凭证

贷方科目：银行存款　　20××年×月 3 日　　银付字第 002 号

摘要	借方科目		金额									记账
	总账科目	明细科目	百	十	万	千	百	十	元	角	分	
支付税费	应交税费					5	0	0	0	0	0	√
合计					¥	5	0	0	0	0	0	

附原始凭证 × 张

财务主管　　记账　　出纳　　审核　　制单

表 9 – 35

付款凭证

贷方科目：银行存款　　20××年×月5日　　银付字第003号

摘要	借方科目		金额									记账
	总账科目	明细科目	百	十	万	千	百	十	元	角	分	
购买原材料	原材料					8	0	0	0	0	0	√
合计					¥	8	0	0	0	0	0	

附原始凭证×张

财务主管　　记账　　出纳　　审核　　制单

表 9 – 36

付款凭证

贷方科目：银行存款　　20××年×月6日　　银付字第004号

摘要	借方科目		金额									记账
	总账科目	明细科目	百	十	万	千	百	十	元	角	分	
偿还短期借款	短期借款					4	0	0	0	0	0	√
合计					¥	4	0	0	0	0	0	

附原始凭证×张

财务主管　　记账　　出纳　　审核　　制单

表 9 – 37

付款凭证

贷方科目：银行存款　　20××年×月7日　　银付字第005号

摘要	借方科目		金额									记账
	总账科目	明细科目	百	十	万	千	百	十	元	角	分	
支付货款	应付账款				1	3	0	0	0	0	0	√
合计				¥	1	3	0	0	0	0	0	

附原始凭证×张

财务主管　　记账　　出纳　　审核　　制单

表 9－38

付款凭证

贷方科目：银行存款　　20××年×月10日　　银付字第006号

摘要	借方科目		金额									记账
	总账科目	明细科目	百	十	万	千	百	十	元	角	分	
购买原材料	原材料					7	0	0	0	0	0	√
合计					¥	7	0	0	0	0	0	

附原始凭证×张

财务主管　　记账　　出纳　　审核　　制单

根据银行付款凭证编制汇总付款凭证，所以，汇总付款凭证的贷方为“银行存款”科目。上述六笔业务中，“银行存款”账户对应的借方科目有四种：“应付账款”（银付1、银付5共两笔业务）、“原材料”（银付3、银付6共两笔业务）、“短期借款”（银付4一笔业务）和“应交税费”（银付2一笔业务），所以分别按照上述四个科目进行借方发生额的汇总。

其中“应付账款”科目发生额为：25 000＋13 000＝38 000元

“原材料”科目发生额为：8 000＋7 000＝15 000元

“短期借款”科目发生额为：4 000元

“应交税费”科目发生额为：5 000元

根据以上分析，编制汇总付款凭证如表9－39所示。

表 9－39

汇总付款凭证

贷方科目：银行存款　　××年××月　　编号：汇银付字第×号

贷方科目	金额				总账页数	
	1～10日 凭证1～6号	11～20日 凭证7～10号	21～30日 凭证11～15号	合计	借方	贷方
应付账款	38 000					
原材料	15 000					
短期借款	4 000					
应交税费	5 000					
合计	62 000					

会计主管　　记账　　审核　　填制

需要注意的是，为了便于编制汇总付款凭证，在日常编制付款凭证时，会计分录形式最好是一借一贷或多借一贷，不宜一借多贷或多借多贷。因为汇总付款凭证是根据贷方科目设置的，无论是编制一借多贷分录还是多借多贷分录，都会使得付款凭证在汇总中被反复使用，容易出错，或者使账户之间的对应关系不够清晰。

3. 汇总转账凭证的编制

汇总转账凭证按转账凭证上会计分录的贷方科目设置汇总转账凭证，按它们相对应的借方科目定期（如每5天或10天等）进行汇总，每月编制一张。计算出每一个借方科目发生额合计数，填入汇总转账凭证。下面以贷方为原材料科目的转账凭证为例介绍汇总转账凭证的编制。

【例9-6】某企业某月1~10天发生的发出材料的转账业务如下：

表9-40

转账凭证

20××年×月3日

转字第001号

摘要	总账科目	明细科目	借方金额									贷方金额									记账
			百	十	万	千	百	十	元	角	分	百	十	万	千	百	十	元	角	分	
领用材料	生产成本	A产品				4	5	0	0	0	0										√
	原材料	甲材料													4	5	0	0	0	0	√
合计					¥	4	5	0	0	0	0			¥	4	5	0	0	0	0	

附原始凭证×张

财务主管　　记账　　出纳　　审核　　制单

表9-41

转账凭证

20××年×月7日

转字第002号

摘要	总账科目	明细科目	借方金额									贷方金额									记账
			百	十	万	千	百	十	元	角	分	百	十	万	千	百	十	元	角	分	
领用材料	制造费用					3	5	0	0	0	0										√
	原材料	甲材料													3	5	0	0	0	0	√
合计					¥	3	5	0	0	0	0			¥	3	5	0	0	0	0	

附原始凭证×张

财务主管　　记账　　出纳　　审核　　制单

表 9-42　　　　**转账凭证**　　　　转字第 003 号

20××年×月9日

摘要	总账科目	明细科目	借方金额									贷方金额									记账
			百	十	万	千	百	十	元	角	分	百	十	万	千	百	十	元	角	分	
领用材料	生产成本	A产品				5	0	0	0	0	0										√
	原材料	甲材料													5	0	0	0	0	0	√
合计					¥	5	0	0	0	0	0			¥	5	0	0	0	0	0	

附原始凭证×张

财务主管　　记账　　出纳　　审核　　制单

以上转账凭证贷方科目均为“原材料”，所以汇总转账凭证的贷方为“原材料”科目。上述三笔业务中，“原材料”账户对应的借方科目有两种：“生产成本”（转字1、转字3共两笔业务）和“制造费用”（转字2一笔业务），所以分别按照上述两个科目进行借方发生额的汇总。

其中“生产成本”科目发生额为：4 500+5 000=9 500元

“制造费用”科目发生额为：3 500元

根据以上分析，编制汇总转账凭证如表9-43所示。

表 9-43　　　　**汇总转账凭证**

贷方科目：原材料　　　　20×年×月　　　　编号：汇转字第×号

贷方科目	金额				总账页数	
	1~10日 凭证1~6号	11~20日 凭证7~10号	21~30日 凭证11~15号	合计	借方	贷方
生产成本	9 500					
制造费用	3 500					
合计	13 000					

会计主管　　记账　　审核　　填制

由于汇总转账凭证也是根据贷方科目设置的，所以同编制汇总付款凭证一样，为了便于编制汇总转账凭证，在日常编制转账凭证时，会计分录形式最好也是一借一贷或多借一贷，而不宜一借多贷或多借多贷。

（四）汇总记账凭证账务处理程序的步骤

（1）经济业务发生以后，根据原始凭证或原始凭证汇总表填制专用记账凭证

（收款凭证、付款凭证、转账凭证）；

（2）根据收款凭证和付款凭证逐笔登记库存现金日记账和银行存款日记账；

（3）根据记账凭证并参考原始凭证或原始凭证汇总表，逐笔登记各种明细账；

（4）根据各种记账凭证分别编制汇总收款凭证、汇总付款凭证、汇总转账凭证；

（5）根据汇总记账凭证登记总账；

（6）月末，将日记账、明细账的余额与总账中相应账户的余额进行核对；

（7）月末，根据总账和明细账的资料编制会计报表；

汇总记账凭证账务处理程序步骤示意图如图 9 – 4 所示。

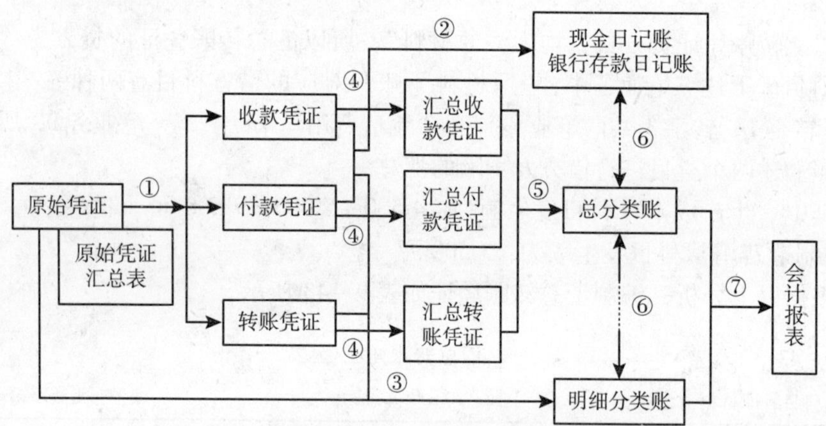

图 9 – 4　汇总记账凭证账务处理程序步骤示意图

上述步骤中的 1 ~ 4 前面例题均已处理，下面结合例 9 – 4 的相关资料，以汇总收款凭证为例，介绍步骤 5：根据汇总记账凭证登记总账，即根据现金汇总收款凭证（表 9 – 32）登记库存现金总分类账，如表 9 – 44 所示。根据汇总记账凭证登记总分类账时，可以根据各次的汇总数分次登记到相关账户中去，也可以在月末对各次汇总数字进行合计，计算出该账户的全月发生额合计数，一次性登记到相关账户中。本例题是采用分次登记的方式进行总分类账的登记。

表9-44　　总分类账

会计科目：库存现金　　单位：元　第×页

20××年		凭证		摘要	对应科目	借方	贷方	借或贷	余额
月	日	字	号						
	1			承前页					1 000
	10	汇现收	**1**	略	其他应收款	**1 000**		借	2 000
	10	汇现收			其他业务收入	**3 000**		借	5 000
	10	汇现收			应收账款	**1 800**		借	6 800
				本期发生额合计及期末余额					

二、对汇总记账凭证账务处理程序的评价

（一）汇总记账凭证账务处理程序的特点

汇总记账凭证核算组织程序的特点是：定期根据专用记账凭证分别编制汇总收款凭证、汇总付款凭证、汇总转账凭证，然后根据各种汇总记账凭证上的汇总数字月内分次或月末一次登记总账。

（二）优点

由于汇总记账凭证会计核算是根据定期编制的各种汇总记账凭证登记总分类账，因此它具有以下优点：

（1）大大减轻了登记总分类账的工作量。

（2）通过汇总记账凭证能清晰的反映各科目之间的对应关系，从而清晰地反映各项经济业务的来龙去脉，也便于账目的核对和审查。

（三）缺点

（1）由于这种会计核算形式的转账凭证是按每一贷方科目，而不是按经济业务的性质归类、汇总，因此，不利于日常核算工作的合理分工。

（2）在经济业务比较零星，同一贷方科目的转账凭证数量较少的时候，先汇总，再登记总分类账，起不到减轻登记总分类账工作量的作用。

（3）定期集中编制汇总记账凭证的工作量比较大。

（四）适用范围

这种账务处理程序一般适用于规模较大、经济业务较多的企业和单位。

第十章　会计工作组织

第一节　会计工作组织概述

一、会计工作组织的含义和意义

会计工作组织，是指为了适应会计工作的综合性、政策性和严密性的特点，对会计工作所作的统筹安排。一般包括这样几方面的内容：设置会计机构，配备适当的会计人员，制定与执行会计规范、保管会计档案。会计是一项复杂的、细致的综合性经济管理活动，科学地组织会计工作具有十分重要的意义。

（一）有利于保证会计工作质量，提高会计工作效率

会计工作是一项系统工程，它负责收集、记录、分类、汇总和分析企业发生的全部经济业务，从凭证到账簿，从账簿到报表，各环节紧密联系，某一个数字的差错、某一个手续的遗漏或某一环节的脱节，都会造成会计信息的不正确、不及时，进而影响整个会计工作的质量。所以，科学地组织会计工作，使其按照预先按设定的程序有条不紊地进行，有利于规范会计行为，保证会计工作质量，提高会计工作效率。

（二）有利于完成会计内部控制，强化企业的经营管理制度

会计工作既独立于其他经济管理工作，又同它们保持着密切联系，它一方面能够促进其他经济管理工作的展开，另一方面也需要其他经济管理工作的配合。内部控制制度是指对涉及货币资金的收付、财产物资的增减、往来款项的结合等会计事项，都应有两个或两个以上不同的部门或人员分工掌管的一种相互牵制、相互制约的管理制度。严密完善的内部控制制度，既有利于保证企业资产的安全完整，又有利于加强会计人员之间的相互牵制、相互监督，防止舞弊行为和工作失误等现象的发生，保证会计工作的质量。而且通过内部控制制度的建立，还有利于健全和完善企业经营管理制度，发挥会计在企业经营管理中的作用。然而，内部控制制度的建立和完善，必须依靠会计工作组织。

（三）有利于促进单位内部经济责任制的实施

会计工作与内部经济责任制有着密切的联系，科学合理地组织会计工作，可以更好地加强企业内部各部门的经济责任制，促使有关部门和人员各司其职，各负其责，力争少花钱、多办事，提高经济效益。

二、会计工作组织的要求

正确地组织会计工作，应满足以下要求：

（一）政策性要求

国家统一规定的会计法规、制度，是各企事业单位组织和进行会计工作的主要依据。只有按照国家对会计工作的统一要求来组织会计工作，才能正确进行会计核算，实施会计监督，使会计信息既能满足国家宏观调控管理的需要，又能满足企业内部管理人员和外内部各利害关系主体的需要。

（二）适用性要求

各单位在组织会计工作时，除符合国家的统一要求外，还必须考虑本单位的业务经营特点、经营规模大小、内部管理机制以及人员素质等具体情况，这样才能做出切合实际的安排。离开本单位的实际，很难使会计工作的组织科学有效。

（三）效率性要求

科学地组织会计工作，应在保证会计工作质量的前提下，尽量节约人力、财力和物力，讲求工作效率，减少重复劳动和不必要的工作环节。会计工作十分复杂，如果组织不好，就会造成重复劳动，花费较多的人力和物力。因此，对会计凭证、账簿、报表的设计、会计机构的设置和会计人员的配备等，都应避免繁琐、力求精简。为此，必须建立健全会计工作的岗位责任制，实现会计处理手续的规范化和会计工作手段的电算化，力求使每个岗位上的会计人员都以最小的劳动耗费完成本岗位的职责，同时使各岗位之间的相互配合达到最优状态。

第二节　会计机构

一、会计机构的设置

会计机构是直接从事和组织领导会计工作的职能部门。为了保证会计工作的顺利进行，充分发挥会计工作的作用，任何有条件的会计主体都应设置会计机构或在有关机构中设置会计人员并指定会计主管人员；对于规模较小、业务量较少、业务比较简单而不具备设置条件的会计主体，应当委托经批准设立从事会计代理记账业务的中介机构代理记账。

在我国目前的经济管理体制下，会计机构的设置层次与经济管理机构的设置层次基本相同。一般是各级主管部门设置会计（财务）司、处、科，负责领导、组织和管理下属单位的财务会计工作。但由于各类单位性质不同，会计机构设置也不尽相同。下面分述国家管理部门、行政事业单位、企业单位会计机构的设置。

（一）国家管理部门所设置的会计机构

由于我国 1992 年 11 月颁布的《企业会计准则》要求取消统一的会计制度，普遍实行企业会计准则，我国各级管理部门的任务也随之发生了变化。如财政部门所属的会计机构负责统一会计准则的制定，其他各主管部门只是根据会计准则及相应的行业示范性会计制度，对本部门会计工作中出现的一些问题做出解释。同时还负责会计准则的制定、修订与解释等。目前，这一任务主要由财政部下设的会计司完成。

会计人员的专业技术资格考试以及其他有关会计事项，如会计师事务所的管理等，这一工作主要由各级财政部门下设的会计处、科等组织完成。

（二）行政事业单位设置的会计机构

行政、事业单位在资金的取得与使用上和企业单位有着根本的区别。他们的经费来源主要由预算拨款形成。所以这些单位在设置会计机构时相对简单，只要能满足对经费的收支及时，以及进行核算和报告的要求即可。而不必像企业单位那样考虑很多因素。当然，行政、事业单位的会计机构设置，也许考虑内部控制等基本要素，以保证各单位预算资金的安全完整和合理使用。

随着我国市场经济程度的加深，过去那种全额预算单位越来越少，除国家行政机关外，绝大多数事业单位都进行了企业化管理和核算，因此，他们的会计机构设置可参照企业会计机构的设置。

（三）企业单位设置的会计机构

企业会计机构的设置要达到如下要求：

（1）有效地进行会计核算；

（2）进行合理的会计监督；

（3）制定本单位的会计制度；

（4）参与本单位各项计划的制订，并考核计划地执行情况等。

由于会计工作和财务工作密切相关，我国通常把处理财务与会计工作的机构合并为一个部门，称财务部（处、科等）。对企业单位来说，其主要任务是组织与处理本单位会计工作，真实反映本单位的经济活动情况，及时地向企业管理当局、所有者、职工、主管部门等提供所需会计信息，参与经济管理的预测与决策，严格执行国家财政、法令、纪律和制度，管理好资金和降低成本，努力提高经济效益。

为了使企业设置的会计机构有效地进行工作，应该在会计机构内部进行适当的分工，按照会计核算的流程设置责任岗位，配置会计人员。同时，在会计机构内部的岗位分工上，应符合内部控制制度的要求，做到职责分明、相互牵制、防止错误和舞弊的发生。

二、企业会计机构的组织形式

会计机构的组织形式是指企业会计机构的设置层次与会计核算资料的整理和提供的方式与分工。在实际工作中，组织形式一般分为集中核算和分散核算两种类型。

所谓集中核算，是指企业一般只设一个厂级会计机构，把整个企业的主要会计核算工作，包括总分类核算、明细分类核算、会计报表的编制和各有关项目的考核分析等，都集中在企业财会部门进行。其他职能部门、车间、仓库配备专职或兼职核算人员，对本部门发生的经济业务，只负责填制或取得原始凭证，并对原始凭证进行适当的汇总，定期将其交送企业会计部门，为企业会计部门进行会计核算提供资料。

所谓分散核算，又称非集中核算，就是对企业规模较大的二级单位，设置专门的会计机构，并对本部门所发生的经济业务，在厂级会计机构的指导下进行较为全面的核算，完成填至原始凭证或原始凭证汇总表、登记有关明细账簿、单独核算本部门的成本费用、计算盈亏、编制会计报表等项工作。企业会计部门只负责登记总账和部分明细账，并汇总编制整个企业的会计报表。

在实际工作中有的企业往往对某些业务采用集中核算，而对另一些业务采用非集中核算。采取何种核算形式，主要取决于企业内部经营管理的需要，取决于企业内部是否实行分级管理、分级核算。也就是说，同企业的内部经济核算制度密切相关。但无论采用哪一种核算形式，企业对外的现金往来、物资购销、债权债务的结算都应由企业会计部门集中办理。

第三节 会计人员

一、会计人员的职责和权限

（一）会计人员的职责

《中华人民共和国会计法》规定，会计人员的职责主要包括以下几个方面：

1. 依法如实进行会计核算

会计人员应按照会计制度的规定，切实做好会计核算工作，具体包括填制和审核会计凭证，登记记账凭证，登记账簿，正确计算收入、费用、成本，核对账目，进行财产清查，正确计算财务成果，编制会计报表等。

2. 实行会计监督

根据国家有关法规，对本单位经济活动和会计手续的合法性、合理性进行监督。对不真实、不合法的原始凭证，不予受理；对违反国家统一的财政政策，财务规定的收支不予办理。此外，各单位必须按照法律和国家有关部门规定，积极配合财政、审计、税务机关的监督等，如实提供会计凭证、账簿、报表等会计资料。

3. 拟订本单位办理会计事务的具体办法

根据国家的会计法规、财政经济方针、政策及本单位的具体情况，制定出本单位会计工作所必须遵守的具体要求和对经济事项的具体规定。如会计人员岗位责任制度、内部稽核制度、财产清查制度和成本计算方法。

4. 参与拟订经济计划、业务计划，考核、分析预算、财务计划的执行情况

会计人员应积极参加本单位经济计划、业务计划的拟订工作。如生产、供销、固定资产更新改造、大修理等计划。因为会计人员掌握了大量的经济活动的资料，本身又具有丰富的专业知识，对这些计划的制定应有自己的见解，能为加强经济核算提供重要依据。另外，要结合统计资料、业务资料，编辑预算和财务计划，并考核、分析其执行情况，这可以充分发挥会计参与管理的职能。

5. 办理其他会计事项，尽职尽责，不断深化会计的管理作用

（二）会计人员的主要权限

（1）会计人员有权要求本单位有关部门、人员认真执行本单位制定的计划和预算；有权督促本单位负责人和内部各有关部门、人员严格遵守国家财经法纪和财务会计制度。如果本单位负责人或有关部门有违反国家法纪的情况，有权拒绝办理付款、报销等业务，如被迫予以办理，有权向有关部门进行检举揭发。

（2）会计人员有权参与本单位编制计划、制定定额、对外签订经济合同，有权参加有关生产、经营管理会议和业务会议，了解企业的生产经营情况和计划、预算及定额的执行情况，并有权提出自己的建议。

（3）会计人员有权利对本单位所有会计事项进行会计监督，对本单位各业务部门和业务人员经办的业务进行监督和检查，各业务部门大力支持和协助会计人员履行其监督职能，以确保会计工作的顺利进行和会计信息质量的提高。

为了保障会计人员顺利地履行工作职责和正确地行使权限，《会计法》中明确规定：单位负责人为第一会计责任主体，单位负责人授意、指使、强令会计人员及其他人员编造、变造会计凭证、会计账簿、编织虚假财务会计报表，构成犯罪的，依法追究刑事责任；单位负责人对依法履行职责、抵制违反本法规定行为的会计人员以降级、撤职、调离工作岗位、解聘或者开除等方式实行打击报复，构成犯罪的，依法追究刑事责任；尚不构成犯罪的，由其所在单位或有关单位给予行政处分。这些规定为会计人员依法履行职责提供了法律保障。

二、会计人员的岗位责任制

会计人员的岗位责任制，是指会计机构内部按照会计工作的内容和会计人员的配备情况，将会计机构的工作划分为若干岗位，并为每个岗位规定职责和要求的一种责任制度。各单位应建立和健全会计机构的岗位责任制，以便加强会计管理，分清职责，提高工作效率，正确考核会计人员的工作业绩。

各个会计工作岗位的职责如下：

1. 会计主管

会计主管是单位会计工作的组织者和领导者。其主要职责包括领导本单位的财务会计工作；组织制定和贯彻适应本单位经济核算需要的各项财务制度；组织编制和实施本单位财务成本、银行借款等计划；组织实施全面的经济核算，参与生产经营会议、经营决策等；负责编制和审核单位的会计报告；负责会计人员的考核、管理和聘用。

2. 出纳

出纳是单位货币资金的主要管理者。其工作职责包括按照国家有关现金管理和银行制度规定，办理现金收付和银行结算业务；保管库存现金；编制和审核原始凭证，登记有关现金日记账和银行存款日记账；保管有关印章、空白收据和空白支票，按规定用途使用等。

3. 财产物资核算岗位

财产物资核算岗位主要针对单位的固定资产和库存材料进行核算和管理。主要职责包括签订有关固定资产管理、使用、核算办法的合同；负责固定资产的明细核算、编制固定资产报表、计算提取固定资产折旧、参与固定资产的清查；分析固定资产使用效果；组织参与库存材料的管理、核算和清查等。

4. 工资核算岗位

工资核算岗位的职责主要包括监督工资基金的使用情况；审核和发放工资、奖金、津贴等；负责工资的分配和明细核算；负责职工福利费的计提等。

5. 往来结算岗位

往来结算岗位主要核算和管理本单位与其他单位或个人在经济往来中发生的结算款项。主要职责包括登记应收、应付明细账；及时结算资金，加速资金周转；分析应收账款的账龄，计提坏账准备，核算坏账损失；参与制定资金管理制度等。

6. 总账报表岗位

总账报表岗位的主要职责是：对记账凭证进行汇总，并根据记账凭证登记总分类账；根据总账纪录定期与其他各种账簿进行核对；编制和报送会计报表；管理会计档案等。

7. 稽核岗位

会计稽核是对本单位的会计记录、会计报告和其他会计资料进行自我检查或审核的一项工作。其岗位职责主要包括审查财务成本（费用）计划、经费预算的编制依据是否科学、各项指标计算是否正确；审核各项财务收支是否合法、合理、合规；审核会计凭证、账簿登记和会计报告等会计资料是否准确可靠，会计处理是否符合会计准则和会计制度的规定等。

8. 成本核算岗位

主要职责是：会同有关部门制定成本管理与核算办法；参与编制成本费用的计划，并分析其执行情况；计算产品生产成本、控制生产费用；负责登记生产成本、制造费用和管理费用等明细账，编制成本和费用报表；指导车间和班组的成本核算，参与在产品和半成品的清查盘点等。

不同岗位的会计人员在完成本职工作的同时，应互相配合，共同做好本单位的会计工作。会计人员的工作岗位应有计划地实行轮换，这样，既能使会计人员全面了解和熟悉各项会计工作，又有利于培养多面手，提高会计人员的综合素质，并能够有效防止或杜绝舞弊行为的发生。

三、会计人员的专业技术职称

会计人员的专业技术职称分为会计员、助理会计师、会计师和高级会计师四个档次。在我国，前三个档次与20世纪90年代初期开始实行考试与聘任相结合得考聘制，高级会计师目前也正在实行这一制度。各种职称的会计人员应具备的基本条件如下：

1. 会计员的基本条件

初步掌握财务会计知识和技能；熟悉并能认真执行有关会计法规和财务会计制度；能担任一个岗位的财务会计工作；大学专科或中等专业学校毕业，在财务会计工作岗位上见习 1 年期满，并通过会计人员专业技术职称资格考试。

2. 助理会计师的基本条件

在财务会计工作岗位上见习 1 年期满的高等院校财经专业本科生，或具有同等学力者，掌握了一般的财务会计基础理论和专业知识，熟悉并能够正确执行有关财经方针、侦测和参悟制度，能担负某一方面的财务会计工作并能较好完成任务；取得硕士学位或取得第二学位或研究生班结业证书，具备履行助理会计师的职责和能力；大学专科毕业并通过助理会计师专业技术职称资格考试。

3. 会计师的基本条件

具备较为系统的财务会计基础理论和专业知识，能正确执行有关的财政政策、法规和制度，具有一定的财务会计工作经验，能担负一个单位或一个部门某方面的财务会计工作；取得博士学位，并具有履行会计师职责的能力；取得硕士学位并担任助理会计师职务 2 ~3 年；大学本科或大学专科毕业并担任助理会计师职务 4 年以上，并通过会计师专业技术资格考试。

4. 高级会计师的基本条件。系统地掌握参悟会计专业理论知识，对财务会计专业某个领域有较深的研究和造诣，并取得较大成果，有较高水平的学术著作或工作报告，具有较高政策水平和丰富的财务工作经验，能组织和领导一个地区、一个部门或一个大型单位的财务会计工作，解决业务中的重大问题；取得博士学位，并担任会计师职务 2 ~3 年；取得硕士学位、第二学位或研究生班结业证书，或大学本科毕业并担任会计师职务 5 年以上，较熟练地掌握一门外语。

确定和晋升会计的技术职称，应由本人申请，对于会计员、助理会计师和会计师，还应通过会计专业技术资格考试、并被确认资格后，才能由所在单位实行聘任；对于高级会计师，应报省、市级财政部门评审，评审通过取得资格后，才能由所在单位实行聘任。

第四节　会计法规制度

会计法规和制度是组织和从事会计工作必须遵循的规范。它是经济法规、制度的重要组成部分。制定和实行会计法规和制度，可以保证会计贯彻执行国家有关的财经政策，保证会计工作沿着社会主义市场经济的方向前进，保证会计资料和会计信息真实、及时、可靠。我国的会计核算法规和制度由三个层次构成。

一、会计法

会计法是第一个层次，它是基本法，是会计核算工作最高层次的规范，由全国人民代表大会常务委员会制定，以国家主席的命令发布。该法由第六届全国人民代表大会常务委员会于1985年1月21日通过，并经1993年12月29日八届人大常务委员会第五次会议和1999年10月31日九届人大常务委员会第十二次会议进行了两次修订，修订后的会计法基本适应了社会主义市场经济的发展。1999年10月会计法修订后，在内容和力度上发生了很大变化。主要体现在以下几个方面：

（1）提出了规范会计行为、保证会计资料质量的立法宗旨，确定了会计工作在社会主义市场经济体制中的地位和职能作用。

（2）强调了单位负责人对本单位会计工作和会计资料真实性、完整性的责任。

（3）进一步完善了会计记账规则。

（4）强化了会计监督制度。

（5）实行会计从业人员资格管理制度。

（6）加大了对违法会计行为的打击力度。

（7）增强了与国际会计管理的协调。

在我国，会计法处于会计法规体系的最高层次，是制定其他会计法规制度的基本依据，其他会计法规都必须遵循和符合会计法的要求。

现行《会计法》自2000年7月1日起施行，其对会计立法的目的、适用范围、会计核算和会计监督的基本要求、会计机构和会计人员管理、会计行为的法律责任都作了原则的规定。作为会计方面的根本大法，会计法对一切组织的会计行为都具有普遍的强制约束力。

二、会计基本准则

会计准则由国家财政部制定并颁布，是会计工作的基本规范，会计界负有遵守会计准则的义务。会计准则又分为基本准则和具体准则两个层次。

基本准则是进行会计核算工作必须共同遵守的基本要求，体现了会计核算的基本规律。基本准则一般由会计核算的前提条件、一般原则、会计要素准则和会计报表准则组成，是对会计核算要求所作的原则性规定。它具有覆盖面广、概括性强等特点。1992年11月30日，经国务院比准，财政部以第5号部长令的形式，签发了《企业会计准则》，要求在1993年7月1日起全面实施。2006年又根据《国务院关于〈企业财务通则〉、〈企业会计准则〉的批复》（国函〔1992〕178号）的规定，财政部对《企业会计准则》（财政部令第5号）进行了修订，修订后的《企业会计准则——基本准则》已经部务会议讨论通过，财政部以第33号部长令的形式，签发了《企业会计准则》，自2007年1月1日起施行。2014

年 7 月 23 日，财政部又以第 76 号政部令的形式公布了最新的《企业会计准则》，自公布之日起施行。这里的企业会计准则是一个基本的会计准则，是对企业要素确认、计量、报告与揭示的基本原则和一般要求。主要指导具体会计准则的制定，而不是用来直接规范会计核算工作。

1997 年 5 月 28 日颁布了《事业单位会计准则（试行）》，1998 年 1 月 1 日起执行。最新的《事业单位会计准则》是 2012 年 12 月 5 日财政部部务会议修订通过，2012 年 12 月 6 日公布，自 2013 年 1 月 1 日起施行。此准则适用于各级各类事业单位。

三、会计具体准则

具体准则是根据基本准则的要求，对经济业务的会计处理做出的具体规定。具体规定有以下三类构成。

（1）各行业共同经济业务的准则，如应收账款、应付款项、投资、固定资产等。

（2）关于特殊经济业务的准则，包括各行业共有的特殊业务和特殊行业的特殊业务，前者如外币业务、租赁业务、清算业务等，后者如金融业务的存贷款业务等。

（3）有关会计报表的准则，如资产负债表、利润表、现金流量表、合并会计报表以及会计政策、会计估计变更和资产负债表日后事项调整等。

上市公司自 2007 年起执行，其他企业也可以仿照上市公司执行。

四、会计制度

财政部在会计准则的基础上，又进一步制定了具体的会计制度。目前一般企业（非上市公司）执行的是 2001 会计制度，包括企业会计制度（2011 进行了修订）、小企业会计制度、金融保险企业会计制度、政府事业单位会计制度。

第五节　会计档案

一、会计档案

会计档案是指会计凭证、会计账簿和会计报表等会计核算专业材料，它是记录和反映经济业务的重要史料和证据。具体包括：

（1）会计凭证类：原始凭证，记账凭证、汇总凭证，其他会计凭证。

（2）会计账簿类：总账，明细账，日记账，固定资产卡片，辅助账簿，其他会计账簿。

（3）财务报告类：月度、季度、年度财务报告，包括会计报表、附表、附注及文字说明，其他财务报告。

（4）其他类：银行存款余额调节表，银行对账单，其他应当保存的会计核算专业资料，会计档案移交清册，会计档案保管清册，会计档案销毁清册。

二、会计档案的保管要求

国家机关、社会团体、企业、事业单位、按规定应当建账的个体工商户和其他组织（以下简称各单位），应当依照会计档案管理办法管理会计档案。

各级人民政府财政部门和档案行政管理部门共同负责会计档案工作的指导、监督和检查。

各单位必须加强对会计档案管理工作的领导，建立会计档案的立卷、归档、保管、查阅和销毁等管理制度，保证会计档案妥善保管、有序存放、方便查阅、严防毁损、散失和泄密。

各单位每年形成的会计档案，应当由会计机构按照归档要求，负责整理立卷，装订成册，编制会计档案保管清册。

当年形成的会计档案，在会计年度终了后，可暂由会计机构保管一年，期满之后，应当由会计机构编制移交清册，移交本单位档案机构统一保管；未设立档案机构的，应当在会计机构内部指定专人保管。出纳人员不得兼管会计档案。

移交本单位档案机构保管的会计档案，原则上应当保持原卷册的封装。个别需要拆封重新整理的，档案机构应当会同会计机构和经办人员共同拆封整理，以分清责任。

各单位保存的会计档案不得借出。如有特殊需要，经本单位负责人批准，可以提供查阅或者复制，并办理登记手续。查阅或者复制会计档案的人员，严禁在会计档案上涂画、拆封和抽换。

各单位应当建立健全会计档案查阅、复制登记制度。

保管期满但未结清的债权债务原始凭证和涉及其他未了事项的原始凭证，不得销毁，应当单独抽出立卷，保管到未了事项完结时为止。单独抽出立卷的会计档案，应当在会计档案销毁清册和会计档案保管清册中列明。正在项目建设期间的建设单位，其保管期满的会计档案不得销毁。

保管期满的会计档案，可以按照以下程序销毁：

（1）由本单位档案机构会同会计机构提出销毁意见，编制会计档案销毁清册，列明销毁会计档案的名称、卷号、册数、起止年度和档案编号、应保管期限、已保管期限、销毁时间等内容。

（2）单位负责人在会计档案销毁清册上签署意见。

（3）销毁会计档案时，应当由档案机构和会计机构共同派人员监销。国家机关销毁会计档案时，应当由同级财政部门、审计部门派人员参加监销。财政部门销毁会计档案时，应当由同级审计部门派人员参加监销。

（4）监销人在销毁会计档案前，应当按照会计档案销毁清册所列内容清点核对所要销毁的会计档案，销毁后应当在会计档案销毁清册上签名盖章，并将监销情况报告本单位负责人。

采用电子计算机进行会计核算的单位，应当保存打印出的纸质会计档案。具备采用磁带、磁盘、光盘、微缩胶片等磁性介质保存会计档案条件的，由国务院业务主管部门统一规定，并报财政部、国家档案局备案。

单位因撤销、解散、破产或者其他原因而终止的，在终止和办理注销登记手续之前形成的会计档案，应当由终止单位的业务主管部门或财产所有者代管或移交有关档案馆代管，法律、行政法规另有规定的，从其规定。

单位分立后原单位存续的，其会计档案应当由分立后的存续方统一保管，其他方可查阅、复制与其业务相关的会计档案；单位分立后原单位解散的，其会计档案应当经各方协商后由其中一方代管或移交档案馆代管，各方可查阅、复制与其业务相关的会计档案。单位分立中未结清的会计事项所涉及的原始凭证，应当单独抽出由业务相关方保存，并按规定办理交接手续。

单位因业务移交其他单位办理所涉及的会计档案，应当由原单位保管，承接业务单位可查阅、复制与其业务相关的会计档案，对其中未结清的会计事项所涉及的原始凭证，应当单独抽出由业务承接单位保存，并按规定办理交接手续。

单位合并后原各单位解散或一方存续其他方解散的，原各单位的会计档案应当由合并后的单位统一保管；单位合并后原各单位仍存续的，其会计档案仍应由原各单位保管。

建设单位在项目建设期间形成的会计档案，应当在办理竣工决算后移交给建设项目的接受单位，并按规定办理交接手续。

单位之间交接会计档案的，交接双方应当办理会计档案交接手续。

移交会计档案的单位，应当编制会计档案移交清册，列明应当移交的会计档案名称、卷号、册数、起止年度和档案编号、应保管期限、已保管期限等内容。

交接会计档案时，交接双方应当按照会计档案移交清册所列内容逐项交接，并由交接双方的单位负责人负责监交。交接完毕后、交接双方经办人和监交人应当在会计档案移交清册上签名或者盖章。

三、会计档案的保管期限

会计档案的保管期限，从会计年度终了后的第一天算起。会计档案的保管期限分为永久、定期两类。定期保管期限分为3年、5年、10年、15年、25年5类。具体保管时间要求如表10－1和表10－2所示。

表10－1　企业和其他组织会计档案保管期限表

序号	档案名称	保管期限	备注
一	**会计凭证类**		
1	原始凭证	15年	
2	记账凭证	15年	
3	汇总凭证	15年	
二	**会计账簿类**		
4	总账	15年	包括日记账
5	明细账	15年	
6	日记账	15年	现金和银行存款日记账保管25年
7	固定资产卡片		固定资产报废清理后保管5年
8	辅助账簿	15年	
三	**财务报告类**		包括各级主管部门汇总财务报告
9	月、季度财务报告	3年	包括文字分析
10	年度财务报告（决算）	永久	包括文字分析
四	**其他类**		
11	会计移交清册	15年	
12	会计档案保管清册	永久	
13	会计档案销毁清册	永久	
14	银行余额调节表	5年	
15	银行对账单	5年	

表10－2　财政总预算、行政单位、事业单位和税收会计档案保管期限表

序号	档案名称	保管期限			备注
		财政总预算	行政单位事业单位	税收会计	
一	会计凭证类				
1	国家金库编送的各种报表及缴库退库凭证	10年		10年	
2	各收入机关编送的报表	10年			

续表

序号	档案名称	保管期限			备注
		财政总预算	行政单位事业单位	税收会计	
3	行政单位和事业单位的各种会计凭证		15 年		包括原始凭证、记账凭证和传票汇总表
4	各种完税凭证和缴、退库凭证			15 年	缴款书存根联在销号后保管 2 年
5	财政总预算拨款凭证及其他会计凭证	15 年			包括拨款凭证和其他会计凭证
6	农牧业税结算凭证			15 年	
二	**会计账簿类**				
7	日记账		15 年	15 年	
8	总账	15 年	15 年	15 年	
9	税收日记账（总账）和税收票证分类出纳账		25 年		
10	明细分类、分户账或登记簿	15 年	15 年	15 年	
11	现金出纳账、银行存款账		25 年	25 年	
12	行政单位和事业单位固定资产明细账（卡片）				行政单位和事业单位固定资产报废清理后保管 5 年
三	**财务报告类**				
13	财政总预算	永久			
14	行政单位和事业单位决算	10 年	永久		
15	税收年报（决算）	10 年		永久	
16	国家金库年报（决算）	10 年			
17	基本建设拨、贷款年报（决算）	10 年			
18	财政总预算会计旬报	3 年			所属单位报送保管的 2 年
19	财政总预算会计月、季度报表	5 年			所属单位报送的保管 2 年
20	行政单位和事业单位会计月、季度报表	5 年			所属单位报送的保管 2 年
21	税收会计报表（包括票证报表）			10 年	电报保管1 年，所属税务机关送的保管 3 年
四	**其他类**				
22	会计移交清册	15 年	15 年	15 年	
23	会计档案保管清册	永久	永久	永久	
24	会计档案销毁清册	永久	永久	永久	

第六节　会计工作交接

1996 年 6 月 17 日财政部财会字 19 号发布实施的《会计基础工作规范》中第二十五条至第三十五条就是会计工作交接的有关规定，其具体内容如下：

第二十五条　会计人员工作调动或者因故离职，必须将本人所经管的会计工作全部移交给接替人员。没有办清交接手续的，不得调动或者离职。

第二十六条　接替人员应当认真接管移交工作，并继续办理移交的未了事项。

第二十七条　会计人员办理移交手续前，必须及时做好以下工作：

（一）已经受理的经济业务尚未填制会计凭证的，应当填制完毕。

（二）尚未登记的账目，应当登记完毕，并在最后一笔余额后加盖经办人员印章。

（三）整理应该移交的各项资料，对未了事项写出书面材料。

（四）编制移交清册，列明应当移交的会计凭证、会计账簿、会计报表、印章、现金、有价证券、支票簿、发票、文件、其他会计资料和物品等内容；实行会计电算化的单位，从事该项工作的移交人员还应当在移交清册中列明会计软件及密码、会计软件数据磁盘（磁带等）及有关资料、实物等内容。

第二十八条　会计人员办理交接手续，必须有监交人负责监交。一般会计人员交接，由单位会计机构负责人、会计主管人员负责监交；会计机构负责人、会计主管人员交接，由单位领导人负责监交，必要时可由上级主管部门派人会同监交。

第二十九条　移交人员在办理移交时，要按移交清册逐项移交；接替人员要逐项核对点收。

（一）现金、有价证券要根据会计账簿有关记录进行点交。库存现金、有价证券必须与会计账簿记录保持一致。不一致时，移交人员必须限期查清。

（二）会计凭证、会计账簿、会计报表和其他会计资料必须完整无缺。如有短缺，必须查清原因，并在移交清册中注明，由移交人员负责。

（三）银行存款账户余额要与银行对账单核对，如不一致，应当编制银行存款余额调节表调节相符，各种财产物资和债权债务的明细账户余额要与总账有关账户余额核对相符；必要时，要抽查个别账户的余额，与实物核对相符，或者与往来单位、个人核对清楚。

（四）移交人员经管的票据、印章和其他实物等，必须交接清楚；移交人员从事会计电算化工作的，要对有关电子数据在实际操作状态下进行交接。

第三十条　会计机构负责人、会计主管人员移交时，还必须将全部财务会计工作、重大财务收支和会计人员的情况等，向接替人员详细介绍。对需要移交的遗留问题，应当写出书面材料。

第三十一条　交接完毕后，交接双方和监交人员要在移交注册上签名或者盖章，并应在移交注册上注明：单位名称、交接日期、交接双方和监交人员的职务、姓名、移交清册页数以及需要说明的问题和意见等。

移交清册一般应当填制一式三份，交接双方各执一份，存档一份。

第三十二条　接替人员应当继续使用移交的会计账簿，不得自行另立新账，以保持会计记录的连续性。

第三十三条　会计人员临时离职或者因病不能工作且需要接替或者代理的，会计机构负责人、会计主管人员或者单位领导人必须指定有关人员接替或者代理，并办理交接手续。

临时离职或者因病不能工作的会计人员恢复工作的，应当与接替或者代理人员办理交接手续。

移交人员因病或者其他特殊原因不能亲自办理移交的，经单位领导人批准，可由移交人员委托他人代办移交，但委托人应当承担本规范第三十五条规定的责任。

第三十四条　单位撤销时，必须留有必要的会计人员，会同有关人员办理清理工作，编制决算。未移交前，不得离职。接收单位和移交日期由主管部门确定。

单位合并、分立的，其会计工作交接手续比照上述有关规定办理。

第三十五条　移交人员对所移交的会计凭证、会计账簿、会计报表和其他有关资料的合法性、真实性承担法律责任。

下篇　课 程 实 践

第十一章　会计基本技能

第一节　会计书写

会计工作离不开书写。数字的书写是财会工作者的一项基本功，对会计人员来说尤为重要。财会工作常用的数字有两种：一种是阿拉伯数字；一种是中文大写数字。通常，将用阿拉伯数字表示的金额数字简称为“小写金额”；用中文大写数字表示的金额数字简称为“大写金额”。阿拉伯数字与中文大写数字有不同的规范化要求，会计数字的书写应规范化。对财会书写的要求是正确、规范、清晰、整洁、美观。

一、阿拉伯数字的书写

阿拉伯数字也称“公用数字”。原为印度人创造，公元8世纪传入阿拉伯，后又从阿拉伯传入欧洲，始称为“阿拉伯数字”。由于它字数少，笔画简单，人们普遍乐于使用，因此很快传遍世界各地。阿拉伯数字，是世界各国的通用数字。

（一）书写要求

（1）字体要自右上方向左下方倾斜地写，倾斜度约60度。

（2）每个数字要紧靠凭证或账表行格底线书写，字体高度占行格高度的1/2以下，不得写满格，以便留有改错的空间。

（3）书写数字应由高位到低位，从左到右，一个一个的认真书写，各自独立，不可潦草，不可模棱两可，不得连笔写，以免分辨不清。

（4）“1”字不能写短，且要合乎斜度要求，防止改为4、6、7、9。

（5）“2”、“3”、“5”、“8”应各自成体，避免混同。

（6）“4”的顶部不能封口，注意中竖的斜度，防止写成正体；折角要死折，不能圆滑，否则容易改成6。

（7）“6”字要比一般数字向右上方长出1/4，下圆要明显，以防改为8；

"7"和"9"字要向左下方长出1/4。

（8）"8"字要上边稍小，下边稍大，起笔应写成斜S形，终笔与起笔交接处应形成棱角，防止将3改为8。

（9）写"0"时，应紧贴底线，圆要闭合，不宜过小，否则容易改为9。

（10）除4、5以外的各单数字，均应一笔写成，不能人为增加数字的笔画。

（11）有圆的数字，如：6、8、9、0等，圆圈必须封口。

（12）字体要各自成形，大小均衡，排列整齐，字迹工整、清晰。

（13）同行的相邻数字之间要空出半个阿拉伯数字的位置。

（14）如果没有账格线，数字书写时要同数位对齐书写。数字书写的整数部分，可以从小数点向左按"三位一节"用分节号","分开或空一个位置，以便于读数和汇总计算。

（二）书写示范

阿拉伯数字的写法，有印刷体和手写体两种类型，日常工作中主要使用手写体，手写体的标准示范如图11－1所示。

图11－1　阿拉伯数字书写示范

二、汉字大写数字的书写

（一）汉字数字大写

汉字数字分大写和小写两种，小写数字因为笔画简单，容易被篡改或伪造，因此一般的商业文书和财务票据上的数字都采用汉字大写方式。汉字数码分为数字（壹、贰、叁、肆、伍、陆、柒、捌、玖、零）和数位（拾、佰、仟、万、亿、元、角、分、整）两部分。

1. 阿拉伯数字与汉字大写、小写数字的对照

阿拉伯数字与汉字大小写数字的对照如表11－1所示。

表11－1　　阿拉伯数字与汉字大小写数字的对照

阿拉伯数字	0	1	2	3	4	5	6	7	8	9
汉字小写	○	一	二	三	四	五	六	七	八	九
汉字大写	零	壹	贰	叁	肆	伍	陆	柒	捌	玖

进位阿拉伯数字与汉字大小写数字的对照如表11－2所示。

表11－2　进位阿拉伯数字与汉字大小写数字的对照

阿拉伯数字	汉字小写	汉字大写
10	十	拾
20	二十	廿
30	三十	卅
100	百	佰
1 000	千	仟
10 000	万	万
100 000 000	亿	亿
10 000 000 000 000	兆	兆
10 000 000 000 000 000 000	京	京
100 000 000 000 000 000 000 000 000	顺	顺

2. 书写要求

（1）中文大写金额数字应用正楷或行书填写，不得连笔写。

（2）不允许使用未经国务院公布的简化字或谐音字。不得用中文小写一、二、三、四、五、六、七、八、九、十或廿、两、毛、零（或0）等字样代替。

（3）字体要各自成形，大小匀称，排列整齐，字迹要工整、清晰。

汉字大写数字的正楷、行楷书写示范如表11－3所示。

表11－3　汉字大写数字书写示范

零	壹	贰	叁	肆	伍	陆	柒	捌	玖	拾	佰	仟	万	亿	元	角	分
零	壹	貳	叁	肆	伍	陆	柒	捌	玖	拾	佰	仟	万	亿	元	角	分

（二）汉字金额大小写

1. 小写金额的标准写法

（1）阿拉伯金额数字前面应当书写货币币种符号或货币名称简写。币种符号和阿拉伯数字之间不得留空白。凡阿拉伯数字前写出币种符号的，数字后不再写货币单位。

（2）以元为单位的阿拉伯数字，除表示单价等情况外，一律写到角、分；没有角、分的，角位和分位可写出“00”或者“—”；有角无分的，分位应该写出

“0”，不得用“—”代替。

（3）只有分位金额的，在元和角位上各写一个“0”字，并在元和角之间点一个小数点，如“￥0.09”。

（4）元以上每3位要空出半个阿拉伯数字的位置书写，如“￥2 736 227.21”；也可以3位一节用“分位号”分隔。

2. 大写金额的标准写法

（1）大写金额前加写“人民币”。中文大写金额前应加“人民币”字样，并且与第一个大写数字之间不能留有空格。写数与读数顺序要一致。

（2）正确运用“整”字。中文大写金额到“元”为止的，应当写“整”或“正”字，如￥480.00应写成“人民币肆佰捌拾元整”。中文大写金额到“角”为止的，可以在“角”之后写“整”或“正”字，也可以不写，如￥197.30应写成“人民币壹佰玖拾柒元叁角整”或者“人民币壹佰玖拾柒元叁角”。中文大写金额到“分”位的，不写“整”或“正”字，如￥94 862.57应写成“人民币玖万肆仟捌佰陆拾贰元伍角柒分”。

（3）正确书写中间“零”。

①中文数字中间有“0”时，中文大写金额也要写“零”字，如￥1 304.78应写成“人民币壹仟叁佰零肆元柒角捌分”。

②中文数字中间连续有几个“0”时，大写数字只写一个“零”字，如￥6 008.59应写成“人民币陆仟零捌元伍角玖分”。

③中文数字万位或元位是“0”，或者数字中间连续有几个“0”，万位、元位也是“0”，但千位、角位不是“0”时，中文大写金额中可以只写一个“零”字，也可以不写“零”字。如￥3 200.47应写成“人民币叁仟贰佰元零肆角柒分”，也可以写成“人民币叁仟贰佰元肆角柒分”；又如￥107 000.23应写成“人民币壹拾万柒仟元零贰角叁分”，也可以写成“人民币壹拾万零柒仟元贰角叁分”，还可以写成“人民币壹拾万柒仟元贰角叁分”；再如￥6 000 010.29应写成“人民币陆佰万零壹拾元零贰角玖分”，也可以写成“人民币陆佰万零壹拾元贰角玖分”。

④中文数字角位是“0”，而分位不是“0”时，中文大写金额元后面应写“零”字，如￥125.04应写成“人民币壹佰贰拾伍元零肆分”；又如￥60 309.07应写成“人民币陆万零叁佰零玖元零柒分”。

（4）“壹”开头的别丢“壹”。当中文数字首位是“1”时，前面必须写上“壹”字，如￥16.74应写成“人民币壹拾陆元柒角肆分”；又如￥100 000.00应写成“人民币壹拾万元整”。

(5) 凭证大写要注意。在印有大写金额万、仟、佰、拾、元、角、分位置的凭证上书写大写金额时，金额前面如有空位，可画"⊗"注销，阿拉伯数字中间有几个"0"(含分位)，汉字大写金额就写几个"零"字。如"￥200.30"的汉字大写金额为"人民币⊗万⊗仟贰佰零拾零元叁角零分"。

(6) 写错不准涂改。为了防止作弊，银行、单位和个人填写的各种票据和结算凭证的中文大写金额一律不许涂改，一旦写错，则该凭证作废，需要重新填写。因此，会计人员在书写中文大写数字时必须认真填写，以减少书写错误的发生。

(三) 汉字大写日期的书写

在会计工作中，经常要填写支票、汇票和本票，这些票据的出票日期必须使用汉字大写。具体的书写要求如下：

(1) 填写月、日时，月为1、2和10的，日为1至9和10、20、30的，应在其前加写"零"。如"2015年2月20日"，应写成"贰零壹伍年零贰月零贰拾日"。

(2) 日为11至19的，应在其前加写"壹"字。如"2015年10月17日"，应写成"贰零壹伍年零壹拾月壹拾柒日"。

(3) "10月"要写成"零壹拾月"，"11月"要写成"壹拾壹月"，"12月"要写成"壹拾贰月"。

(4) 票据出票日期使用小写填写的，银行不予受理。大写日期未按要求规范填写的，银行可予受理，但由此造成损失的，由出票人自行承担。

(四) 会计科目、摘要的书写

(1) 填制记账凭证和登记账簿时，必须用碳素笔或钢笔认真书写，不得使用圆珠笔、铅笔和纯蓝色墨水；一般使用楷书或行书书写，不得使用草书书写；文字书写的宽窄与长短比例要匀称，字型要完全一致，不能满格书写；文字的长度占所记录表格的1/2为宜，以备留有改错的空间。同时也是为了保持账面美观。

(2) "会计科目"要用全称；凡有明细分类科目者，必须填齐；不能只用科目代号；科目之间的对应关系必须清楚。

(3) 会计凭证中有关经济业务内容的"摘要"必须真实。在填写"摘要"时，既要简明，又要全面、清楚，应以说明问题为主。一般来说：写物要有品名、数量、单价；写事要有过程；银行结算凭证要注明支票号码、去向；送存款项，要注明现金、支票、汇票等。遇有冲转业务，不能只写冲转，应写明冲转某年、某月、某日、某项业务和凭证号码，也不能只写对方账户。要求“摘要”能够正确、完整地反映经济活动和资金变化的来龙去脉，切忌含糊不清。

(4) 账簿上的“摘要栏”，应依据记账凭证上的“摘要”填写，其简明程度，以能从账簿上看出经济业务的基本内容为限。不能过于详细以致栏内书写不开，有失账面整洁，也不能过于简单看不出经济业务的基本情况，遇有查询还得查阅会计凭证，更不能画点或空白不填。

(5) 记账凭证和账簿上所填写的文字也和数字一样，不准随意涂改、刀刮、纸贴、药水洗、橡皮擦。填写错误需要更正时，应将错误的文字用红色墨水单线注销，另填正确的文字，并加盖经手人的印章。

三、实践实训

(一) 在下面的练习本中书写标准的阿拉伯数字

数字练习本

0	1	2	3	4	5	6	7	8	9	0	1	2	3	4	5	6	7	8	9	0	1	2	3	4	5	6	7	8	9
0	1	2	3	4	5	6	7	8	9	0	1	2	3	4	5	6	7	8	9	0	1	2	3	4	5	6	7	8	9
0	1	2	3	4	5	6	7	8	9	0	1	2	3	4	5	6	7	8	9	0	1	2	3	4	5	6	7	8	9

(二) 在下面的练习本中书写标准的汉字大写数码

零	壹	贰	叁	肆	伍	陆	柒	捌	玖	拾	佰	仟	万	亿	元	角	分

（三）将下列中文大写数字写成阿拉伯数字

（1）人民币贰拾柒元伍角肆分　　应写成＿＿＿＿＿＿

（2）人民币伍仟贰佰万零陆仟玖佰柒拾捌元整　　应写成＿＿＿＿＿＿

（3）人民币叁仟万零贰拾元整　　应写成＿＿＿＿＿＿

（4）人民币壹拾玖万零贰拾叁元整　　应写成＿＿＿＿＿＿

（5）人民币玖角捌分　　应写成＿＿＿＿＿＿

（6）人民币柒万肆仟伍佰零贰元捌角陆分　　应写成＿＿＿＿＿＿

（7）人民币玖仟叁佰元零伍角整　　应写成＿＿＿＿＿＿

（8）人民币贰拾肆万零捌佰零壹元零玖分　　应写成＿＿＿＿＿＿

（9）人民币壹拾万元整　　应写成＿＿＿＿＿＿

（10）人民币陆佰万元零柒分　　应写成＿＿＿＿＿＿

（四）将阿拉伯数字写成中文大写数字

（1）￥28 703. 49　　应写成＿＿＿＿＿＿＿＿＿＿＿＿

（2）￥160 000. 00　　应写成＿＿＿＿＿＿＿＿＿＿＿＿

（3）￥580. 20　　应写成＿＿＿＿＿＿＿＿＿＿＿＿

（4）￥3 000 070. 10　　应写成＿＿＿＿＿＿＿＿＿＿＿＿

（5）￥60 104. 09　　应写成＿＿＿＿＿＿＿＿＿＿＿＿

（6）￥109 080. 80　　应写成＿＿＿＿＿＿＿＿＿＿＿＿

（7）￥206 054. 03　　应写成＿＿＿＿＿＿＿＿＿＿＿＿

（8）￥80 001. 20　　应写成＿＿＿＿＿＿＿＿＿＿＿＿

（9）￥76 003 000. 00　　应写成＿＿＿＿＿＿＿＿＿＿＿＿

（10）￥96 274. 58　　应写成＿＿＿＿＿＿＿＿＿＿＿＿

第二节　会计点钞与验钞

点钞（票币整点），包括整点纸币和清点硬币。它是经贸类专业学生从事财会、金融、商品经营等工作必须具备的基本技能。

一、点钞基本要领

出纳人员在办理现金的收付与整点时，要做到准、快、好。“准”，就是钞券清点不错不乱，准确无误；“快”，是指在准的前提下，加快点钞速度，提高工作效率；“好”，就是清点的钞券要符合“五好钱捆的要求”。“准”是做好现金收付和整点工作的基础和前提，“快”和“好”是银行加速货币流通、提高服务质量的必要条件。

学习点钞，首先要掌握基本要领。基本要领对于哪一种方法都适用。点钞基本要求大致可概括为以下几点：

（一）肌肉要放松

点钞时，两手各部位的肌肉要放松。肌肉放松，能够使双手活动自如，动作协调，并减轻劳动强度。否则，会使手指僵硬，动作不准确，既影响点钞速度，又消耗体力。正确的姿势是，肌肉放松，双肘自然放在桌面上，持票的左手手腕接触桌面，右手腕稍抬起。

（二）钞券要墩齐

需清点的钞券必须清理整齐、平直。这是点准钞券的前提，钞券不齐不易点准。对折角、弯折、揉搓过的钞券要将其弄直、抹平，明显破裂、质软的票子要先挑出来。清理好后，将钞券在桌面上墩齐。

（三）开扇要均匀

钞券清点前，都要将票面打开成缴扇形和小扇开，使钞券有一个坡度，便于捻动。开扇均匀是指每张钞券的间隔距离必须一致，使之在捻钞过程中不易夹张。因此，扇面开得是否均匀，决定着点钞是否准确。

（四）手指触面要小

手工点钞时，捻钞的手指与票子的接触面要小。如果手指接触面大，手指往返动作的幅度随之增大，从而使手指频率减慢，影响点钞速度。

（五）动作要连贯

点钞时各个动作之间相互连贯是加快点钞速度的必要条件之一。动作连贯包括两方面的要求：一是指点钞过程的各个环节必须紧张协调，环环扣紧。如点完100张墩齐钞券后，左手持票，右手取腰条纸，同时左手的钞券跟上去，迅速扎好小把；在右手放票的同时，左手取另一把钞券准备清点，而右手顺手沾水清点等。这样使扎把和持票及清点各环节紧密地衔接起来。二是指清点时的各个动作要连贯，即第一组动作和第二组动作之间，要尽量缩短和不留空隙时间，当第一组的最后一个动作即将完毕时，第二组动作的连续性，比如用手持式四指拨动点钞法清点时，当第一组的食指捻下第四张钞券时，第二组动作的小指要迅速跟上，不留空隙。这就要求在清点时双手动作要协调，清点动作要均匀，切忌忽快忽慢、忽多忽少。另外在清点中尽量减少不必要的小动作、假动作，以免影响动作的连贯性和点钞速度。

（六）点数要协调

点和数是点钞过程的两个重要方面，这两个方面要相互配合，协调一致。点的速度快，记数跟不上，或点的速度慢，记数过快，都会造成点钞不准确，甚至造成差错，给国家财产带来损失。所以点和数二者必须一致，这是点准的前提条件之一。为了使两者紧密结合，记数通常采用分组法。单指单张以十为一组记数，多指多张以清点的张数为一组记数，使点和数的速度能基本吻合。同时记数通常要用脑子记，尽量避免用口数。

二、点钞的基本环节

点钞是从拆把开始到扎把为止这样一个连续、完整的过程。它一般包括拆把持钞、清点、记数、墩齐、扎把、盖章等环节。要加速点钞速度，提高点钞水平，必须把各个环节的工作做好。

（一）拆把持钞

成把清点时，首先需将腰条纸拆下。拆把时可将腰条纸脱去，保持其原状，也可将腰条纸用手指勾断。通常初点时采用脱去腰条纸的方法，以便复点时发现差错进行查找，复点时一般将腰条纸勾断。持钞的速度的快慢、姿势是否正确，也会影响点钞速度。要注意每一种点钞方法的持钞方法。

（二）清点

清点是点钞的关键环节。清点的速度、清点的准确性直接关系到点钞的准确与速度。因此，要勤学苦练清点基本功，做到清点既快又准。

在清点过程中，还需将损伤券按规定标准剔出，以保持流通中票面的整洁。如该把钞券中夹杂着其他版面的钞券，应将其挑出。

在点钞过程中如发现差错，应将差错情况记录在原腰条纸上，并把原腰条纸放在钞券上面一起扎把，不得将其扔掉，以便事后查明原因，另作处理。

（三）记数

记数也是点钞的基本环节，与清点相辅相成。在清点准确的基础上，必须做到记数准确。

（四）墩齐

钞券清点完毕扎把前，先要将钞券墩齐，以便扎把保持钞券外观整齐、美观。票子墩齐要求四条边水平，不露头或不呈梯形错开，卷角应拉平。墩齐时，双手松拢，先将钞券竖起来，双手将钞券捏成瓦形在桌面上墩齐，然后将钞券横立并将其捏成瓦形在桌面上墩齐。

（五）扎紧

每把钞券清点完毕后，要扎好腰条纸。腰条纸要求扎在钞券的1/2处，左右偏差不得超过2厘米。同时要求扎紧，以提起第一张钞券不被抽出为准。

（六）盖章

盖章是点钞过程的最后一环，在腰条纸上加盖点钞员名章，表示对此把钞券的质量、数量负责，所以每个出纳员点钞后均要盖章，而且图章要盖得清晰，以看得清行号、姓名为准。

三、点钞方法

点钞方法有很多，可以划分为手工点钞和机器点钞两大类。如下图所示。

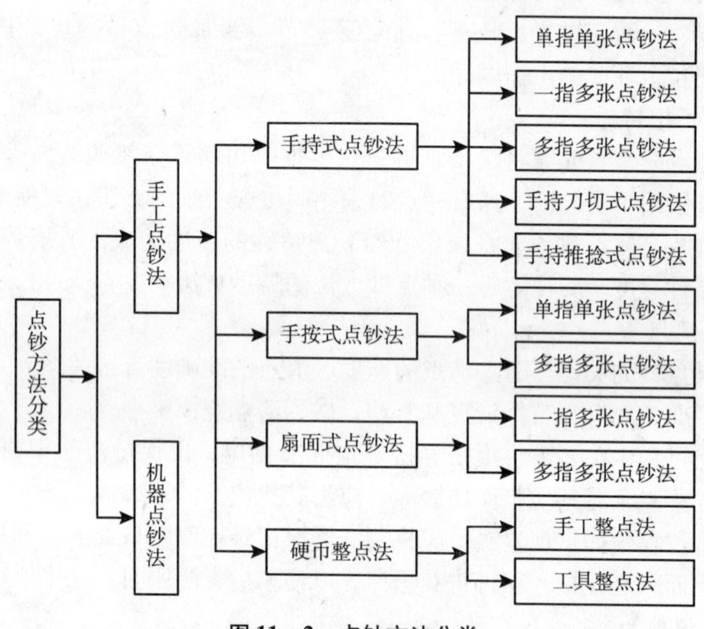

图 11－2　点钞方法分类

（一）手工点钞法

1. 手持式单指单张点钞法

用一个手指一次点一张的方法叫单指单张点钞法。这种方法使用范围较广，适用于收款、付款和整点各种新旧大小钞票。这种点钞方法由于持票面小，能看到票面的 3/4，容易发现假钞票及残破票，缺点是点 1 张记 1 个数，比较费力。如图 11－3 所示，具体操作方法如下：

图 11－3　手持式单指单张点钞法

（1）清点。左手横执钞票，下面朝向身体，左手拇指在钞票正面左端约 1/4 处，食指与中指在钞票背面与拇指同时捏住钞票，无名指与小指自然弯曲并伸向票前左下方，与中指夹紧钞票，食指伸直，拇指向上移动，按住钞票侧面，将钞票压成瓦形，左手将钞票从桌面上擦过，拇指顺势将钞票向上翻成微开的扇形，右手食指托住钞票背面右上角，用拇指尖逐张向下捻动钞票右上角，食指在钞票背面的右端配合拇指捻动，左手拇指按捏钞票，配合右手起自然助推的作用，右手的无名指将捻起的钞票向怀里弹，要注意轻点快弹。

（2）记数。记数与清点同时进行。在点数速度快的情况下，记数应该采用分组记数法：把 10 作 1 记，即 1、2、3、4、5、6、7、8、9、1（即 10），1、2、3、4、5、6、7、8、9、2（即 20），以此类推，数到 1、2、3、4、5、6、7、8、9、10（即 100）。采用这种记数法记数要默记，做到脑、眼、手密切配合，既准又快。

2. 手持式单指多张点钞法

点钞时，一指同时点两张或两张以上的方法叫单指多张点钞法。它适用于收款、付款和各种券别的整点工作。这种点钞法除了记数和清点外，其他均与单指单张点钞法相同。如图 11－4 所示。

图 11－4　手持式单指多张点钞法

（1）清点。清点时，右手食指放在钞票背面右上角，拇指肚放在正面右上角，拇指尖超出票面，用拇指肚先捻钞。单指双张点钞法，拇指肚先捻第一张，拇指尖捻第二张。单指多张点钞法，拇指用力要均衡，捻的幅度不要太大，食指、中指在票后面配合捻动，拇指捻张，无名指向怀里弹。在右手拇指往下捻动的同时，左手拇指稍抬，使票面拱起，从侧边分层错开，便于看清张数，左手拇指往下拨钞票，右手拇指抬起让钞票下落，左手拇指在拨钞的同时下按其余钞票，左右两手拇指一起一落协调动作，如此循环，直至点完。

（2）记数。采用分组记数法。如：点双数，两张为一组记 1 个数，50 组就是 100 张。

3. 手持式多指多张点钞法

点钞时用中指、食指依次捻下一张钞票，一次清点二张钞票的方法，叫两指两张点钞法；点钞时用无名指、中指、食指依次捻下一张钞票，一次清点三张钞票的方法，叫三指三张点钞法；点钞时用小指、无名指、中指、食指依次捻下一张钞票，一次清点四张钞票的方法，叫四指四张点钞法；以上统称多指多张点钞法。这种点钞法适用于收款、付款和整点工作，这种点钞方法效率高，能够逐张识别假钞票和挑剔残破钞票。如图 11－5 所示。

（1）清点。用左手持钞，中指在前，食指、无名指、小指在后，将钞票夹紧，四指同时弯曲将钞票轻压成瓦形，拇指在钞票的右上角外面，将钞票推成小扇面，然后手腕向里转，使钞票的右里角抬起，右手腕抬起，拇指贴在钞票的右里角，其余四指同时弯曲并拢，从小指开始每指捻动一张钞票，依次下滑四个手指，每一次下滑动作捻下四张钞票，循环操作，直至点完 100 张。

图 11－5　手持式多指多张点钞法

（2）记数。采用分组记数法。每次点四张为一组，记满 25 组为 100 张。

4. 扇面式点钞法

把钞票捻成扇面状进行清点的方法叫扇面式点钞法。这种点钞方法速度快，是手工点钞中效率最高的一种。但它只适合清点新票币，不适于清点新、旧、破混合钞票。如图 11－6 所示。

图 11－6　扇面式点钞法

（1）持钞。钞票竖拿，左手拇指在票前下部中间票面约1/4处。食指、中指在票后同拇指一起捏住钞票，无名指和小指拳向手心。右手拇指在左手拇指的上端，用虎口从右侧卡住钞票成瓦形，食指、中指、无名指、小指均横在钞票背面，做开扇准备。

（2）开扇。以左手为轴，右手食指将钞票向胸前左下方压弯，然后再猛向右方闪动，同时右手拇指在票前向左上方推动钞票，食指、中指在票后面用力向右捻动，左手指在钞票原位置向逆时针方向画弧捻动，食指、中指在票后面用力向左上方捻动，右手手指逐步向下移动，至右下角时即可将钞票推成扇面形。如有不均匀地方，可双手持钞抖动，使其均匀。打扇面时，左右两手一定要配合协调，不要将钞票捏得过紧，如果点钞时采取一按十张的方法，扇面要开小些，便于点清。

（3）清点。左手持扇面，右手中指、无名指、小指托住钞票背面，拇指在钞票右上角1cm处，一次按5张或10张；按下后用食指压住，拇指继续向前按第二次，以此类推，同时左手应随右手点数速度向内转动扇面，以迎合右手按动，直到点完100张为止。

（4）记数。采用分组记数法。一次按5张为一组，记满20组为100张；一次按10张为一组，记满10组为100张。

（5）合扇。清点完毕合扇时，将左手向右倒，右手托住钞票右侧向左合拢，左右手指向中间一起用力，使钞票竖立在桌面上，两手松拢轻墩，把钞票墩齐，准备扎把。

5. 手按式单指单张点钞法

这是一种传统的点钞方法，它适用于收款、付款和整点各种新、旧大小钞券。由于这种点钞方法逐张清点，看到的票面较大，便于挑剔损伤券，特别适宜于清点散把钞券和辅币及残破券多的钞券。如图11－7所示。

图11－7　手按式单指单张点钞法

（1）清点。将钞券横放在桌面上，一般在点钞员正胸前，左手小指、无名指微弯按住钞券左上角的票面1/3处，拇指、食指和中指微屈，右手拇指托起右下角的部分钞券，用右手食指捻动钞券，每捻起一张，左手拇指便将钞券推送到左手食指与中指间夹住。这种方法清点时，应注意右手拇指托起的钞券不要太多，否则会使食指捻动困难；也不宜太少，太少会增加拇指活动次数从而影响清点速度，一般一次以20张左右为宜。

（2）记数。记数可采用双数记数法，数至50张即不足100张，也可采用分组记数法，以十为一组记数，记数方法与手持式单指单张基本相同。

6. 手按式多指多张点钞法

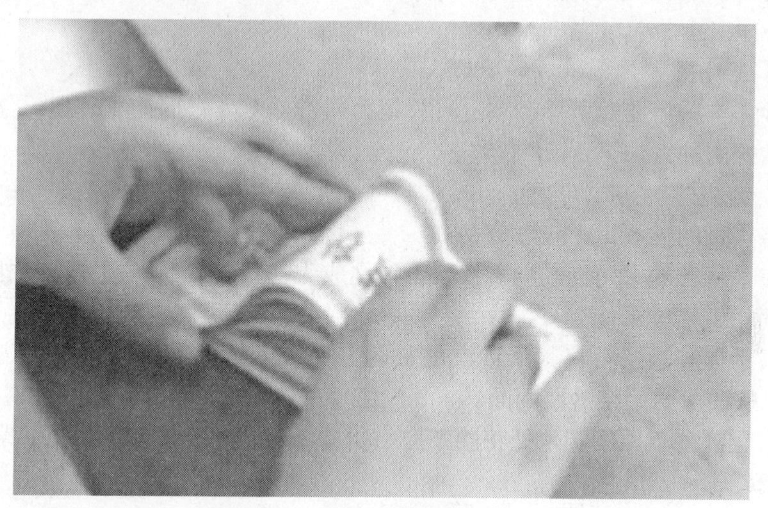

图11－8　手按式多指多张点钞法

（1）清点。将钞券平放在桌面上，钞票边沿与桌面边沿约成45°角，左手小指、无名指按住钞券左边1/4处，用右手食指、中指、无名指捻动钞券，并往上提，随即用左手的拇指、食指将点过的钞票夹住。

（2）记数。记数可采用分组记数法，以3张为一组记数。

7. 手工整点硬币

手工整点硬币一般常用在收款、收点硬币尾零款，以100枚为一卷，一次可清点5枚、12枚、14枚或16枚，最多的可一次清点18枚，主要是依个人技术熟练程度而定。其操作方法如下：

（1）拆卷。右手持硬币卷的1/3部位，放在待清点完包装纸的中间，左手撕开硬币包装纸的一头，然后右手大拇指向下从左到右端开包装纸，把纸从卷上面压开后，左手食指平压硬币，右手抽出已压开的包装纸，这样即可准备清点。

（2）点数。按币值由大到小的顺序进行清点，用左手持币，右手拇指食指分组清点。为保证准确，用右手中指从一组中间分开查看，如一次点 18 枚为一组，即从中间分开一边 9 枚；如一次点 10 枚为一组，一边为 5 枚。记数方法：分组计数，一组为一次，如点 10 组即记 10 次，其他以此类推。

（3）包装。硬币清点完毕后，用双手的无名指分别顶住硬币的两头，用拇指、食指、中指捏住硬币的两端，将硬币取出放入已准备好的包装纸 1/2 处，再用双手拇指把里半部的包装纸向外掀起掖在硬币底部，再用右手掌心用力向外推卷，然后用双手的中指、食指、拇指分别将两头包装纸压下均贴至硬币，这样使硬币两头压三折，包装完毕。

8. 手工扎把

点钞完毕后需要对所点钞票进行扎把，通常是 100 张捆扎成一把，分为缠绕式和扭结式两种方法。

（1）缠绕式。

①将点过的钞票 100 张墩齐；

②左手从长的方向拦腰握着钞票，使之成为瓦状（瓦状的幅度影响扎钞的松紧，在捆扎中幅度不能变）；

③右手握着腰条头将其从钞票的长的方向夹入钞票的中间（离一端 1/3 至 1/4 处）从凹面开始绕钞票两圈；

④在翻到钞票原度转角处将腰条向右折叠 90°，将腰条头绕捆在钞票的腰条转两圈打结；

⑤整理钞票。

（2）扭结式。

①将点过的钞票 100 张墩齐；

②左手握钞，使之成为瓦状；

③右手将腰条从钞票凸面放置，将两腰条头绕到凹面，左手食指、拇指分别按住腰条与钞票厚度交界处；

④右手拇指、食指夹住其中一端腰条头，中指、无名指夹住另一端腰条头，并合在一起，右手顺时针转 180°，左手逆时针转 180°，将拇指和食指夹住的那一头从腰条与钞票之间绕过、打结；

⑤整理钞票。

（二）机器点钞技术

机器点钞就是用点钞机代替部分手工点钞，速度是手工点钞的几倍；它大大地提高了点钞的工作效率并减轻了出纳人员的劳动强度。如图 11－9 所示。

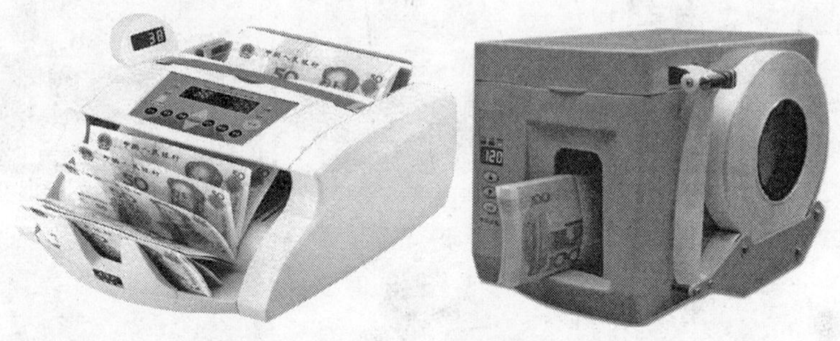

图 11－9　机器点钞

1. 机器点钞的操作程序

持钞→整点→复点→累计显示→墩齐→扎把→盖章→扫尾

2. 机器点钞的具体操作方法

（1）打开点钞机的电源开关和计数器开关。

（2）放钞。取过钞票，右手横握钞票，将钞票捻成前高后低的坡形后横放在点钞机的点钞板上，放时顺点钞板形成自然斜度，如果放钞方法不正确会影响点钞机的正常清点。

（3）监视点钞。钞票进入点钞机后，点钞人员的目光要迅速跟住输钞带，检查是否有夹杂券、破损券、假钞或其他异物。

（4）取票。当钞票全部下到积钞台后，看清计数器显示的数字并与应点金额相符后，以左手将钞票取出。如果还有钞票需要点验，再重复上述步骤即可。

3. 点钞机的使用

随着经济的发展及科学技术的发展，伪钞制造水平越来越高，点钞机由于综合了紫光、磁性、红外、数码等多种鉴伪手段，是目前验钞精度最高的一种设备。由于点钞机已基本实现智能化、人性化设计，操作员只需将货币放入进钞口，点钞机自动点验。当点验时出现可疑币，机器会自动停机，报警提示灯闪烁，并发出报警的声音，提示出钞口第一张为可疑币，手动删除该钞票，按“复位”键继续点验。如图 11－10 所示。

方法一：将纸币整理整齐并清理干净；然后前倾放入机器清钞板；用手指轻轻往后推即可。

方法二：将纸币整理整齐并清理干净；然后将钞票均衡展开成小斜坡状；最后放入清钞板入口。

点钞机正确放钞方式

正确放钞方式

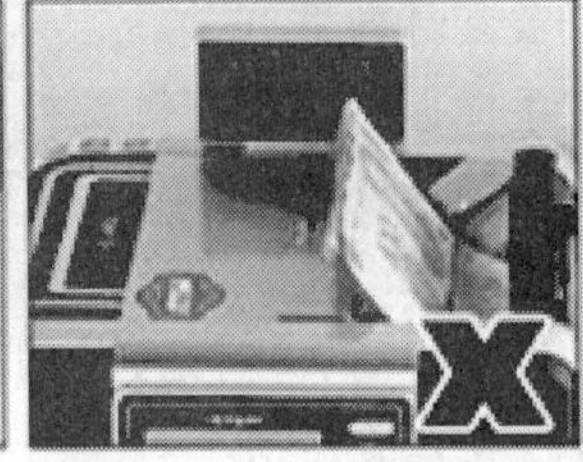

错误放钞方式

错误放钞方式

图 11－10　点钞机的使用

4. 点钞机的维护

（1）开机后无显示：检查电源的插座是否有电、点钞机的插头是否接触不良、点钞机的保险丝是否已熔断。

（2）开机后出现故障提示代码：一般点钞机具有故障自检功能，开机后点钞机就自诊是否有故障，不同品牌型号的点钞机，故障代码也不一样，应仔细阅读该点钞机的《使用说明书》。

（3）计数不准：调节托钞盘后部的垂直螺丝，顺时针或逆时针旋转调试（顺紧—逆松）；清理光电记数传感器上的积尘；看阻力橡皮、捻钞轮是否严重磨损，及时更换后再进行调整；调节送钞台光电计数器传感器的对正位置；看电机皮带是否严重磨损。

（4）荧光鉴伪不报警或检伪灵敏度降低：调节电路板灵敏度按键或灵敏度调

节电位器（荧光鉴伪的灵敏度）；清除荧光灯管光传感器（紫光灯探头）的积尘；荧光灯管是否老化。

（5）启停方式失灵：看送钞传感器是否积尘；送钞传感器和主电路板连接；点钞机皮带是否折断。

四、假币的识别及处理

（一）假币

指伪造的货币和变造的货币。伪造的货币指仿照真币的图像、形状、色彩等，采用各种手段制作的假币；变造的货币指在真币的基础上，利用挖补、揭页、涂改、拼凑、移位、重印等多种方法制作，构成变相升值的假币。

（二）识别假币的方法

真假人民币的识别方法可以概括为："一看、二摸、三听、四测"。如图 11－1 所示。

图 11－11　真假币的识别

一看：首先看钞票的水印是否清晰。假币水印的特点是模糊，无立体感，变形较大，多是用浅色油墨加印在纸张正、背面，不需迎光透视就能看到，真币的图案颜色协调，富有立体感，色彩柔和亮丽，各种线条粗细均匀，波纹线明晰、光洁；其次看安全线。假币的安全线一般是印上或画上的颜色，如加入立体实物，会出现与票面皱褶分离的现象；最后看整张票面图案是否统一。

二摸：人民币均采用了凹版印刷，在人物、字体、国徽、盲文点处都采用了这一技术。而假币图案平淡、手感光滑、花纹图案较模糊，且多由网点组成。触摸票面上凹印部位的线条，假币纸质松软、平滑无弹性。

三听：钞票纸是特殊纸张，挺括耐折，用手抖动会发出清脆的声音。

四测：用紫光灯检测无色荧光反映，用磁性仪检测磁性印记，用放大镜检测图案印刷的接线技术及底纹线条，50 元、100 元券人民币分别在正面主图景两侧印有可在紫外光下产生金黄色荧光反应的面额数字“50”、“100”和汉语拼音“WUSHI”、“YIBAI”。

《中华人民共和国人民币管理条例》规定：单位和个人持有伪造、变造的人民币的，应当及时上交中国人民银行、公安机关或者办理人民币存取款业务的金融机构；发现他人持有伪造、变造的人民币的，应当立即向公安机关报告。办理人民币存取款业务的金融机构发现伪造、变造的人民币，数量较多、有新版的伪造人民币或者有其他制造、贩卖、伪造、变造的人民币线索的，应当立即报告公安机关；数量较少的，由该金融机构两名以上工作人员当面予以收缴，加盖“假币”字样的戳记，登记造册，向持有人出具中国人民银行统一印制的收缴凭证，并告知持有人可以向中国人民银行或者向中国人民银行授权的国有独资商业银行的业务机构申请鉴定；办理人民币存取款业务的金融机构应当将收缴的伪造、变造的人民币解缴当地中国人民银行。防止以伪造、变造的人民币对外支付；办理人民币存取款业务的金融机构应当在营业场所无偿提供鉴别人民币真伪的服务；伪造、变造的人民币由中国人民银行统一销毁。①

五、残缺污损人民币兑换办法

残缺、污损人民币是指票面撕裂、损缺，或因自然磨损、侵蚀，外观、质地受损，颜色变化，图案不清晰，防伪特征受损，不宜再继续流通使用的人民币。凡办理人民币存取款业务的金融机构应无偿为公众兑换残缺、污损人民币，不得拒绝兑换。

人民币在市场上流通周转有不同程度的损伤，有的破裂，有的缺角，有的被污染，有的因被油浸变色、虫蛀、鼠咬、霉烂、火烧等而形成残缺票币，为了便

① 《中华人民共和国人民币管理条例》第三十二、三十四、三十六、三十七条。

于单位出纳员掌握残缺票币兑换标准，一般可参照下列标准：

1. 全额兑换标准

（1）票面残缺不超过1/5，其余部分的图案、文字能照原样连接者。

（2）票面污损、熏焦、水湿、油浸、变色，但能辨别真假，票面完整或残缺不超过1/5，票面其余部分图案、文字能照样连接者。

2. 半额兑换标准

票面残缺1/5以上至1/2的，其余部分的图案、文字能照样连接者。应持币按照原面额的半数向银行兑换，但不得在市场上流通使用。

3. 不予兑换标准

凡残缺人民币属于下列情况之一者不予兑换：

（1）票面残缺1/2以上者；

（2）票面污损、熏焦、水湿、油浸、变色，不能辨别真假者；

（3）故意挖补涂改、剪贴、拼凑、揭去一面者。

4. 特殊损残币兑换

因特殊原因造成人民币的严重损伤，必须到当地专业银行办理兑换手续。

金融机构在办理残缺、污损人民币兑换业务时，应向残缺、污损人民币持有人说明认定的兑换结果。残缺、污损人民币持有人同意金融机构认定结果的，对兑换的残缺、污损人民币纸币，金融机构应当面将带有本行行名的“全额”或“半额”戳记加盖在票面上；对兑换的残缺、污损人民币硬币，金融机构应当面使用专用袋密封保管，并在袋外封签上加盖“兑换”戳记。不予兑换的残缺、污损人民币，应退回原持有人。

六、实践实训

（1）用手持式单指单张点钞法对100张钞券抽张、清点、捆扎。考查标准如下：

考核方式	考核标准	成绩	备注
单把	小于30秒	优	在正确率100%的基础上计算成绩，捆扎美观且符合标准。
	30～35秒	良	
	36～40秒	中等	
	41～45秒	及格	
	大于45秒	不及格	

（2）用手持式单指多张、多指多张、扇面式点钞法对100张钞券抽张、清点、捆扎。

（3）用手按式单张、三张、四张点钞法对100张钞券抽张、清点、捆扎。

第三节 会计资料装订整理

一、会计凭证的装订

（一）凭证的整理

会计凭证登记完毕后，应将记账凭证连同所附的原始凭证或者原始凭证汇总表，按照编号顺序折叠整齐，准备装订。会计凭证在装订之前，必须进行适当的整理，以便于装订。

会计凭证的整理主要是对记账凭证所附的原始凭证进行整理。会计实务中收到的原始凭证纸张往往大小不一，因此，需要按照记账凭证的大小进行折叠或粘贴。具体方法：

（1）对面积大于记账凭证的原始凭证采用折叠的方法，按照记账凭证的面积尺寸，将原始凭证先自右向左，再自下向上两次折叠。折叠时应注意将凭证的左上角或左侧面空出，以便于装订后的展开查阅。

（2）对于纸张面积过小的原始凭证，则采用粘贴的方法，即按一定次序和类别将原始凭证粘贴在一张与记账凭证大小相同的白纸上。粘贴时要注意，应尽量将同类同金额的单据粘在一起；如果是板状票证，可以将票面票底轻轻撕开，厚纸板弃之不用。粘贴完成后，应在白纸一旁注明原始凭证的张数和合计金额。

（3）对于纸张面积略小于记账凭证的原始凭证，则可以用回形针或大头针别在记账凭证后面，待装订凭证时，抽去回形针或大头针。

（4）对于数量过多的原始凭证，如工资结算表、领料单等，可以单独装订保管，但应在封面上注明原始凭证的张数、金额，所属记账凭证的日期、编号、种类。封面应一式两份：一份作为原始凭证装订成册的封面，封面上注明“附件”字样；另一份附在记账凭证的后面，同时在记账凭证上注明“附件另订”，以备查考。

此外，各种经济合同、存出保证金收据以及文件等重要原始凭证，应当另编目录，单独登记保管，并在有关的记账凭证和原始凭证上相互注明日期和编号。

（二）凭证的装订

凭证装订是指将整理完毕的会计凭证加上封面和封底，装订成册，并在装订线上加贴封签的一系列工作。

会计凭证不得跨月装订。记账凭证少的，可以一个月装订一本；一个月内凭证数量较多的，可装订成若干册。并在凭证封面上注明本月总计册数和本册数。采用科目汇总表会计核算形式的企业，原则上以一张科目汇总表及所附的记账凭证、原始凭证装订成一册，凭证少的，也可将若干张科目汇总表及相关记账凭证、原始凭证合并装订成一册。序号每月一编。装订好的会计凭证厚度通常以1.5～2.0厘米为宜。

装订成册的会计凭证必须加盖封面，封面上应注明单位名称、年度、月份和起讫日期、凭证种类、起讫号码，由装订人在装订线封签外签名或者盖章。会计凭证封面由分公司统一格式印制，如图11－12所示。

会计凭证封面

单位名称：　　　　　　　　凭证名称：

时间	自　年　月　日起至　年　月　日止		
册数	共　册	册次	本册是第　册
记账凭证	本册自第　号至第　号　共　张		
附件	共　张	本册合计　张	
备注			

会计主管　　　　装订人　　　　年　月　日

图11－12　会计凭证封面

会计凭证装订前，要先准备一些装订工具，如铁锥或打孔机、剪刀、铁夹、线绳、浆糊、三角包纸（牛皮纸）等。然后将记账凭证的左、上、下对齐。常用的装订方法有如下两种：

1. 角订法

（1）整理记账凭证，摘掉凭证上的大头针等，并将记账凭证按编号顺序码放。

（2）将记账凭证汇总表、银行存款余额调节表放在最前面，并放上封面、封底。

（3）在码放整齐的记账凭证左上角放一张 8 × 8 厘米大小的包角纸。包角纸要厚一点，其左边和上边与记账凭证取齐。

（4）过包角纸上沿距左边 5 厘米处和左沿距上边 4 厘米处包角纸上划一条直线，并用两点将此直线等分，再分别等分直线的两点处将包角纸和记账凭证打上两个装订孔。

（5）用绳沿虚线方向穿绕扎紧（结扎在背面）。如图 11 – 13 所示。

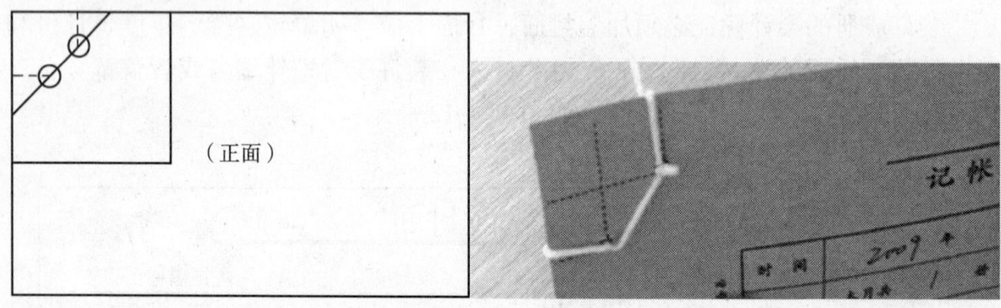

图 11 – 13　扎线

（6）从正面折叠包角纸，并将划斜线部分剪掉。如图 11 – 14 所示。

图 11 – 14　包角纸包角（正面）

（7）将包角纸向后折叠粘贴成下图形状。如图 11 – 15 所示。

（8）将装订线印章盖于骑缝处，并注明年、月、日和册数的编号。

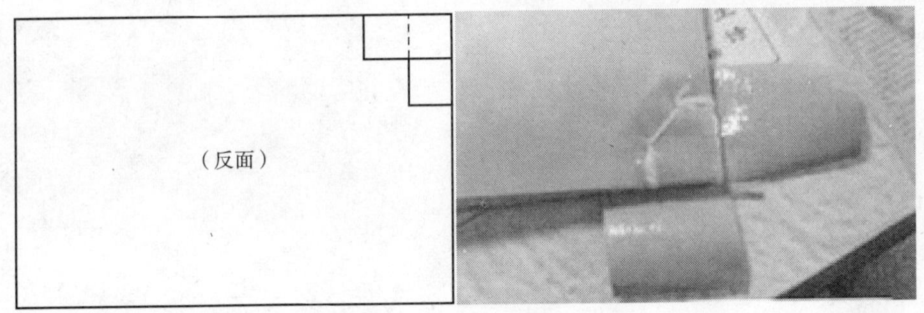

图 11-15　包角纸包角（反面）

2. 三针引线法

（1）装订时将凭证封面放在待装订的凭证上面（此封面长，反面朝上），以底边和左侧为准，墩齐、夹紧，在左侧打三个孔。如图 11-16 所示。

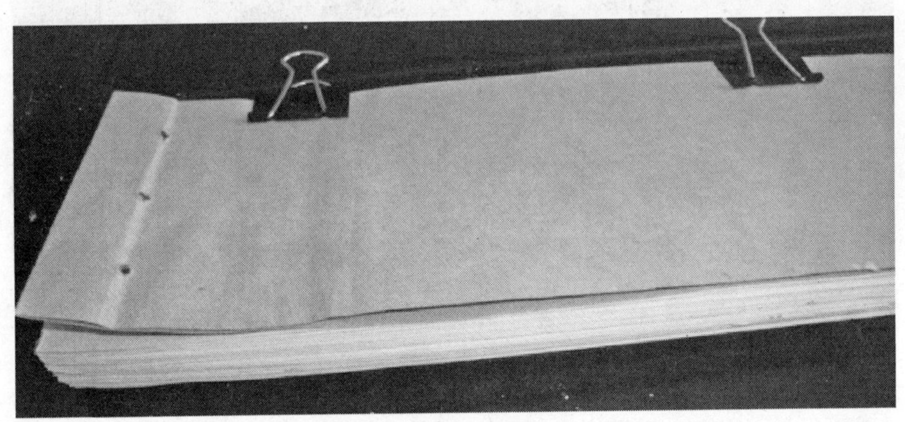

图 11-16　左侧打孔

（2）把线绳的中段从孔中引出，留扣，再把线绳从两端孔引过，并套入中间的留扣中，用力拉紧系好，余绳剪掉。如图 11-17 所示。

（3）翻转后将左侧和底部粘牢，晾干后，写好封面有关内容即可存查。如图 11-18 所示。

二、会计账簿的装订整理

（一）会计账簿整理

各种会计账簿年度结账后，除跨年使用的账簿外，其他账簿应按时整理立卷。

图 11－17　捆扎（背面）

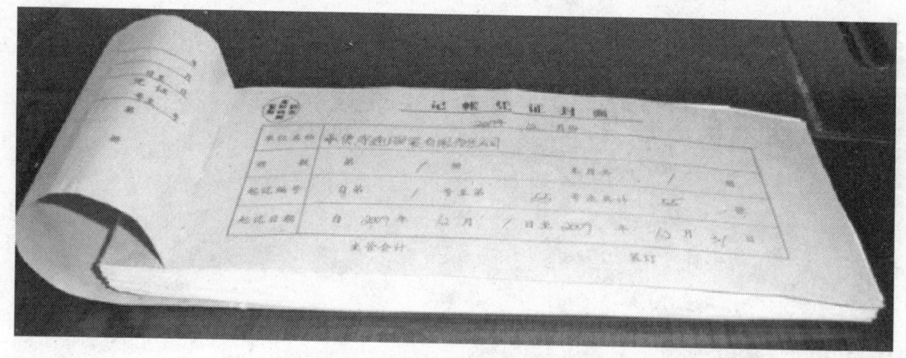

图 11－18　装订后效果（正面）

基本要求是：账簿装订前，首先按账簿启用表的使用页数核对各个账户是否相符，账页数是否齐全，序号排列是否连续；然后按会计账簿封面、账簿启用表、账户目录、该账簿按页数顺序排列的账页、会计账簿装订封底的顺序装订。

（二）活页账簿装订要求

（1）保留已使用过的账页，将账页数填写齐全，去除空白页和撤掉账夹，用质好的牛皮纸做封面、封底，装订成册。

（2）多栏式活页账、三栏式活页账、数量金额式活页账等不得混装，应按同类业务、同类账页装订在一起。

（3）在账本的封面上填写好账目的种类，编好卷号，会计主管人员和装订人（经办人）签章。

（4）采用会计电算化的单位，应在年度终了，用 A4 纸打印账簿，并按上述规定装订。

（三）账簿装订后的其他要求

（1）会计账簿应牢固、平整，不得有折角、缺角，错页、掉页、加空白纸的现象。

（2）会计账簿的封口要严密，封口处要加盖有关印章。

（3）封面应采用分公司统一格式，封面应齐全、平整，并注明所属年度及账簿名称、编号，编号为一年一编，编号顺序为总账、现金日记账、银行存（借）款日记账、分户明细账。

（4）会计账簿按保管期限分别编制卷号，如现金日记账全年按顺序编制卷号；总账、各类明细账、辅助账全年按顺序编制卷号。

（四）会计账簿装订方法

由于现金日记账、银行存款日记账、总账都属于订本式账簿，因此不需要再做封面，直接归档保管即可。

活页账本可以用线绳系起来，也可以用活页摇夹进行固定，如图 11－19 所示，具体方法如下：

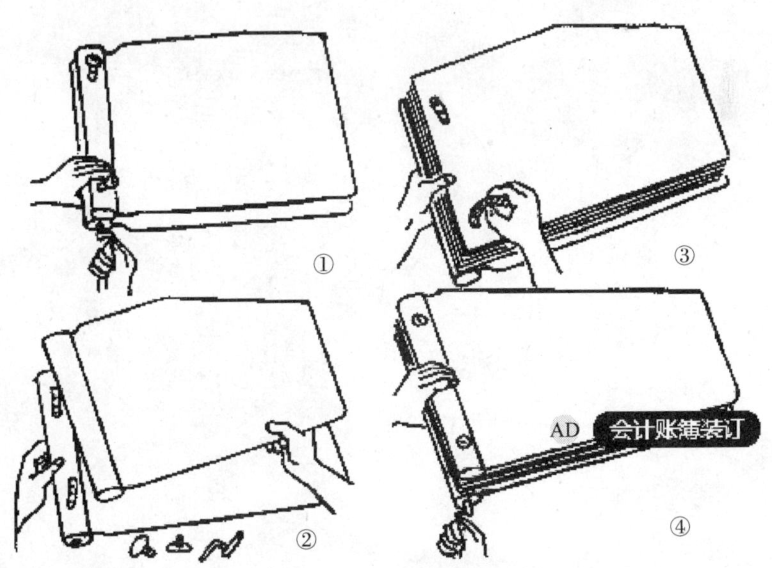

图 11－19　账簿装订（活页摇夹）

（1）用摇手插入账簿侧面的孔中向右旋转，开启摇夹。

（2）旋去螺帽，取去簿盖。

（3）将账簿活页装入，可随意使用，最多可装300页。

（4）盖上簿盖，旋上螺帽，再用摇手向左旋转，锁紧摇夹。

三、会计报表的装订

（1）会计报表编制完成及时报送后，留存的报表按月装订成册，谨防丢失。

（2）会计报表装订前要按编报目录核对是否齐全，整理报表页数，上边和左边对齐压平，防止折角，如有损坏部位修补后，完整无缺地装订。

（3）会计报表装订顺序为：会计报表封面、会计报表编制说明、各种会计报表按会计报表的编号顺序排列、会计报表的封底。

（4）按保管期限编制卷号。

四、实践实训

（1）利用角钉法对一张记账凭证（附原始凭证）进行模拟装订。

（2）利用角钉法对本教材“实践三”部分操作完成后的凭证和账簿进行装订整理。

第十二章　会计期初建账

建账就是根据企业具体行业要求和将来可能发生的会计业务情况购置所需要的账簿，然后根据企业日常发生的业务情况和会计处理秩序登记账簿。

第一节　建账基本问题

一、建账的基本原则

1. 依法原则

各单位必须按照《中华人民共和国会计法》和国家统一会计制度的规定设置会计账簿，包括总账、明细账、日记账和其他辅助性账簿，不允许不建账、不允许在法定的会计账簿之外另外建账。

2. 全面系统原则

设置的账簿要能全面、系统地反映企业的经济活动，为企业经营管理提供所需的会计核算资料，同时要符合各单位生产经营规模和经济业务的特点，使设置的账簿能够反映企业经济活动的全貌。

3. 组织控制原则

设置的账簿要有利于账簿的组织、建账人员的分工，有利于加强岗位责任制和内部控制制度，有利于财产物资的管理，便于账实核对，以保证企业各项财产物资的安全完整和有效使用。

4. 科学合理原则

建账应根据不同账簿的作用和特点，使账簿结构做到严密、科学，有关账簿之间要有统驭或平行制约的关系，以保证账簿资料的真实、正确和完整；账簿格式的设计及选择应力求简明、实用，以提高会计信息处理和利用的效率。

二、建账的基本步骤

第一步：按照需用的各种账簿的格式要求，预备各种账页，并将活页的账页用账夹装订成册。

第二步：在账簿的“启用表”上，写明单位名称、账簿名称、册数、编号、起止页数、启用日期以及记账人员和会计主管人员姓名，并加盖人名章和单位公章。记账人员或会计主管人员在本年度调动工作时，应注明交接日期、接办人员和监交人员姓名，并由交接双方签名或盖章，以明确经济责任。

第三步：按照会计科目表的顺序、名称，在总账账页上建立总账账户；并根据总账账户明细核算的要求，在各个所属明细账户上建立二、三级……明细账户。原有单位在年度开始建立各级账户的同时，应将上年账户余额结转过来。

第四步：启用订本式账簿，应从第一页起到最后一页止顺序编定号码，不得跳页、缺号；使用活页式账簿，应按账户顺序编本户页次号码。各账户编列号码后，应填“账户目录”，将账户名称页次登入目录内，并粘贴索引纸（账户标签），写明账户名称，以利检索。

三、建账的基本方法

（一）现金日记账、银行存款日记账的建账方法

（1）账户名称应填于日记账中的开户账页上端，填写建账时间。

（2）在摘要栏内填写“上年结转”字样。

（3）将上年期末余额按相同的方向填入有关账户第一行的“余额”栏内。

（4）注明是“借方”或“贷方”余额。

（二）总账建账方法

（1）将写有账户名称的口取纸粘贴在账页上，从账页的第一页下端起粘贴第一个账户，然后依次等距离粘贴写有账户名称的口取纸，并使账户的名称露在账外。

（2）按账户的名称顺序登记本年度各账户的起初余额。

（3）注明建账的年、月、日。

（4）在“摘要”栏内填写“上年结转”字样。

（5）将上年期末余额按相同方向填入“余额”栏内。

（6）注明是“借方”或“贷方”余额。

（三）明细账建账方法

（1）数量金额式明细账建账方法：

①将写有总账账户的口取纸粘贴在有关账页上；

②将各明细账户填写在账页上端的横线上；

③填写货物的品名、规格和计量单位；

④注明各明细账的建账年、月、日；

⑤"摘要"栏中填写"上年结转"字样；

⑥将上年期末余额按相同方向填入标有"数量"、"单位"、"金额"的余额栏内。

（2）三栏式明细账建账方法：

①将写有总账账户的口取纸粘贴在有关账页上；

②将各明细账户名称写在账页顶端横线上；

③注明各明细账户建账的年、月、日；

④"摘要"栏填写"上年结转"等字样，但"应收"及"应付"等账户要在"摘要"栏详细注明单位名称等；

⑤将上年期末余额按相同方向填入"余额"栏内；

⑥注明是"借方"或"贷方"余额。

（3）多栏式明细账建账方法：

多栏式账页的格式比较复杂，每一张账页的正反两面格式不同，打开账本后，一张完整的多栏式账页分别由一张多栏式账页的正面与另外一张的反面组成。

①粘贴总账科目的口取纸，明细科目写在账页顶端；

②注明建账年、月、日；

③"摘要"栏填"上年结转"等字样；

④借方或贷方事项的明细科目及金额依次填入相关空格内；

⑤将借方或贷方事项的合计金额填入相应的借方或贷方栏中；

⑥结出余额填入"余额"栏，并注明是"借方"或"贷方"。

（四）与固定资产相关的账簿

企业一般都应设立固定资产总账、固定资产明细账、固定资产台账、固定资产技术（资料）档案等。

（1）固定资产总账和明细账由会计人员负责，主要核算固定资产的原价，反映固定资产总价的增减变动和结存情况。

（2）固定资产台账是为固定资产专门设立的账簿。

固定资产一般价值较高，为企业长期使用，绝大部分固定资产，如厂房、机器设备、办公器材等，与企业的生产、经营直接相关，这些固定资产管理上出现纰漏的话，会影响企业的正常工作和生产，所以需要加强对固定资产的管理，维护其安全和完整。会计部门为了便于管理固定资产，需专门设立固定资产台账。

固定资产台账账页应按照各项资产的增减序时登记，记载该项固定资产的编号、名称、规格、价值、购置日期、技术档案、产地（厂家）、经办人员、启用日期、使用部门、使用人员等资料。凡是有关固定资产的内部转移、清理出售等业务，都应在台账的相应位置予以说明，并序时登记，以实现账实相符、账账相符（即固定资产台账和固定资产明细账的一致）。

（五）与税金有关的明细账

在实际会计工作中，为了便于会计人员核算税金，对与税金相关的项目也需要设置三栏式明细账登记和税金有关的会计科目。

第二节　分类账建账原则

一、总账建账原则

总账是根据一级会计科目（也称总账科目）开设的账簿，用来分类登记企业的全部经济业务，提供资产、负债、所有者权益、费用、收入和利润等总括的核算资料。

总账的建账原则主要有以下几项：

(1) 总账科目名称应与国家统一会计制度规定的会计科目名称一致。总账具有分类汇总记录的特点，为确保账簿记录的正确性、完整性，提供会计要素的完整指标，企业应根据自身行业特点和经济业务的内容建立总账，其总账科目名称应与国家统一会计制度规定的会计科目名称一致。

(2) 依据企业账务处理程序的需要选择总账格式。根据财政部《会计基础工作规范》的规定，总账的格式主要有三栏式、多栏式（日记总账）、棋盘式和科目汇总表总账等。企业可依据本企业会计账务处理程序的需要自行选择总账的格式。

(3) 总账的外表形式一般应采用订本式账簿。为保护总账记录的安全完整，总账一般应采用订本式。实行会计电算化的单位，用计算机打印的总账必须连续编号，经审核无误后装订成册，并由记账人、会计机构负责人、会计主管人员签字或盖章，以防失散。但科目汇总表总账可以是活页式。

二、明细账建账原则

明细账通常根据总账科目所属的明细科目设置，用来分类登记某一类经济业务，提供有关的明细核算资料。明细账是形成有用的会计信息的基本程序和基本环节，借助于明细账既可以对经济业务信息或数据做进一步的加工整理，进而通过总账形成适合于会计报表提供的会计信息，又能为了解信息的形成提供具体情况和有关线索。

明细账的建账原则主要有：

（1）明细科目的名称应根据统一会计制度的规定和企业管理的需要设置。会计制度对有些明细科目的名称做出了明确规定，有些只规定了设置的方法和原则，对于有明确规定的，企业在建账时应按照会计制度的规定设置明细科目的名称，对于没有明确规定的，建账时应按照会计制度规定的方法和原则，以及企业管理的需要设置明细科目。

（2）根据财产物资管理的需要选择明细账的格式。明细账的格式主要有三栏式、数量金额式和多栏式，企业应根据财产物资管理的需要选择明细账的格式。

（3）明细账的外表形式一般采用活页式。明细账采用活页式账簿，主要是使用方便，便于账页的重新排列和记账人员的分工，但是活页账的账页容易散失和被随意抽换。因此，使用时应顺序编号并装订成册，注意妥善保管。

三、日记账建账原则

日记账又称序时账，是按经济业务发生时间的先后顺序逐日逐笔进行登记的账簿。根据财政部《会计基础工作规范》的规定，各单位应设置现金日记账和银行存款日记账，以便逐日核算和监督现金和银行存款的收入、付出和结存情况。

现金日记账和银行存款日记账的建账原则是：

（1）账页的格式一般采用三栏式。现金日记账和银行存款日记账的账页一般采用三栏式，即借方、贷方和余额三栏，并在借贷两栏中设有“对方科目”栏。如果收付款凭证数量较多，为了简化记账手续，同时也为了通过现金日记账和银行存款日记账汇总登记总账，也可以采用多栏式账页。采用多栏式账页后如果会计科目较多，造成篇幅过大，还可以分设现金（银行存款）收入日记账和现金（银行存款）支出日记账。

（2）账簿的外表形式必须采用订本式。现金和银行存款是企业流动性最强的资产，为保证账簿资料的安全、完整，财政部《会计基础工作规范》第五十七条规定：“现金日记账和银行存款日记账必须采用订本式账簿。不得用银行对账单或者其他方法代替日记账”。

四、备查账建账原则

备查账是一种辅助账簿，是对某些在日记账和分类账中未能记载的会计事项进行补充登记的账簿。

备查账的建账原则包括：

（1）备查账应根据统一会计制度的规定和企业管理的需要设置。并不是每个企业都要设置备查账簿，而应根据管理的需要来确定，但是对于会计制度规定必须设置备查簿的科目如“应收票据”、“应付票据”等，必须按照会计制度的规定设置备查账簿。

（2）备查账的格式由企业自行确定。备查账没有固定的格式，与其他账簿之间也不存在严密的勾稽关系，其格式可由企业根据内部管理的需要自行确定。

（3）备查账的外表形式一般采用活页式。为使用方便备查账一般采用活页式账簿，与明细账一样，为保证账簿的安全、完整，使用时应顺序编号并装订成册，注意妥善保管，以防账页丢失。

第三节　分行业建账

一、工业企业建账

工业企业由于会计核算涉及内容多，又有成本归集与计算问题，所以工业企业建账是最复杂的，一般而言，工业企业应设置的账簿有：

1. 现金日记账

一般企业只设1本现金日记账。但如有外币，则应就不同的币种分设现金日记账。

2. 银行存款日记账

一般应根据每个银行账号单独设立1本账。如果企业只有1个基本账户，则就设1本银行存款日记账。

现金日记账和银行存款日记账均应使用订本账。根据单位业务量大小可以选择购买100页的或200页的。

3. 总分类账

一般企业只设1本总分类账。外形使用订本账，根据单位业务量大小可以选择购买100页的或200页的。这1本总分类账包含企业所设置的全部账户的总括信息。

4. 明细分类账

明细分类账要使用活页的，所以不能直接买到现成的。存货类的明细账要用数量金额式的账页；收入、费用、成本类的明细账要用多栏式的账页；应交增值税的明细账单有账页；其他的基本全用三栏式账页。因此，要分别购买这4种账页，根据所需每种格式账页大概页数分别取部分出来，外加明细账封皮及经管人员一览表，再以鞋带系上即可。

当然，本数的多少依然是根据单位业务量等情况而不同。业务简单且很少的企业可以把所有的明细账户设在1本明细账上；业务多的企业可根据需要分别就资产、权益、损益类分3本明细账；也可单独就存货、往来各设1本（实务中无固定情况，完全视企业管理需要来设）。

另外，有些大公司固定资产明细账用卡片账。一般小公司都是和其他资产类合在一起。

二、商品流通企业建账

商品流通企业的经济活动主要是流通领域中的购销存活动，所以这类企业的核算主要侧重于采购成本和销售成本的核算及商品流通费用的核算。该类企业账簿的建立主要也是三个方面。

1. 现金日记账及银行存款日记账

商品流通企业的现金日记账及银行存款日记账的建立方式与工业企业是相同的。

2. 总分类账簿

商品流通企业的总分类账除了要设置我们讲到的工业企业日常总分类账簿之外，还要设置商品采购、库存商品、商品进销差价这三个商品流通企业必须使用的总账账簿。如果经常委托他人代销商品或为他人代销商品，还需设置委托代销商品、代销商品款、受托代销商品账簿。另外可根据企业业务量大小和业务需要增删需设置的总账账簿。

3. 明细分类账

根据增设的总账账簿，我们还应增设相关明细账簿，如商品采购明细账，反映购进商品的进价成本及入库商品的实际成本，商品采购明细账可按客户名称设置；库存商品明细账，反映商品的收发结存情况，可按商品的种类、名称、规格和存放地点设置，要求采用数量金额核算法。在按实际成本计算已销商品成本时，库存商品的发出可按个别计价法（分批实际成本计价）、加权平均法、移动加权平均法、先进先出法、后进先出法、进销差价法和毛利法。如果企业是商品零售企业，还需设置“商品进销差价”明细账，该账户因是“库存商品”的调整账户，所以它的明细账的设置口径应与“库存商品”明细账一致。成本费用类明细账可以按商品的种类、名称、规格或不同的销售部门设置。商品流通企业明细账的设置，除了上述明细账外，其余与工业企业明细账的设置相同。

三、服务企业建账

服务业也称第三产业，泛指那些对外提供劳务服务的企业，因其提供的并非是产品商品，而是一种劳务服务，所以称为服务企业。服务企业包括交通运输业、建筑安装业、金融保险业、邮电通讯业、文化体育业、娱乐业、旅游服务业、仓储保管业、仓储租赁业、代理业、广告业等。虽然服务业服务项目很多，但在会计核算上，成本核算比较简单，所以账簿设置也相对较简单。其建账内容如下：

1. 现金日记账和银行存款日记账

服务企业的现金日记账和银行存款日记账的建立同工业与商业企业相同，使用方式与登记方式也完全相同。

2. 明细分类账

服务企业明细分类账的设置也是根据企业管理需要和实用性来设置的，其内容与工业企业和商业企业基本相同，只是成本核算较简单。

3. 总分类账

服务企业要设置的总账业务比工业企业和商业企业所需要设置的总账要少，但也要设置库存现金、银行存款、短期投资、应收账款、其他应收款、存货、长期投资、固定资产、累计折旧、无形资产、长期待摊费用、短期借款、应付账款、其他应付款、应付职工薪酬、应交税费、其他应交款、应付股利、实收资本（股本）、资本公积、盈余公积、未分配利润、本年利润、主营业务收入、主营业务成本、营业外收入、营业外支出，以前年度损益调整、所得税等。

服务企业只要将上述三类账簿建立起来，就完成了建账的基本工作。会计人员只需按规定进行日常会计处理，登记会计账簿就可以了。

第四节 实践实训

根据第十三章给出的企业相关材料，为该企业进行初始建账操作。

第十三章　日常账务处理基础

第一节　资料及说明

一、公司基本情况

公司名称：山东丰源实业有限责任公司（以下简称丰源公司）

经营地址：章丘市建设路21号

基本存款账户开户行：中国工商银行章丘市分行建设路分理处

账号：4700022609003636668

纳税人登记号：465280104013184，为增值税一般纳税人，税率为17%

主要产品：生产A、B两种产品

机构设置：公司内设一个生产车间（生产车间进行全部工艺流程的加工），另设若干个党政职能部门、一个销售机构

会计核算组织：公司集中核算

二、有关人员

法人代表：张建军

会计主管：丁强

会计：实习学生

出纳：李红艳

保管员：冯磊

三、公司会计制度

会计核算程序：记账凭证账务处理程序

成本核算：采用品种法计算产品成本

盈余公积：在年末一次提取，法定盈余公积提取比例为10%

四、有关账户余额资料

（1）2014 年 11 月末各总分类账户余额，见表 13－1。

表 13－1　各总分类账户余额表　单位：元

账户	借或贷	金额	账户	借或贷	金额
库存现金	借	3 000	累计折旧	贷	2 222 000
银行存款	借	4 942 100	应付票据	贷	50 000
交易性金融资产	借	350 000	短期借款	贷	200 000
应收票据	借	100 000	应付账款	贷	106 100
应收账款	借	150 000	预收账款	贷	100 000
其他应收款	借	6 000	应付职工薪酬	贷	95 000
原材料	借	735 000	应交税费	贷	45 000
库存商品	借	2 220 000	预提费用	贷	40 000
待摊费用	借	23 000	实收资本	贷	9 000 000
固定资产	借	7 640 000	资本公积	贷	2 000 000
无形资产	借	375 000	盈余公积	贷	164 000
			本年利润	贷	2 308 000
			未分配利润	贷	214 000
合计		16 544 100			16 544 100

（2）2014 年 11 月末有关明细分类账户余额，见表 13－2、表 13－3、表 13－4、表 13－5、表 13－6。

表 13－2　库存商品明细账户余额表

产品名称	单位	数量	单价	金额
A 产品	件	10 000	110	1 100 000
B 产品	件	8 000	140	1 120 000
合计				2 220 000

表 13－3　原材料明细账户余额表

材料名称	单位	数量	单价	金额
甲材料	千克	6 000	20	120 000
乙材料	千克	4 500	60	270 000
丙材料	千克	4 500	50	225 000
丁材料	千克	8 000	15	120 000
合计				735 000

表 13－4　应收账款明细账户余额表

一级科目	明细科目	借或贷	金额
应收账款	光华建材有限责任公司	借	58 500
	红星实业有限责任公司	借	91 500
合计			150 000

表 13－5　应付账款明细账户余额表

一级科目	明细科目	借或贷	金额
应付账款	华运机电有限责任公司	贷	93 600
	庭州建材有限责任公司	贷	12 500
合计			106 100

表 13－6　应交税费及其他应交款明细账户余额表

一级科目	明细科目	借或贷	金额
应交税费	未交增值税	贷	30 000
	应交所得税	贷	8 000
	应交城市维护建设税	贷	4 900
	教育费附加	贷	2 100
合计			45 000

（3）2014 年 1～11 月损益类账户累计发生额，见表 13－7（均已按月结转）。

表 13－7　损益类账户累计发生额一览表

账户名称	借方发生额	账户名称	贷方发生额
主营业务成本	9 570 000	主营业务收入	14 850 000
营业税金及附加	95 000	其他业务收入	1 800 000
其他业务成本	800 000	投资收益	795 000
管理费用	1 730 000	营业外收入	10 000
销售费用	1 550 000		
财务费用	150 000		
营业外支出	120 150		
所得税费用	1 131 850		
合计	15 147 000		17 455 000

五、丰源公司 2014 年 12 月发生的具体经济业务及其原始凭证（原始凭证见附件 1）

（1）12 月 1 日，收到光华公司归还前欠货款 58 500 元。原始凭证：№：001 借。

（2）12 月 2 日，接受东方公司投资的货币资金 200 000 元，存入银行。原始凭证：№：002（1）（2）。

（3）12 月 2 日，从武汉市前进建材工厂购入甲材料 1 000 千克，每千克 20 元，计 20 000 元，增值税 3 400 元；乙材料 2 000 千克，每千克 60 元，计 120 000 元，增值税 20 400 元。材料已验收入库，款项以银行存款支付。原始凭证：№：003（1）（2）（3）。

（4）12 月 2 日，管理人员张小红出差，预借差旅费 3 000 元，以现金付讫。原始凭证：№：004。

（5）12 月 2 日，向建设银行借入为期 3 个月的流动资金周转贷款 60 000 元。年利率为 5%。原始凭证：№：005。

（6）12 月 3 日，以银行存款支付生产车间设备维修费 5 380 元。原始凭证：№：006（1）（2）。

（7）12 月 3 日，从星海工厂购入丙材料 500 千克，单价 50 元，计 25 000 元；增值税 4 250 元，运费 500 元（暂不考虑增值税），款项尚未支付，材料尚未入库。原始凭证：№：007（1）（2）。

（8）12 月 4 日，销售给光明工厂 A 产品 1 000 件，单价 200 元，计 200 000 元；增值税 34 000 元。收到光明工厂开出的为期两个月的商业承兑汇票一张，面额为 234 000 元。原始凭证：№：008（1）（2）。

（9）12 月 5 日，从长城机电工厂购入不需要安装的机床一台，价款 200 000 元，增值税 34 000 元，款项以银行存款支付。原始凭证：№：009（1）（2）（3）。

（10）12 月 5 日，以银行存款预付下年度财产保险费 12 000 元。原始凭证：№：010（1）（2）。

（11）12 月 6 日，从武汉市前进建材工厂购入甲材料 2 000 千克，单价 20 元，计 40 000 元；丁材料 3 000 千克，单价 15 元，计 45 000 元。增值税 14 450 元。运费 5 000 元（按重量比例分摊，不考虑增值税），材料已验收入库，开出面额为 104 450 元的商业承兑汇票一张，期限为 3 个月。原始凭证：№：011（1）（2）（3）（4）（5）。

（12）12 月 6 日，3 日购进的丙材料到达企业，验收无误入库，并以银行存款支付货款。原始凭证：№：012（1）（2）。

(13) 12月7日，签发转账支票一张，预付向阳工厂货款100 000元。原始凭证：№：013 (1) (2)。

(14) 12月9日，签发转账支票支付产品广告费4 500元。原始凭证：№：014 (1) (2)。

(15) 12月10日，发放职工工资85 000元（通过银行转入职工个人储蓄账户）。原始凭证：№：015 (1) (2) (3)。

(16) 12月10日，以转账支票上交上月的税金及教育费附加共45 000元。(教育费附加2 100元，城市维护建设税4 900元，所得税8 000元，增值税30 000元)。原始凭证：№：016 (1) (2) (3) (4)。

(17) 12月11日，出售甲材料500千克，销售价款为15 000元，增值税2 550元，款收到，存入银行。原始凭证：№：017 (1) (2)。

(18) 12月11日，销售给五环工厂A产品2 500件，单价200元，B产品，500件，单价150元，增值税97 750元，款收到，存入银行。原始凭证：№：018 (1) (2)。

(19) 12月12日，用银行存款支付本月电费15 000元，增值税2 550元，其中生产A产品耗用5 000元，生产B产品耗用6 000元，生产车间照明耗用2 500元，行政管理部门耗用1 500元。原始凭证：№：019 (1) (2) (3)。

(20) 12月13日，用银行存款支付本月水费5 000元，增值税650元，其中生产A产品耗用2 000元，生产B产品耗用1 500元，生产车间耗用1 000元，行政管理部门耗用500元。原始凭证：№：020 (1) (2) (3)。

(21) 12月13日，张小红出差回来，报销差旅费2 200元，退回现金800元。原始凭证：№：021 (1) (2) (3)。

(22) 12月13日，将现金800元送存银行。原始凭证：№：022。

(23) 12月13日，从向阳工厂购进乙材料2 000千克，每千克60元，计120 000元，增值税20 400元（已预付100 000元）。货已验收入库，开出转账支票一张补付余款40 400万元。原始凭证：№：023 (1) (2) (3)。

(24) 12月14日，通过章丘市政府向农村义务教育捐款50 000元。原始凭证：№：024 (1) (2)。

(25) 12月14日，为生产A产品领用甲材料7 000千克，乙材料3 000千克，丙材料800千克。为生产B产品领用乙材料5 000千克，丙材料3 600千克，丁材料10 000千克，甲、乙、丙、丁材料单位成本分别为20元、60元、50元、15元。原始凭证：№：025 (1) (2)。

(26) 12月15日，支付工商行政管理局的行政罚款30 000元。原始凭证：

№：026。

(27) 12 月 15 日，经股东会研究决定接受东风工厂的机器设备投资，确认价为 100 000 元。原始凭证：№：027（1）（2）（3）。

(28) 12 月 16 日，签发现金支票，从银行提取现金 2 000 元备用。原始凭证：№：028。

(29) 12 月 17 日，以现金购买办公用品 800 元。原始凭证：№：029。

(30) 12 月 18 日，向华南工厂销售 A 产品 3 500 件，单价 160 元，计 560 000 元，B 产品 1 000 件，单价 200 元，计 200 000 元，增值税 129 200 元。产品已发出，货款尚未收到。原始凭证：№：030。

(31) 12 月 20 日，生产车间领用丙材料 200 千克，丁材料 588 千克；公司管理部门领用丙材料 100 千克，丁材料 60 千克；销售部门领用丙材料 100 千克，丙、丁材料单位成本分别为 50 元、15 元。原始凭证：№：031（1）（2）（3）。

(32) 12 月 21 日，以银行存款偿还到期的短期借款 100 000 元，利息共计 2 500 元（前期已预提利息 2 083.3 元）。原始凭证：№：032（1）（2）（3）（4）。

(33) 12 月 22 日，收到华南工厂本月 18 日购买 A 产品购货款 889 200 元。原始凭证：№：033。

(34) 12 月 24 日，以现金报销行政管理部门招待费 455 元。原始凭证：№：034。

(35) 12 月 25 日，支付本月电话费 540 元。原始凭证：№：035（1）（2）。

(36) 12 月 25 日，接受东海公司捐赠的自产设备一套，发票价为 35 100 元。原始凭证：№：036（1）（2）。

(37) 12 月 25 日，以现金支付本厂职工王辉生活困难补助费 200 元。原始凭证：№：037。

(38) 12 月 30 日，月末财产清查中，发现甲材料盘亏 750 千克，计 15 000 元，乙材料盘盈 20 千克，计 1 200 元，待批准处理（暂不考虑增值税的进项转出）。原始凭证：№：038。

(39) 12 月 31 日，摊销本月应负担的财产保险费 1 000 元。其中，生产车间 800 元，公司行政管理部门 200 元。管理部门报刊费 500 元，车间设备租赁费 800 元。原始凭证：№：039。

(40) 12 月 31 日，分配本月工资，生产 A 产品工人工资 30 000 元，B 产品工人工资 20 000 元，车间管理人员工资 5 000 元，公司行政管理人员工资 16 000 元，销售人员工资 14 000 元。原始凭证：№：040。

(41) 12 月 31 日，按职工工资总额的 14% 计提职工福利费。原始凭证：

№：041。

（42）12 月 31 日，按规定计提本月固定资产折旧费 50 000 元，其中车间 30 000 元，公司行政管理 15 000 元，销售部门 5 000 元。原始凭证：№：042。

（43）12 月 31 日，预提本月应负担的短期借款利息 666.7 元。原始凭证：№：043。

（44）12 月 31 日，经审查盘亏的甲材料因自然损耗 5 000 元，非正常损失 8 000 元，保管人员过失造成的损失 2 000 元，经批准，按规定处理。盘盈乙材料由本企业转销。原始凭证：№：044。

（45）12 月 31 日，将本月发生的制造费用按生产工人工资比例分配转入 A、B 产品制造成本。原始凭证：№：045（1）（2）。

（46）12 月 31 日，本月 A 产品投产 4 000 件，B 产品 5 000 件，月末全部完工入库，结转生产成本。原始凭证：№：046（1）（2）。

（47）12 月 31 日，按上月末单价计算结转本月已售产品的销售成本。原始凭证：№：047（1）（2）（3）（4）。

（48）12 月 31 日，按本月产品应缴纳的增值税，分别按 7% 和 3% 计算产品应缴纳的城市维护建设税及教育费附加。原始凭证：№：048。

（49）12 月 31 日，结转本月已销售甲材料的成本 10 000 元。原始凭证：№：049（1）（2）。

（50）12 月 31 日，结转有关损益类账户，计算本月实现利润总额。原始凭证：№：050。

（51）12 月 31 日，计算并结转本月所得税，税率为 33%（假设无纳税调整事项）。原始凭证：№：051（1）（2）。

（52）12 月 31 日，结转本年实现的净利润。原始凭证：№：052。

（53）12 月 31 日，按全年实现净利润的 10% 提取法定公积金。原始凭证：№：053。

（54）12 月 31 日，按税后利润的 30% 计算应付投资者利润。原始凭证：№：054。

（55）12 月 31 日，将“利润分配”各明细账户余额结转致“利润分配——未分配利润”账户。原始凭证：№：055。

附件1：原始凭证

№：001

中国工商银行进账单（收账通知）　1

2014年12月1日　　　　第21号

出票人	全　称	光华建材有限责任公司	持票人	全　称	丰源实业有限责任公司
	账　号	*3600044900652377218*		账　号	*4700022609003636668*
	开户银行	武汉市石化支行		开户银行	章丘市工行建设路分理处
人民币（大写）伍万捌仟伍佰元整				千百十万千百十元角分	¥58500000
票据种类	转账支票				
票据张数	1张				
单位主管　会计　复核　记账				中国工商银行 章丘市建设支行 转讫　持票人开户行盖章	

此联是持票人开户银行交给持票人的收账通知

№：002（1）根据“002（2）”完成下列收据空白部分填写，然后编制记账凭证。

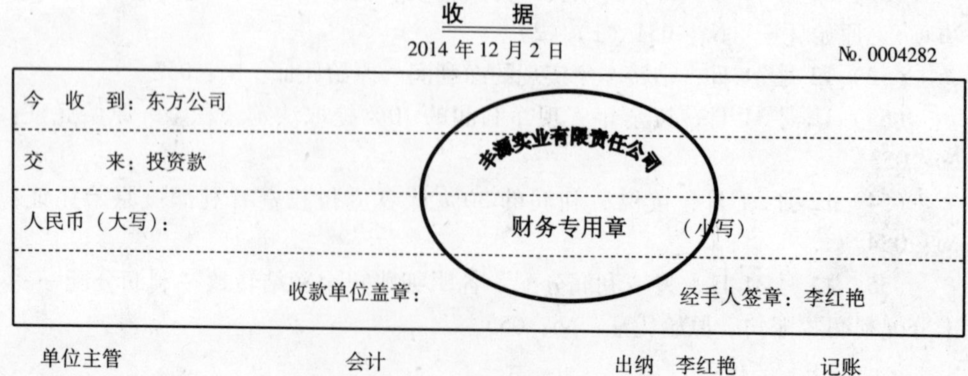

收　据

2014年12月2日　　　　№.0004282

今　收　到：东方公司

交　　　来：投资款

人民币（大写）：　　　　（小写）

收款单位盖章：丰源实业有限责任公司 财务专用章　　　经手人签章：李红艳

单位主管　　　会计　　　出纳　李红艳　　　记账

№：002（2）　　**中国工商银行进账单（收账通知）　1**

2014 年 12 月 2 日　　　　第 21 号

出票人			持票人		
	全　称	东方公司		全　称	丰源实业有限责任公司
	账　号	*2300011700325100429*		账　号	*4700022609003636668*
	开户银行	青州市中行天山支行		开户银行	章丘市工行建设路分理处

人民币（大写）贰拾万元整	千	百	十	万	千	百	十	元	角	分
		¥	2	0	0	0	0	0	0	0

票据种类	转账支票
票据张数	1 张

单位主管　　会计　　复核　　记账　　　　持票人开户行盖章

中国工商银行　章丘市建设支行　转讫

此联是持票人开户银行交给持票人的收账通知

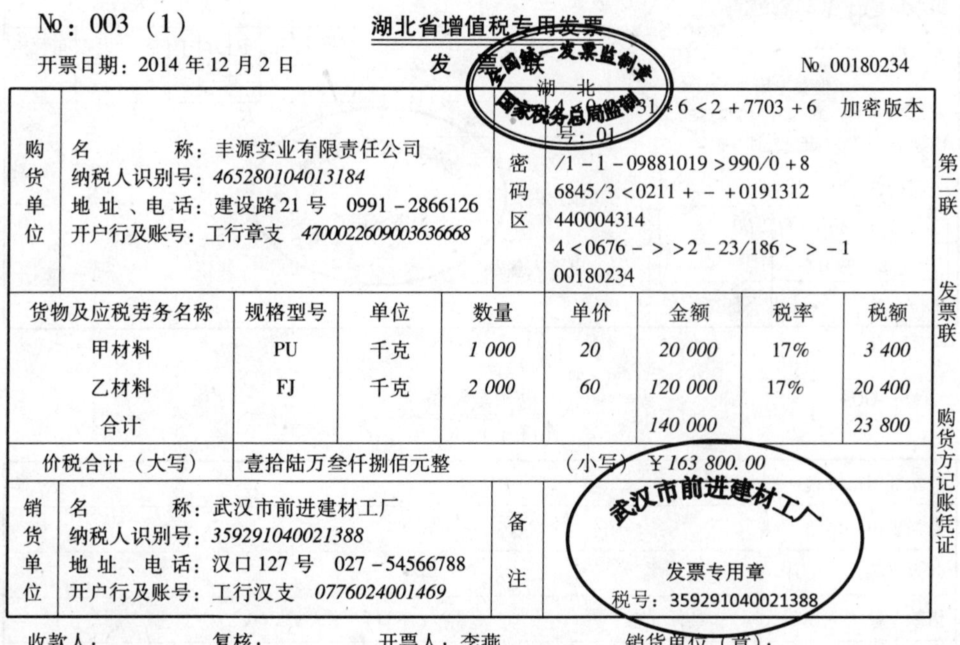

№：003（1）　　**湖北省增值税专用发票**

发　票　联

开票日期：2014 年 12 月 2 日　　　　№.00180234

购货单位	名　　称：丰源实业有限责任公司 纳税人识别号：*465280104013184* 地 址 、电 话：建设路 21 号　0991－2866126 开户行及账号：工行章支　*4700022609003636668*	密码区	4 0　31 *6 <2 +7703 +6　加密版本号：01 /1 -1 -09881019 >990/0 +8 6845/3 <0211 + - +0191312 440004314 4 <0676 - > >2 -23/186 > > -1 00180234

货物及应税劳务名称	规格型号	单位	数量	单价	金额	税率	税额
甲材料	PU	千克	*1 000*	*20*	*20 000*	17%	*3 400*
乙材料	FJ	千克	*2 000*	*60*	*120 000*	17%	*20 400*
合计					*140 000*		*23 800*
价税合计（大写）	壹拾陆万叁仟捌佰元整				（小写）¥*163 800.00*		

销货单位	名　　称：武汉市前进建材工厂 纳税人识别号：*359291040021388* 地 址 、电 话：汉口 127 号　027－54566788 开户行及账号：工行汉支　*0776024001469*	备注	

收款人：　　复核：　　开票人：李燕　　销货单位（章）：

№：003（2）（填写）

收料单

2014 年 12 月 2 日　　　　№. 045301

供货单位：武汉市前进建材工厂								实际成本								
编号	材料名称	规格	送验数量	实收数量	单位	单价	运杂费	金额								
								百	十	万	千	百	十	元	角	分
003	甲材料	PU	*1 000*	*1 000*	千克											
004	乙材料	FJ	*2 000*	*2 000*	千克											
合计																
备注：								附单据 2 张								

第二联　送会计部门

主管：　　会计：　　保管：冯磊　　复核　　验收：张志强

№：003（3）完成下列空白支票的填写，然后编制记账凭证。

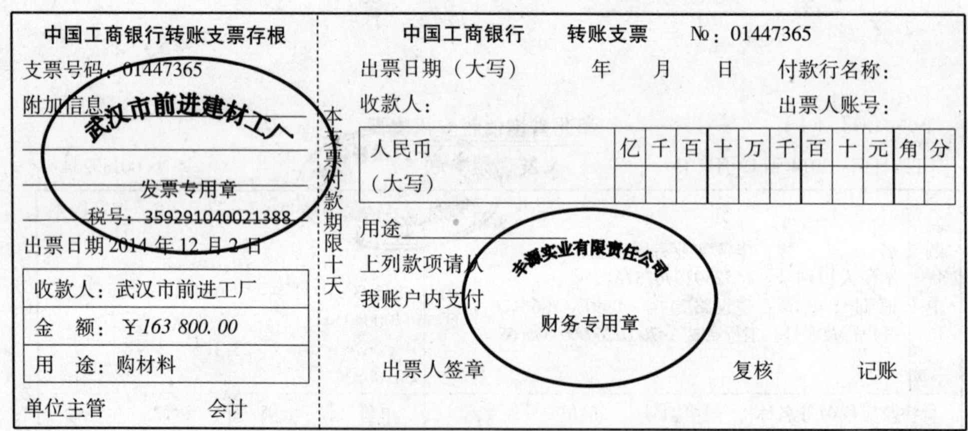

中国工商银行转账支票存根

支票号码：01447365

附加信息

发票专用章　武汉市前进建材工厂　税号：359291040021388

出票日期 2014 年 12 月 2 日

收款人：武汉市前进工厂
金　额：￥*163 800.00*
用　途：购材料

单位主管　　会计

本支票付款期限十天

中国工商银行　转账支票　№：01447365

出票日期（大写）　年　月　日　付款行名称：

收款人：　出票人账号：

人民币（大写）	亿	千	百	十	万	千	百	十	元	角	分

用途

上列款项请从我账户内支付

丰源实业有限责任公司　财务专用章

出票人签章　　复核　　记账

№：004

借款单

2014 年 12 月 2 日

借款部门或姓名：张小红					
借款事由：出差					
共需天数：一个月					
借款金额（人民币大写）：叁仟元整　（小写）￥*3 000.00*					
领导批示	同意 张建军	财务负责人	同意 丁强	借款人签章	张小红

№：005　　**中国工商银行（短期借款）借款凭证（回单）**　④

2014 年 12 月 2 日　　　　银行编号：3040126

名　称	丰源实业有限责任公司	借款单位	名　称	丰源实业有限责任公司
往来账户	*050101100228045*		放款账户	*050101100132023*
开户银行	工行建支		开户银行	工行建支
还款期限	3 个月	利率 5%	起息日期	*200×.12.2*

申请金额	人民币（大写）陆万元整		亿	千	百	十	万	千	百	十	元	角	分
借款原因 用　途	周转贷款	银行核定金额				¥	*6*	*0*	*0*	*0*	*0*	*0*	*0*

备注：	期限	计划还款	计划还款金额

中国工商银行
章丘市建设支行
转讫

上述借款业已同意贷给并转入你单位往来账户，借款到期时应按期归还。　此致

借款单位
（银行盖章）　　2014 年 12 月 2 日

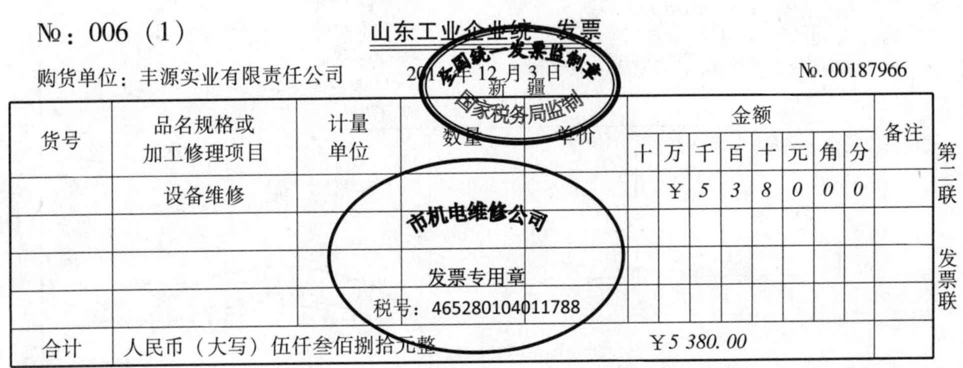

№：006（1）　　山东工业企业统一发票

全国统一发票监制章
新　疆
国家税务局监制

购货单位：丰源实业有限责任公司　　2014 年 12 月 3 日　　№. 00187966

货号	品名规格或加工修理项目	计量单位	数量	单价	十	万	千	百	十	元	角	分	备注
	设备维修					¥	*5*	*3*	*8*	*0*	*0*	*0*	
合计	人民币（大写）伍仟叁佰捌拾元整				¥*5 380.00*								

市机电维修公司
发票专用章
税号：465280104011788

第二联　发票联

单位：（盖章）　　收款人：赵强　　开票人：李燕

№：006（2）完成下列空白支票的填写，然后编制记账凭证。

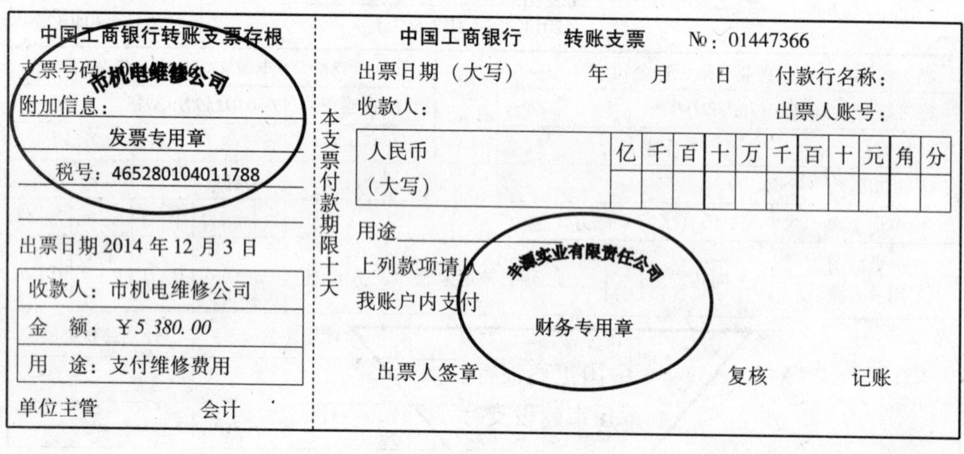

中国工商银行转账支票存根

支票号码

附加信息：

出票日期 2014 年 12 月 3 日

收款人：市机电维修公司
金 额：*￥5 380.00*
用 途：支付维修费用

单位主管　　会计

本支票付款期限十天

中国工商银行　　转账支票　　№：01447366

出票日期（大写）　　年　　月　　日　　付款行名称：

收款人：　　出票人账号：

人民币（大写）	亿	千	百	十	万	千	百	十	元	角	分

用途

上列款项请从

我账户内支付

出票人签章　　复核　　记账

№：007（1）

山东增值税专用发票

发　票　联

开票日期：2014 年 12 月 3 日　　№. 00187966

购货单位	名　　称：丰源实业有限责任公司 纳税人识别号：*465280104013184* 地 址 、电 话：建设路 21 号　0991－2866126 开户行及账号：工行章支　*470002260900363666 8*	密码区	/73…4477865＊＋－/98　加密版本号：01 //－275＋6＊94＞4＋6310052 4//563＜0217＋－＋019＞302 400004100 3＜0602－＞＞2/4＞＞4/＞＞＞0 00187966

货物及应税劳务名称	规格型号	单位	数量	单价	金额	税率	税额
丙材料	HE	千克	*500*	*50*	*25 000*	*17%*	*4 250*
合计					*2 500*		*4 250*
价税合计（大写）	贰万玖仟贰佰伍拾元整			（小写）￥29 250.00			

销货单位	名　　称：乌苏市星海工厂 纳税人识别号：*465280104023489* 地 址 、电 话：建国路 06 号　0993－4569328 开户行及账号：农行建支　0656022001325	备注	

第二联　发票联　购货方记账凭证

收款人：　　复核：　　开票人：唐杰　　销货单位（章）：

№：007（2） 公路、内河货物运输业统一发票（代开）

开票日期：2014 年 12 月 3 日 发票联 No. 34501002956

机打代码 机打代码 机器编号	00295632 20062579		税控码		
收货人及纳税人识别号	丰源实业有限责任公司 *465280104013184*		承运人及纳税人识别号	乌苏市顺风汽车运输队 *465280104065267*	
运输项目及金额	公路货物运输 500.00	其他及金额		备注（手写无效） 代开单位盖章	
运费小计	*¥500.00*		其他费用小计	¥0.00	
合计（大写）	伍佰元整			（小写）*¥500.00*	
代开单位及代号	乌苏市地方税务局 345010900		扣缴税额、税率 完税凭证号码	33.00（税率）6.6% 20040980391	

（注：暂不考虑运费的增值税进项税抵扣） 开票人：陆红光

第二联 发票联 付款方记账凭证

（印章：全国统一发票监制章 新疆 地方税务局监制）（印章：乌苏市地方税务局 代开发票专用章 345010900）

№：008（1） 山东增值税专用发票

开票日期：2014 年 12 月 4 日 记账联 No. 00187967

购货单位	名　　称：光明工厂 纳税人识别号：*465280104013184* 地 址 、电 话：文化路 6 号 0991－2354760 开户行及账号：商行乌支 *470003150900252553*			密码区	>61<98>8－>∗5 加密版本号：01 3/9>3327867>383527567 97/>5－710079>－08/1312 440004314 ∗38426>>2－23/186>>49 00187967		
货物及应税劳务名称	规格型号	单位	数量	单价	金额	税率	税额
A 产品		件	*1 000*	*200*	*200 000*	*17%*	*34 000*
合计					*200 000*		*34 000*
价税合计（大写）	贰拾叁万肆仟元整			（小写）¥234 000.00			
销货单位	名　　称：丰源实业有限责任公司 纳税人识别号：*465280104013184* 地 址 、电 话：建设路 21 号 0991－2866126 开户行及账号：工行章支 *4700022609003636668*			备注	（印章：丰源实业有限责任公司 发票专用章 税号：465280104013184）		

收款人： 复核： 开票人：冯小刚 销货单位（章）：

第四联 记账联 销货方记账凭证

（印章：全国统一发票监制章 新疆 国家税务总局监制）

№：008（2）

商业承兑汇票

签发日期　贰零零×年壹拾贰月零肆日　第 21 号

<table>
<tr><td rowspan="3">付款人</td><td>全　称</td><td colspan="3">光明工厂</td><td rowspan="3">收款人</td><td>全　称</td><td colspan="10">丰源实业有限责任公司</td></tr>
<tr><td>账　号</td><td colspan="3">47000315090025255553</td><td>账　号</td><td colspan="10">47000226090036366668</td></tr>
<tr><td>开户银行</td><td>商行乌支</td><td>行号</td><td></td><td>开户银行</td><td colspan="4">工行章支</td><td colspan="3">行号</td><td colspan="3"></td></tr>
<tr><td colspan="2" rowspan="2">汇票金额</td><td colspan="5" rowspan="2">人民币（大写）贰拾叁万肆仟元整</td><td>千</td><td>百</td><td>十</td><td>万</td><td>千</td><td>百</td><td>十</td><td>元</td><td>角</td><td>分</td></tr>
<tr><td></td><td>¥</td><td>2</td><td>3</td><td>4</td><td>0</td><td>0</td><td>0</td><td>0</td><td>0</td></tr>
<tr><td colspan="2">汇票到期日</td><td colspan="3">2014 年 2 月 3 日</td><td colspan="2">交易合同号码</td><td colspan="10"></td></tr>
<tr><td colspan="5">本汇票已经本单位承兑，到期日无条件支付票款。此致
收款人
光明工厂 财务专用章
付款人盖章
负责：杜荣华　经办：李强　2014 年 12 月 4 日</td><td colspan="12">光明工厂 财务专用章
汇票签发人盖章
负责：杜荣华　经办：李强</td></tr>
</table>

№：009（1）

山东省增值税专用发票

开票日期：2014 年 12 月 5 日　发票（全国统一发票监制章 国家税务总局监制）　№. 03187986

<table>
<tr><td>购货单位</td><td colspan="4">名　　称：丰源实业有限责任公司
纳税人识别号：465280104013184
地 址 、电 话：建设路 21 号　0991－2866126
开户行及账号：工行章支　47000226090036366668</td><td>密码区</td><td colspan="3">山东
>9/46＊－＋　加密版本号：01
73－＋12/95835107＋34＋
//－276＋6＊94＞4＋6410053
440003126
＊4259＞－－＞＞2/4＞＞4/＞＞＞0
03187986</td><td rowspan="5">第二联　发票联　购货方记账凭证</td></tr>
<tr><td>货物及应税劳务名称</td><td>规格型号</td><td>单位</td><td>数量</td><td>单价</td><td>金额</td><td>税率</td><td>税额</td></tr>
<tr><td>机床

合计</td><td>W6</td><td>台</td><td>1</td><td>200 000</td><td>200 000

200 000</td><td>17%</td><td>34 000

34 000</td></tr>
<tr><td>价税合计（大写）</td><td colspan="7">贰拾叁万肆仟元整　（小写）¥234 000.00</td></tr>
<tr><td>销货单位</td><td colspan="4">名　　称：山东省长城机电工厂
纳税人识别号：527811002035846
地 址 、电 话：红星 16 号　66786704
开户行及账号：工行红星支　08800544002578</td><td>备注</td><td colspan="3">山东省长城机电工厂
发票专用章
税号：527811002035846</td></tr>
</table>

收款人：　复核：　开票人：王丽红　销货单位（章）：

№：009（2）

固定资产验收交接单

№. 0001234

2014 年 12 月 5 日

金额：元

资产名称	规格	计量单位	数量	单价或工程造价	安装费用	其他费用	合计	已提折旧
机床	W6	台	1	*234 000*			*234 000*	
资产来源	购入	制造厂名	长城机电	使用年限	10 年	估计残值	*8 000*	
合计人民币（大写）贰拾叁万肆仟元整						（小写）￥*234 000.00*		

验收人：刘静　　　　接管人：赵红斌　　　　主管：　　　　会计：

№：009（3）完成下列空白支票的填写，然后编制记账凭证。

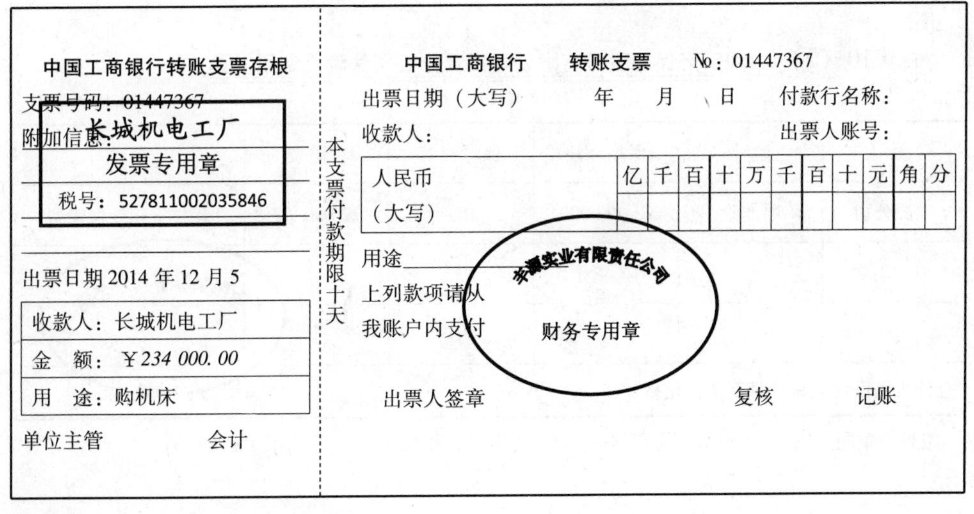

中国工商银行转账支票存根

支票号码：01447367

附加信息：

长城机电工厂
发票专用章
税号：527811002035846

出票日期 2014 年 12 月 5

收款人：长城机电工厂
金　额：￥*234 000.00*
用　途：购机床

单位主管　　　　会计

本支票付款期限十天

中国工商银行　转账支票　№：01447367

出票日期（大写）　　年　　月　　日　　付款行名称：

收款人：　　　　出票人账号：

人民币（大写）	亿	千	百	十	万	千	百	十	元	角	分

用途＿＿＿＿＿＿

上列款项请从

我账户内支付

丰源实业有限责任公司
财务专用章

出票人签章　　　　复核　　　　记账

№：010（1）完成下列空白支票的填写，然后编制记账凭证。

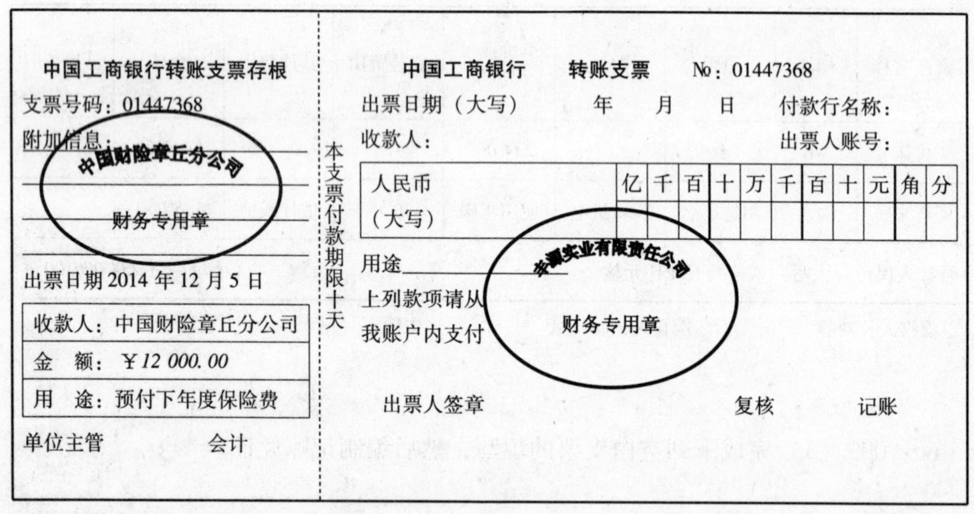

中国工商银行转账支票存根

支票号码：01447368

附加信息：

（中国财险章丘分公司 财务专用章）

出票日期 2014 年 12 月 5 日

收款人：中国财险章丘分公司
金　额：￥*12 000.00*
用　途：预付下年度保险费

单位主管　　会计

本支票付款期限十天

中国工商银行　　转账支票　　№：01447368

出票日期（大写）　　年　　月　　日　　付款行名称：

收款人：　　出票人账号：

人民币（大写）	亿	千	百	十	万	千	百	十	元	角	分

用途

上列款项请从

我账户内支付

（丰源实业有限责任公司 财务专用章）

出票人签章　　复核　　记账

№：010（2）中国财产保险股份有限公司章丘分公司保险费专用发票

2014 年 12 月 5 日　　№. 0001310

投保人	险种	保险金额	保险费率	保险费	备注
丰源公司	财产险	*12 000 000*	1‰	*12 000.00*	预付下年度保险费
					（中国财险章丘分公司 收费专用章）
合计人民币（大写）壹万贰仟元整					￥*12 000.00*

复核：黄同　　经办：金明学　　业务员：陈兵　　单位：（盖章）

№：011（1）

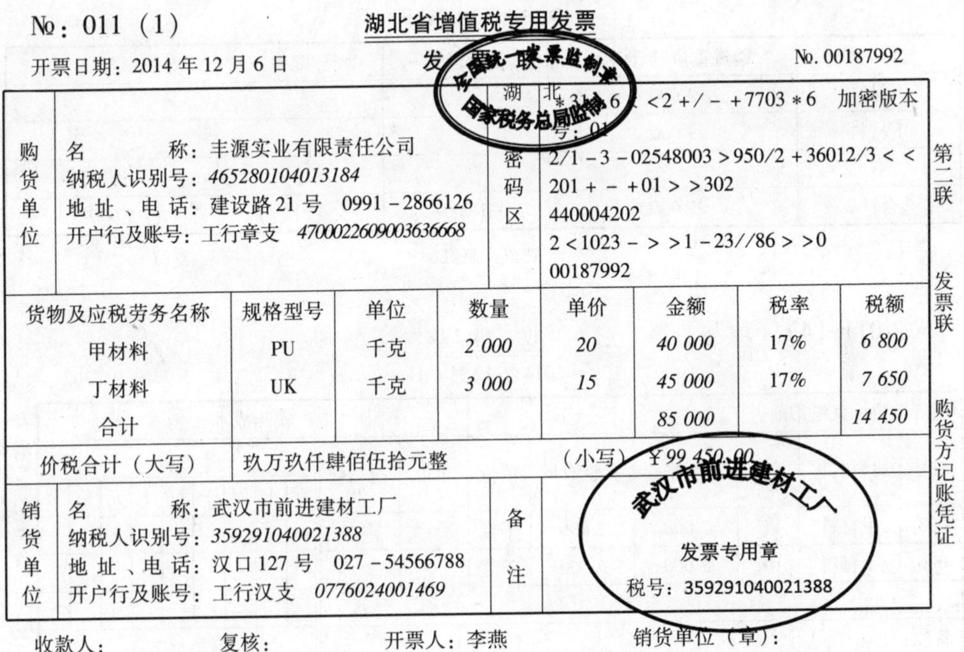

湖北省增值税专用发票

发 票 联

开票日期：2014年12月6日 No. 00187992

购货单位	名　　称：丰源实业有限责任公司 纳税人识别号：*465280104013184* 地 址 、电 话：建设路21号 0991－2866126 开户行及账号：工行章支 *470002260900363668*	密码区	湖北 加密版本号：01 ＊31＊6＊＜2＋/－＋7703＊6 2/1－3－02548003＞950/2＋36012/3＜＜ 201＋－＋01＞＞302 440004202 2＜1023－＞＞1－23//86＞＞0 00187992

货物及应税劳务名称	规格型号	单位	数量	单价	金额	税率	税额
甲材料	PU	千克	*2 000*	*20*	*40 000*	*17%*	*6 800*
丁材料	UK	千克	*3 000*	*15*	*45 000*	*17%*	*7 650*
合计					*85 000*		*14 450*
价税合计（大写）	玖万玖仟肆佰伍拾元整			（小写）	*￥99 450.00*		

销货单位	名　　称：武汉市前进建材工厂 纳税人识别号：*359291040021388* 地 址 、电 话：汉口127号 027－54566788 开户行及账号：工行汉支 *0776024001469*	备注	武汉市前进建材工厂 发票专用章 税号：359291040021388

收款人： 复核： 开票人：李燕 销货单位（章）：

第二联 发票联 购货方记账凭证

№：011（2）

公路、内河货物运输业统一发票（代开）

发 票 联

开票日期：2014年12月6日 No. 00256010768

机打代码 机器编号	00125326 20061009	新疆 税控码	
收货人及 纳税人识别号	丰源实业有限责任公司 *465280104013184*	承运人及纳 税人识别号	汉口神龙汽车运输队 *359291040065796*
运输项目 及金额	公路货物运输 5 000.00	其他及 金额	汉口市地方税务局 代开发票专用章 354020876 （手写无效） 代开单位盖章
运费小计	*￥5 000.00*	其他费用小计	￥0.00
合计（大写）	伍仟元整		（小写） *￥5 000.00*
代开单位及 代号	汉口市地方税务局 354020876	扣缴税额、税率 完税凭证号码	330.00（税率）6.6% 20061007402

（注：暂不考虑运费的增值税进项税抵扣） 开票人：张瑜

第二联 发票联 付款方记账凭证

№：011（3）（计算填写）

运费分配表

2014 年 12 月 6 日

№. 045302

材料名称	购进重量（千克）	发生运费	分配率	分配金额（元）
甲材料	2 000			
丁材料	3 000			
合计	5 000	5 000		5 000

会计：　　制单：赵红　　复核

№：011（4）（填写）

收　料　单

2014 年 12 月 6 日

№. 045302

<table>
<tr><td colspan="6">供货单位：武汉市前进工厂</td><td colspan="11">实际成本</td></tr>
<tr><td rowspan="2">编号</td><td rowspan="2">材料名称</td><td rowspan="2">规格</td><td rowspan="2">送验数量</td><td rowspan="2">实收数量</td><td rowspan="2">单位</td><td rowspan="2">单价</td><td rowspan="2">运杂费</td><td colspan="9">金额</td></tr>
<tr><td>百</td><td>十</td><td>万</td><td>千</td><td>百</td><td>十</td><td>元</td><td>角</td><td>分</td></tr>
<tr><td>003</td><td>甲材料</td><td>PU</td><td>2 000</td><td>2 000</td><td>千克</td><td></td><td></td><td></td><td></td><td></td><td></td><td></td><td></td><td></td><td></td><td></td></tr>
<tr><td>006</td><td>丁材料</td><td>UK</td><td>3 000</td><td>3 000</td><td>千克</td><td></td><td></td><td></td><td></td><td></td><td></td><td></td><td></td><td></td><td></td><td></td></tr>
<tr><td colspan="8">合计</td><td></td><td></td><td></td><td></td><td></td><td></td><td></td><td></td><td></td></tr>
<tr><td colspan="8">备注：</td><td colspan="9">附单据 2 张</td></tr>
</table>

第二联 送会计部门

主管：　　会计：　　保管：冯磊　　复核　　验收：张志强

№：011（5）

商业承兑汇票

签发日期　　贰零零×年壹拾贰月零陆日　　第 11 号

<table>
<tr><td rowspan="3">付款人</td><td>全　称</td><td colspan="3">丰源实业有限责任公司</td><td rowspan="3">收款人</td><td>全　称</td><td colspan="3">武汉市前进建材工厂</td></tr>
<tr><td>账　号</td><td colspan="3">470002260900363668</td><td>账　号</td><td colspan="3">0776024001469</td></tr>
<tr><td>开户银行</td><td>工行章支</td><td>行号</td><td></td><td>开户银行</td><td>工行汉支</td><td>行号</td><td></td></tr>
<tr><td colspan="2" rowspan="2">汇票金额</td><td colspan="5" rowspan="2">人民币（大写）壹拾万肆仟肆佰伍拾元整</td><td colspan="3">千 百 十 万 千 百 十 元 角 分</td></tr>
<tr><td colspan="3">¥ 1 0 4 4 5 0 0 0</td></tr>
<tr><td colspan="2">汇票到期日</td><td colspan="3">2014 年 3 月 5 日</td><td colspan="5">交易合同号码</td></tr>
<tr><td colspan="5">汇票已经本单位承兑，到期日无条件支付票款。此致
收款人
丰源实业有限责任公司 发票专用章 税号：465280104013184
付款人盖章
负责：杜荣华　经办：李强　2014 年 12 月 6 日</td><td colspan="5">丰源实业有限责任公司 发票专用章 税号：465280104013184
汇票签发人盖章
负责：杜荣华　经办：李强</td></tr>
</table>

№：012（1）

收　料　单

根据 007（1）（2）填写　　　　2014 年 12 月 6 日　　　　No. 045303

供货单位：乌苏市星海工厂						实际成本											
编号	材料名称	规格	送验数量	实收数量	单位	单价	运杂费	金额									
								百	十	万	千	百	十	元	角	分	
005	丙材料	HE	*500*	*500*	千克												
合计																	
备注：								附单据 1 张									

第二联　送会计部门

主管：　　　会计：　　　保管：冯磊　　　复核　　　验收：张志强

№：012（2）完成下列空白支票的填写，然后编制记账凭证。

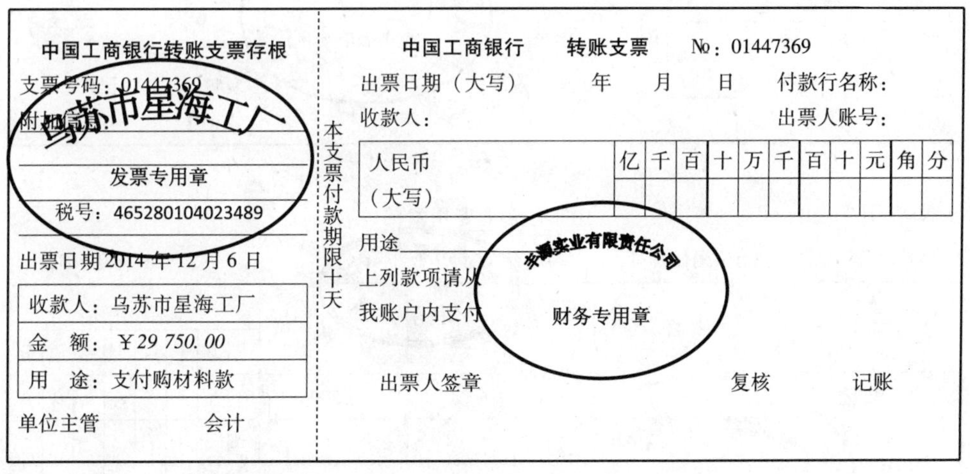

中国工商银行转账支票存根

支票号码：01447369

附加信息：

发票专用章（乌苏市星海工厂）

税号：465280104023489

出票日期 2014 年 12 月 6 日

收款人：乌苏市星海工厂

金　额：￥*29 750.00*

用　途：支付购材料款

单位主管　　　　会计

本支票付款期限十天

中国工商银行　　转账支票　　№：01447369

出票日期（大写）　　年　　月　　日　　付款行名称：

收款人：　　　　　　　　出票人账号：

人民币（大写）	亿	千	百	十	万	千	百	十	元	角	分

用途

上列款项请从

我账户内支付

丰源实业有限责任公司　财务专用章

出票人签章　　　　　复核　　　　记账

No：013（1）

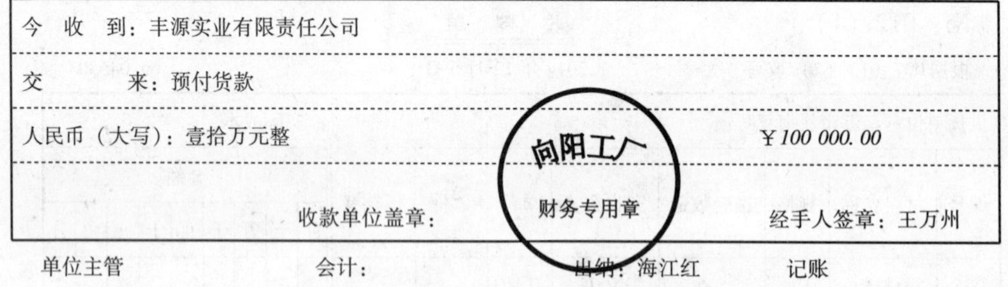

收　据

2014 年 12 月 7 日　　No. 0015013

今　收　到：丰源实业有限责任公司

交　　来：预付货款

人民币（大写）：壹拾万元整　　￥100 000. 00

收款单位盖章：（向阳工厂 财务专用章）　　经手人签章：王万州

单位主管　　会计：　　出纳：海江红　　记账

No：013（2）完成下列空白支票的填写，然后编制记账凭证。

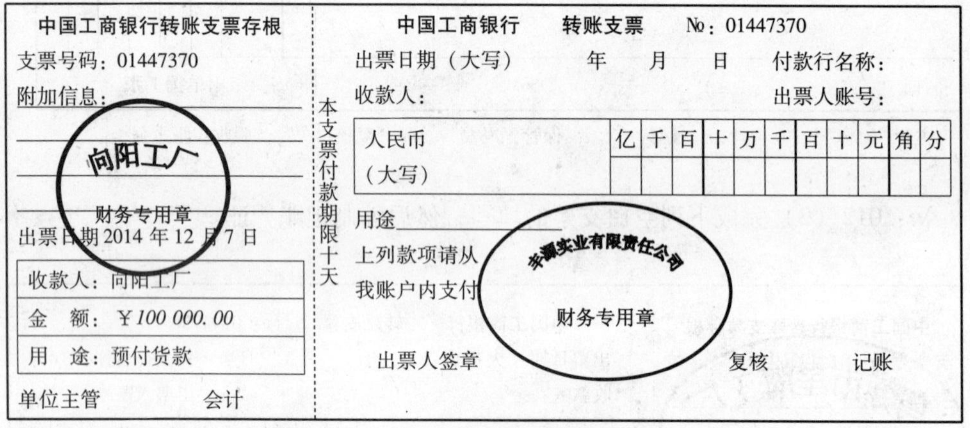

中国工商银行转账支票存根

支票号码：01447370

附加信息：

（向阳工厂 财务专用章）

出票日期 2014 年 12 月 7 日

收款人：向阳工厂

金　额：￥100 000. 00

用　途：预付货款

单位主管　　会计

本支票付款期限十天

中国工商银行　转账支票　No：01447370

出票日期（大写）　年　月　日　付款行名称：

收款人：　出票人账号：

人民币（大写）	亿	千	百	十	万	千	百	十	元	角	分

用途

上列款项请从

我账户内支付

（丰源实业有限责任公司 财务专用章）

出票人签章　　复核　　记账

No：014（1）

山东广告业专用发票

客户名称：丰源实业有限责任公司　　2014 年 1[illegible] 日　　No. 0056384

项目	单位	数量	单价	金额 十	万	千	百	十	元	角	分
广告费	次	1	4 500		￥	4	5	0	0	0	0
合计人民币（大写）肆仟伍佰元整				￥4 500. 00							

（全国统一发票监制章 新疆 国家税务局监制）

（[illegible]市创意广告有限公司 发票专用章 税号：465280105203876）

单位：（盖章）　　开票人：胡玉青

№：014（2）完成下列空白支票的填写，然后编制记账凭证。

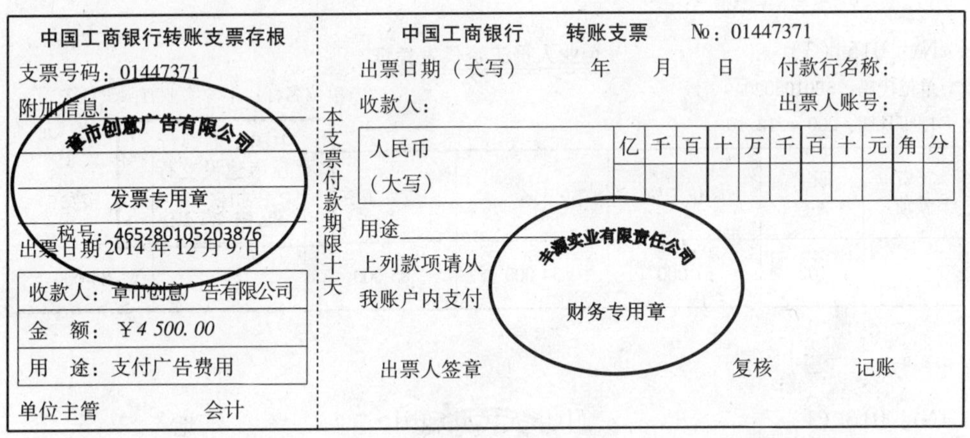

中国工商银行转账支票存根
支票号码：01447371
附加信息：
章市创意广告有限公司
发票专用章
税号：465280105203876
出票日期 2014 年 12 月 9 日
收款人：章市创意广告有限公司
金　额：￥4 500.00
用　途：支付广告费用
单位主管　　会计

本支票付款期限十天

中国工商银行　转账支票　№：01447371
出票日期（大写）　年　月　日　付款行名称：
收款人：　出票人账号：

人民币（大写）	亿	千	百	十	万	千	百	十	元	角	分

用途
上列款项请从
我账户内支付
丰源实业有限责任公司
财务专用章
出票人签章　　复核　　记账

№：015（1）根据015（2）完成空白支票的填写，然后编制记账凭证。

中国工商银行转账支票存根
支票号码：01447372
附加信息：
出票日期 2014 年　月　日
收款人：
金　额：
用　途：
单位主管　　会计

本支票付款期限十天

中国工商银行　转账支票　№：01447372
出票日期（大写）　年　月　日　付款行名称：
收款人：　出票人账号：

人民币（大写）	亿	千	百	十	万	千	百	十	元	角	分

用途
上列款项请从
我账户内支付
丰源实业有限责任公司
财务专用章
出票人签章　　复核　　记账

№：015（2）　**2014 年 12 月工资发放表**　单位：元

序号	姓名	岗位工资	奖金	应发工资	扣款	实发
1	张建军	3 000	2 000	5 000	略	5 000
2	王磊	800	400	840		840
3	张燕	1 200	500	1 700		1 700
4	刘强	1 500	800	2 300		2 300
…	…	…	…	…	…	…
102	赵小兵	750	300	1 050		1 050
合计		51 000	34 000	85 000		85 000

№：015（3）

企业人员工资代发凭证

单位代码：SB010502049　　　　单位名称：丰源实业有限责任公司

打印日期：200×.12.10　　　　单位：元

工资款项	职工人数	岗位工资	奖金	应发工资	扣款	实发
合计	102	51 000	34 000	85 000		85 000

中国工商银行
章丘市建设支行
业务清讫

№：016（1）

中华人民共和国　税收缴款书　地税

隶属关系：县级市　　　　山地缴电 20050254362 号

注册类型：其他有限责任公司　　填发日期 2014 年 12 月 10 日　　征收机关：章丘市地税局

缴款单位	代码	265230101090615	预算科目	编码	7003 教育费附加
	全称	丰源实业有限责任公司		款项	教育费附加
	开户银行	工行章支		级次	县（市）级
	账号	4700022609003636668	收缴国库		章丘市支库

税款所属时期 200×年 11 月　日			税款限缴日期 2014 年 12 月 10 日		
品目名称	课税数量	计税金额或销售收入	税率或单位税额	已缴或扣除额	实缴金额
教育费附加		70 000.00	3%		2 100.00
金额合计（大写）贰仟壹佰元整			（小写）￥2 100.00		
财务专用章	征税专用章		上列款项已核收记入收款单位账户 国库（银行）盖章		备注
经办人：张文明	填票人：刘玉萍				

丰源实业有限责任公司 财务专用章

章丘市地方税务局 征税专用章

国家税务总局 监制

中国工商银行
章丘市建设支行
转讫

第一联　收据国库收款盖章后退缴款单位作完税凭证

№：016（2）　　　　中华人民共和国　　　　地

税　税收缴款书

隶属关系：县级市　　　　新地缴电 20050254363 号

注册类型：其他有限责任公司　　填发日期：2014 年 12 月 10 日　　征收机关：章丘市地税局

缴款单位	代码	265230101090615	预算科目	编码	1003 城市维护建设税
	全称	丰源实业有限责任公司		款项	城市维护建设税
	开户银行	工行章支		级次	县（市）级
	账号	4700022609003636668	收缴国库		章丘市支库
税款所属时期　200×年 11 月　日			税款限缴日期　2014 年 12 月 10 日		
品目名称	课税数量	计税金额或销售收入	税率或单位税额	已缴或扣除额	实缴金额
城市维护建设税		70 000.00	7%		4 900.00
金额合计（大写）肆仟玖佰元整			（小写）￥4 900.00		
缴款单位（人）（盖章）	税务机关（盖章）		上列款项已核收记入收款单位账户 国库（银行）盖章		备注
经办人：张文明	填票人：刘玉萍				

第一联　收据国库收款盖章后退缴款单位作完税凭证

丰源实业有限责任公司 财务专用章　　章丘市地方税务局 征税专用章　　中国工商银行 章丘市建设支行 转讫　　国家税务总局 监制

№：016（3）　　　　中华人民共和国　　　　国

税　税收缴款书

隶属关系：县级市　　　　新地缴电 20050254364 号

注册类型：其他有限责任公司　　填发日期：2014 年 12 月 10 日　　征收机关：章丘市地税局

缴款单位	代码	265230101090615	预算科目	编码	0101 国内增值税
	全称	丰源实业有限责任公司		款项	增值税
	开户银行	工行章支		级次	县（市）级
	账号	4700022609003636668	收缴国库		章丘市支库
税款所属时期　200×年 11 月　日			税款限缴日期　2014 年 12 月 10 日		
品目名称	课税数量	计税金额或销售收入	税率或单位税额	已缴或扣除额	实缴金额
增值税		276 470.59	17%	17 000	30 000.00
金额合计（大写）叁万元整			（小写）￥30 000.00		
缴款单位（人）（盖章）	税务机关（盖章）		上列款项已核收记入收款单位账户 国库（银行）盖章		备注
经办人：张文明	填票人：刘玉萍				

第一联　收据国库收款盖章后退缴款单位作完税凭证

丰源实业有限责任公司 财务专用章　　章丘市国家税务局 征税专用章　　中国工商银行 章丘市建设支行 转讫　　国家税务总局 监制

№：016（4）

中华人民共和国 国 税 税收缴款书

隶属关系：县级市 新地缴电 20050254367 号

注册类型：其他有限责任公司 填发日期：2014 年 12 月 10 日 征收机关：章丘市国税局

缴款单位	代码	265230101090615	预算科目	编码	0483 企业所得税
	全称	丰源实业有限责任公司		款项	企业所得税
	开户银行	工行章支		级次	县（市）级
	账号	4700022609003636668	收缴国库		章丘市支库
税款所属时期 200×年 11 月 日			税款限缴日期 2014 年 12 月 10 日		

品目名称	课税数量	计税金额或销售收入	税率或单位税额	已缴或扣除额	实缴金额
所得税		24 242.42	33%	17 000	8 000.00
金额合计（大写）捌仟元整				（小写）￥8 000.00	
财务专用章		征税专用章		上列款项已核收记入收款单位账户 国库（银行）盖章	备注
经办人：张文明		填票人：刘玉萍			

第一联 收据国库收款盖章后退缴款单位作完税凭证

（印章：丰源实业有限责任公司 财务专用章；章丘市国家税务局 征税专用章；中国工商银行 章丘市建设支行 转讫）

№：017（1）

山东增值税专用发票

记账联

开票日期：2014 年 12 月 11 日 №.00187968

购货单位	名 称：黄河公司 纳税人识别号：465280104034568 地 址、电 话：天泄路 16 号 0991－2358542 开户行及账号：工行乌支 4700031509003254896	密码区	0234…78＜98＞8－＞＊5 加密版本号：01 2/4＞33＞＞721＞383520147 65/＞5－711200＞－18/0012 440004320 ＊38//126＞＞2－203//86＞＞＞0 00187968

货物及应税劳务名称	规格型号	单位	数量	单价	金额	税率	税额
甲材料	PU	千克	750	20	15 000	17%	2 550
合计					15 000		2 550
价税合计（大写）	壹万柒仟伍佰伍拾元整				（小写）￥17 550.00		

销货单位	名 称：丰源实业有限责任公司 纳税人识别号：465280104013184 地 址、电 话：建设路 21 号 0991－2866126 开户行及账号：工行章支 4700022609003636668	备注	丰源实业有限责任公司 发票专用章 税号：465280104013184

收款人： 复核： 开票人：冯小刚 销货单位（章）：

第四联 记账联 销货方记账凭证

№：017（2）　　　**中国工商银行进账单（收账通知）**　　1

2014 年 12 月 11 日　　　　　　第 36 号

出票人	全　称	黄河公司	持票人	全　称	丰源实业有限责任公司
	账　号	*4700031509003254896*		账　号	*4700022609003636668*
	开户银行	工行乌支		开户银行	章丘市工行建设路分理处

人民币（大写）	千	百	十	万	千	百	十	元	角	分
壹万柒仟伍佰伍拾元整			¥	*1*	*7*	*5*	*5*	*0*	*0*	*0*

票据种类	转账支票
票据张数	1 张

中国工商银行
章丘市建设支行
转讫

单位主管　　会计　　复核　　记账　　　　持票人开户行盖章

此联是持票人开户银行交给持票人的收账通知

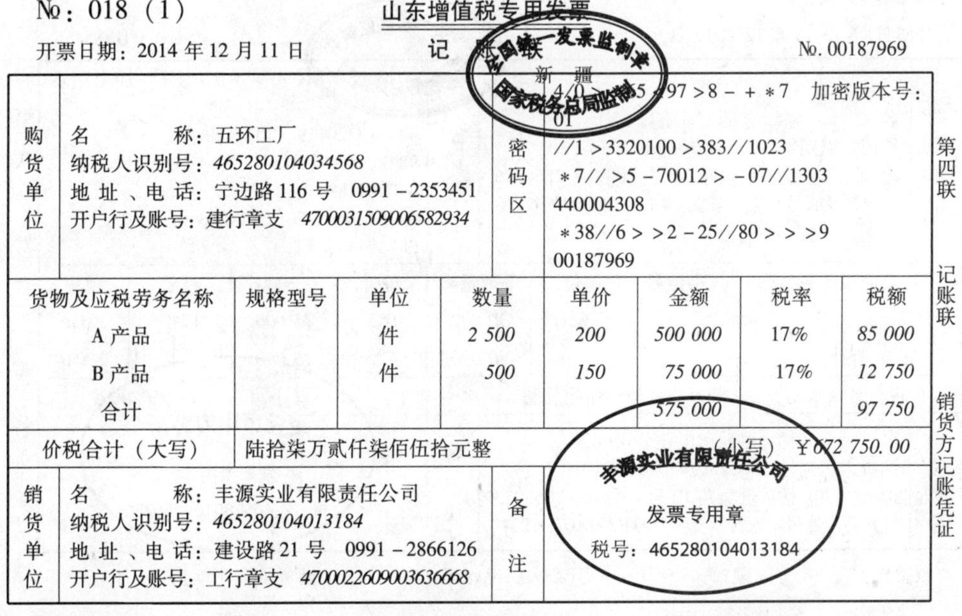

№：018（1）　　　**山东增值税专用发票**

开票日期：2014 年 12 月 11 日　　　　记［账联］　　　　No. 00187969

全国统一发票监制章
新　疆
国家税务总局监制

购货单位	名　　称：五环工厂 纳税人识别号：*465280104034568* 地 址 、电 话：宁边路 116 号　0991－2353451 开户行及账号：建行章支　*4700031509006582934*	密码区	4/0 ... 5 <97 >8 － ＋ ∗7　加密版本号：01 //1 >3320100 >383//1023 ∗7// >5 －70012 > －07//1303 440004308 ∗38//6 > >2 －25//80 > > >9 00187969

货物及应税劳务名称	规格型号	单位	数量	单价	金额	税率	税额
A 产品		件	*2 500*	*200*	*500 000*	*17%*	*85 000*
B 产品		件	*500*	*150*	*75 000*	*17%*	*12 750*
合计					*575 000*		*97 750*
价税合计（大写）	陆拾柒万贰仟柒佰伍拾元整				（小写）¥*672 750. 00*		

销货单位	名　　称：丰源实业有限责任公司 纳税人识别号：*465280104013184* 地 址 、电 话：建设路 21 号　0991－2866126 开户行及账号：工行章支　*4700022609003636668*	备注	丰源实业有限责任公司 发票专用章 税号：465280104013184

收款人：　　　复核：　　　开票人：冯小刚　　　销货单位（章）：

第四联　记账联　销货方记账凭证

№：018（2）　　中国工商银行进账单（收账通知）　1

2014 年 12 月 11 日　　第 36 号

出票人			持票人		
出票人	全　称	五环工厂	持票人	全　称	丰源实业有限责任公司
	账　号	*4700031509006582934*		账　号	*4700022609003636668*
	开户银行	建行章支		开户银行	章丘市工行建设路分理处

人民币（大写）	千	百	十	万	千	百	十	元	角	分
陆拾柒万贰仟柒佰伍拾元整		¥	*6*	*7*	*2*	*7*	*5*	*0*	*0*	*0*

票据种类	转账支票	中国工商银行 章丘市建设支行 转讫
票据张数	1 张	
单位主管　会计　复核　记账		持票人开户行盖章

此联是持票人开户银行交给持票人的收账通知

№：019（1）

山东增值税专用发票

发　票　联

全国统一发票监制章　国家税务总局监制　新疆

开票日期：2014 年 12 月 12 日　　№. 00188543

购货单位	名　　称：丰源实业有限责任公司 纳税人识别号：*465280104013184* 地 址 、电 话：建设路 21 号　0991－2866126 开户行及账号：工行章支　*4700022609003636668*	密码区	＊48……78＜90＞＞0＋＊7　加密版本号：01 4/1＞3320119＞302//2014 98//＞4－＋10＞＞＞－02//2389 440004189 ＊38//6＞＞2－25//80＞＞＞－2 00188543

货物及应税劳务名称	规格型号	单位	数量	单价	金额	税率	税额
电		千瓦时	*30 000*	*0.5*	*15 000*	17%	*2 550*
合计			*30 000*		*15 000*		*2 550*
价税合计（大写）	壹万柒仟伍佰伍拾元整				（小写）¥*17 550.00*		

销货单位	名　　称：章丘市电业公司 纳税人识别号：*465280104056286* 地 址 、电 话：健康路 12 号　0991－2865023 开户行及账号：农行章支　*3500012509001512224*	备注	章丘市电力公司 发票专用章 税号：465280104056286

收款人：　　复核：　　开票人：毛建华　　销货单位（章）：

第二联　发票联　购货方记账凭证

№：019（2）完成下列空白支票的填写，然后编制记账凭证。

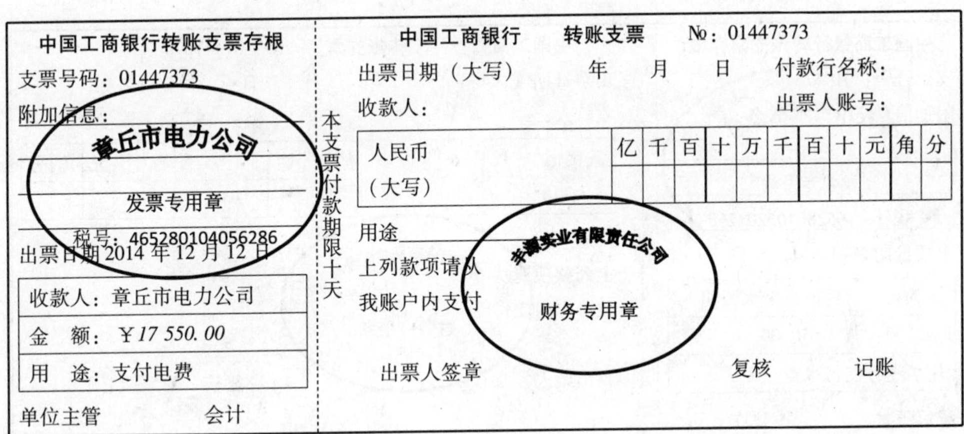

中国工商银行转账支票存根

支票号码：01447373

附加信息：

章丘市电力公司

发票专用章

税号：465280104056286

出票日期 2014 年 12 月 12 日

收款人：章丘市电力公司

金　额：￥*17 550.00*

用　途：支付电费

单位主管　　会计

本支票付款期限十天

中国工商银行　转账支票　№：01447373

出票日期（大写）　年　月　日　付款行名称：

收款人：　出票人账号：

人民币（大写）	亿	千	百	十	万	千	百	十	元	角	分

用途

上列款项请从

我账户内支付

丰源实业有限责任公司

财务专用章

出票人签章　　复核　　记账

№：019（3）

电费分配表

2014 年 12 月 31 日　　单位：元

车间、部门		应分配金额	备注
生产车间用电	A 产品负担	*5 000*	
	B 产品负担	*6 000*	
车间照明用电		*2 500*	
行政管理部门用电		*1 500*	
合计		*15 000*	

审核：丁强　　会计：　　制单：赵梅

№：020（1）

山东增值税专用发票

发　票

开票日期：2014 年 12 月 13 日　　№. 00186573

购货单位	名　　称：丰源实业有限责任公司 纳税人识别号：*465280104013184* 地 址 、电 话：建设路 21 号　0991 - 2866126 开户行及账号：工行章支　*470002260900363668*	密码区	新　疆　1/*/>...8 <9 > >0 + *7　加密版本号：01 371 > 3321278 > 32//2078 *9// >3 - +12 > > > -08//0015 440004320 12/// -6 > >2 -25//18 > > -1 00186573

货物及应税劳务名称	规格型号	单位	数量	单价	金额	税率	税额
水		立方米	*3 125*	*1.6*	*5 000*	13%	*650*
合计					*5 000*		*650*
价税合计（大写）	伍仟陆佰伍拾元整				（小写）*￥5 650.00*		

销货单位	名　　称：章丘市自来水公司 纳税人识别号：*465280105201268* 地 址 、电 话：宁边路 15 号　0991 - 2875461 开户行及账号：农行章支　*25000338000124255563*	备注	章丘市自来水公司 发票专用章 税号：465280105201268

第二联　发票联　购货方记账凭证

全国统一发票监制章　国家税务总局监制

收款人：　　复核：　　开票人：张建江　　销货单位（章）：

№：020（2）完成下列空白支票的填写，然后编制记账凭证。

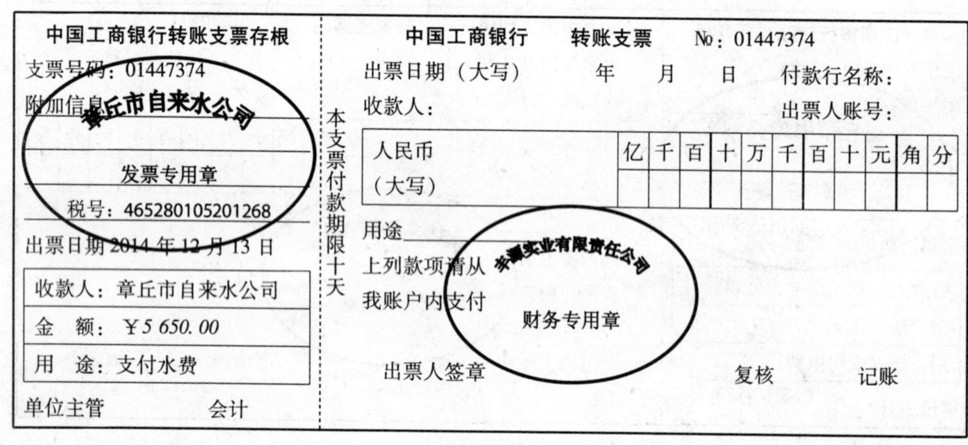

中国工商银行转账支票存根
支票号码：01447374
附加信息
章丘市自来水公司
发票专用章
税号：465280105201268
出票日期 2014 年 12 月 13 日
收款人：章丘市自来水公司
金　额：￥5 650.00
用　途：支付水费
单位主管　　会计

本支票付款期限十天

中国工商银行　转账支票　№：01447374
出票日期（大写）　年　月　日　付款行名称：
收款人：　出票人账号：

人民币（大写）	亿	千	百	十	万	千	百	十	元	角	分

用途
上列款项请从
我账户内支付
（印章：实业有限责任公司 财务专用章）
出票人签章　复核　记账

№：020（3）

水费分配表

2014 年 12 月 31 日　单位：元

车间、部门		应分配金额	备注
生产车间用水	A 产品负担	2 000	
	B 产品负担	1 500	
车间公共用水		1 000	
行政管理部门用水		500	
合计		5 000	

审核：丁强　会计：　制单：赵梅

№：021（1）审核原始凭证，并将其粘贴在票据粘贴单上

票据粘贴处	**票据粘贴单** 年　月　日
	本张金额：　元
	附　件：　张
	报销部门：
	报 销 人：
	报销单位负 责 人：
	会计审查：
	项　目：
	人民币（大写）

10Z054945　乌站售
乌鲁木齐→北京西　T70 次
2005 年 12 月 2 日　14：19 开　06 车 21 号下铺
全价 652.00 元　新空调硬座特快卧
限乘当日当次车
在 6 日内到有效

H033755　京 B 售
北京西→乌鲁木齐　T69 次
2005 年 12 月 8 日　19：24 开　11 车 10 号下铺
全价 652.00 元　新空调硬座特快卧
限乘当日当次车
在 3 日内到有效

北京巴士股份有限公司（一）专线票
票价：2 元　095030
报销凭证

北京巴士股份有限公司（一）专线票
票价：2 元　0340658
报销凭证

北京巴士股份有限公司（二）专线票
票价：4 元　0340698
报销凭证

北京巴士股份有限公司（一）专线票
票价：2 元　0950789
报销凭证

北京巴士股份有限公司（一）专线票
票价：2 元　0340259
报销凭证

北京巴士股份有限公司（二）专线票
票价：4 元　0340563
报销凭证

北京市服务业专用发票
发　票　联

单位（姓名）：丰源实业有限责任公司　　开票时间：2005 年 12 月 8 日

服务项目	单位	数量	单价	金额								
				百	十	万	千	百	十	元	角	分
住宿费	天		65					2	6	0	0	0
小写金额合计							¥	2	6	0	0	0
大写金额⊕佰⊕拾⊕万⊕仟贰佰陆拾零元零角零分												

收款单位（印章）　　开票人：孙小兵

（印章：北京市地方税务局监制；北京市金鑫宾馆 发票专用章）

北京市行政事业性收费专用票据
2005 年 12 月 8 日

交款单位或个人	丰源实业有限责任公司	收费许可证号									200501208
收费项目名称	收费标准	金额									备注
		百	十	万	千	百	十	元	角	分	
培训费	350					3	5	0	0	0	
金额大写	人民币叁佰伍拾元整				¥	3	5	0	0	0	

收款单位（印章）　　开票人：张军强

（印章：北京市财政局票据监制章；北京科技大学培训中心 财务专用章）

№：021（2）（填写）

差旅费报销单

报销部门：办公室　　　　　　2014 年 12 月 13 日

姓名		张小红	职务		办公室主任		出差事由		业务培训	
出差起止日期自 2014 年 12 月 2 日起至 2014 年 12 月 10 日共 9 天　　附单据 10 张										
日期		起讫地点	差旅补助			交通费	住宿费	会务费	其他	小计
月	日		天数	标准	金额					
12	*2*	乌市—北京	*6*	*30*						
12	*8*	北京—乌市	*3*	*30*						
		合计								
合计人民币（大写）贰仟贰佰元整										
预领金额：*3 000* 元			交（退）回金额　元　应补付金额　元							

单位负责人：张建军　　会计主管：丁强　　部门主管：赵江　　报销人：张小红

№：021（3）（填写）

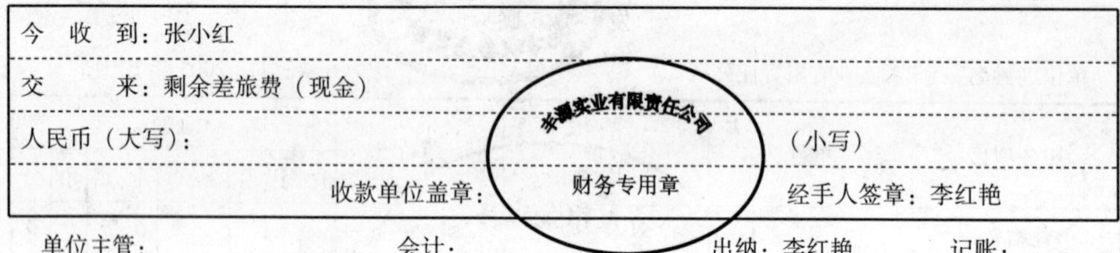

收　据

2014 年 12 月 13 日　　　　　　No. 0004283

今　收　到：张小红

交　　　来：剩余差旅费（现金）

人民币（大写）：　　　　　　　　（小写）

收款单位盖章：　　　　　　经手人签章：李红艳

单位主管：　　　会计：　　　出纳：李红艳　　　记账：

№：022

中国工商银行现金存款凭条（柜面交款专用）

2014 年 12 月 13 日

存款人	全称	丰源实业有限责任公司		
	账号	*470002260900363666 8*	款项来源	预借差旅费剩余款
	开户行	工行章支	交款人	丰源实业有限责任公司

金额大写（币种）人民币捌佰元整

百	十	万	千	百	十	元	角	分
			¥	*8*	*0*	*0*	*0*	*0*

票面	张数	金额	票面	张数	金额
100 元	3	300	5 角		
50 元	7	350	2 角		
20 元	5	100	1 角		
10 元	5	50	5 分		
5 元			2 分		
2 元			1 分		
1 元					

中国工商银行
章丘市建设支行
转讫

复核：　　收款员：赵红霞

此联由银行盖章后退回单位

会计：　　　　复核：　　　　记账：

№：023（1）

广西增值税专用发票

发　票　联

全国统一发票监制章 广西 国家税务总局监制

开票日期：2014 年 12 月 13 日　　　　　　№. 02548215

购货单位	名　　称：丰源实业有限责任公司 纳税人识别号：465280104013184 地 址 、电 话：建设路 21 号　0991－2866126 开户行及账号：工行章支　47000226090036366668	密码区	7/1 > >64 >21 <9 >2 - > *8　加密版本号：01 3/8 >3328125 >302257556 96// > >5 - +5124 <2 > -07/3 440004021 *//89 > >2 - +312/45 > > -3 02548215

货物及应税劳务名称	规格型号	单位	数量	单价	金额	税率	税额
乙材料	FJ	千克	2 000	60	120 000	17%	20 400
合计					120 000		20 400
价税合计（大写）	壹拾肆万零肆佰元整				（小写）￥140 400.00		

销货单位	名　　称：广西向阳建材工厂 纳税人识别号：452000410032594 地 址 、电 话：长安路 7 号　65872432 开户行及账号：市中行　2456726742658	备注	

向阳工厂 财务专用章

收款人：　　　复核：　　　开票人：李小龙　　　销货单位（章）：

第二联　发票联　购货方记账凭证

№：023（2）（填写）

收　料　单

2014 年 12 月 13 日　　　　　　№. 045303

供货单位：武汉市前进建材工厂								实际成本								
编号	材料名称	规格	送验数量	实收数量	单位	单价	运杂费	金额								
								百	十	万	千	百	十	元	角	分
004	乙材料	FJ	2 000	2 000	千克											
合计																
备注：								附单据 1 张								

主管：　　　会计：　　　保管：冯磊　　　复核　　　验收：张志强

第二联　送会计部门

№：023（3）完成下列空白支票的填写，然后编制记账凭证。

中国工商银行转账支票存根

支票号码：01447375

附加信息：

向阳工厂
财务专用章

出票日期 2014 年 12 月 14 日

收款人：向阳工厂	
金　额：￥40 400.00	
用　途：购材料	

单位主管　　会计

本支票付款期限十天

中国工商银行　　转账支票　　№：01447375

出票日期（大写）　　年　　月　　日　　付款行名称：

收款人：　　出票人账号：

人民币（大写）	亿	千	百	十	万	千	百	十	元	角	分

用途

上列款项请从

我账户内支付

丰源实业有限责任公司
财务专用章

出票人签章　　复核　　记账

№：024（1）

山东省行政事业单位收款收据

山东省财政厅
收　费
票据监制章

交款单位（个人）：丰源实业有限责任公司　2014 年 12 月 14 日　No. 0843456

今　收　到：丰源实业有限责任公司　系付农村义务教育捐款

人民币（大写）伍万元整　￥50 000.00

收款单位公章：　　会计：　　经手人：王万州

章丘市人民政府
财务专用章

第二联 收据

№：024（2）完成下列空白支票的填写，然后编制记账凭证。

中国工商银行转账支票存根

支票号码：01447376

附加信息：

章丘市人民政府
财务专用章

出票日期 2014 年 12 月 14 日

收款人：章丘市人民政府	
金　额：￥50 000.00	
用　途：农村义务教育捐款	

单位主管　　会计

本支票付款期限十天

中国工商银行　　转账支票　　№：01447376

出票日期（大写）　　年　　月　　日　　付款行名称：

收款人：　　出票人账号：

人民币（大写）	亿	千	百	十	万	千	百	十	元	角	分

用途

上列款项请从

我账户内支付

丰源实业有限责任公司
财务专用章

出票人签章　　复核　　记账

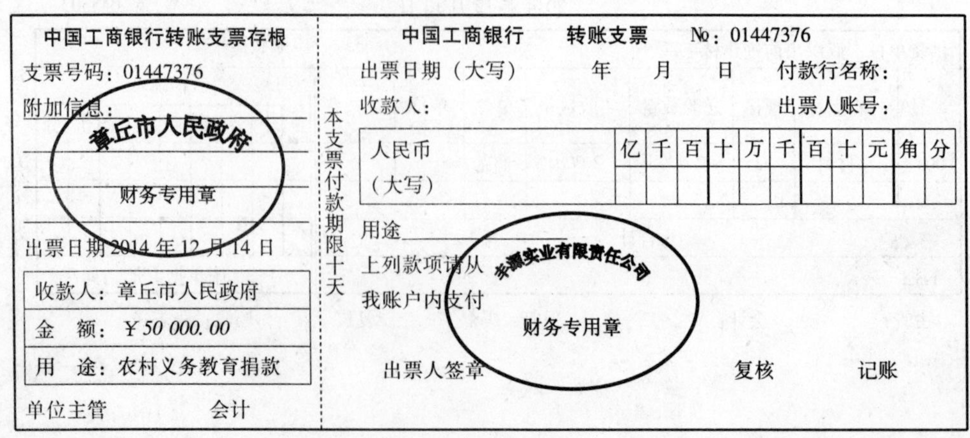

№：025（1） **领料单**

领用单位：生产车间　　2014 年 12 月 14 日　　凭证编号：086

用途：生产 A 产品　　发料仓库：2 号

材料编号	材料名称	规格	计量单位	数量		单价	金额
				请领	实发		
003	甲材料	PU	千克	*7 000*	*7 000*	*20*	*140 000*
004	乙材料	FJ	千克	*3 000*	*3 000*	*60*	*180 000*
005	丙材料	HE	千克	*800*	*800*	*50*	*40 000*
合计		叁拾陆万元整					*360 000*
备注						附单据 2 张	

第二联 送会计部门

领料人：张兵　　发料人：冯磊　　领料部门负责人：赵小刚

№：025（2） **领料单**

领用单位：生产车间　　2014 年 12 月 14 日　　凭证编号：087

用途：生产 B 产品　　发料仓库：2 号

材料编号	材料名称	规格	计量单位	数量		单价	金额
				请领	实发		
004	乙材料	FJ	千克	*5 000*	*5 000*	*60*	*300 000*
005	丙材料	HE	千克	*3 600*	*3 600*	*50*	*180 000*
006	丁材料	UK	千克	*10 000*	*10 000*	*15*	*150 000*
合计		陆拾叁万元整					*630 000*
备注						附单据 2 张	

第二联 送会计部门

领料人：张兵　　发料人：冯磊　　领料部门负责人：赵小刚

№：026　　**山东省非税收入一般缴款书（收据）4**　　№920191541X

填制日期：2014 年 12 月 15 日　　执收单位名称：章丘市工商行政管理局

山东省财政厅 票据监制章

付款人	全　称	丰源实业有限责任公司	收款人	全　称	章丘市财政局
	账　号	*4700022609003636668*		账　号	市中行北京中路分理处
	开户银行	工行章支		开户银行	*368536740248091001*
币种：人民币		金额（大写）叁万元整			（小写）¥*30 000. 00*

项目编码	项目名称	单位	数量	标准	金额
520345	商标侵权	元	1	1 万至 10 万	30 000. 00
执收单位 非税收入专用章 经办人（签章）蒋秀红			备注：		

章丘市工商行政管理局

№：027（1）

资产评估报告书

东风公司拟投资机器设备资产评估报告书

昌华评报字（200×）0－014号

受丰源公司委托，于评估基准日，对股东投资的实物资产——机器设备进行评估。经评估，东风公司用于投资的机器设备价值人民币100 000元。

评估师

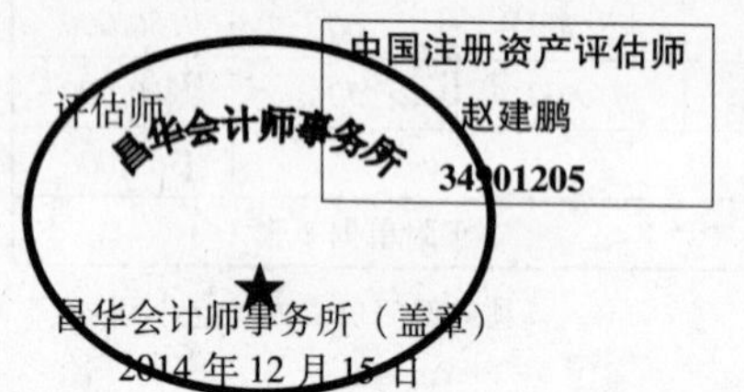

昌华会计师事务所（盖章）

2014年12月15日

№：027（2）

验资报告

验资报告

昌华验字（200×）0－028号

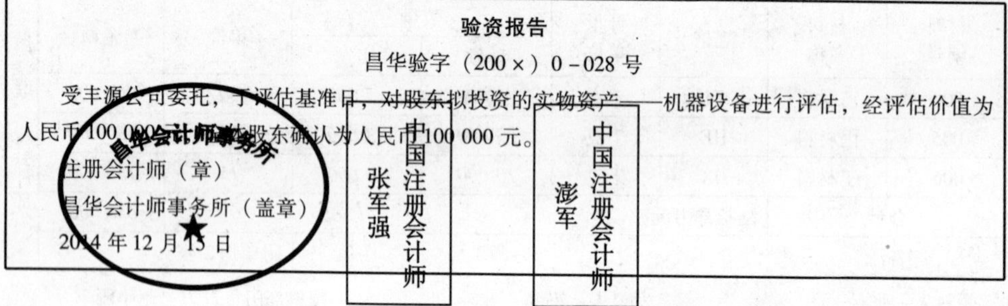
受丰源公司委托，于评估基准日，对股东拟投资的实物资产——机器设备进行评估，经评估价值为人民币100 000元，股东确认为人民币100 000元。

注册会计师（章）

昌华会计师事务所（盖章）

2014年12月15日

№：027（3）

固定资产验收交接单

№. 0001235

2014年12月5日

金额：元

资产名称	规格	计量单位	数量	单价或工程造价	安装费用	其他费用	合计	已提折旧
机床	C－6	台	1				*100 000*	
资产来源	投资	制造厂名	神州机电	使用年限	10年	估计残值	*6 000*	
合计人民币（大写）壹拾万元整						（小写）	￥*100 000.00*	

验收人：刘静　　　接管人：赵红斌　　　主管：　　　会计：

№：028 完成下列空白支票的填写，然后编制记账凭证。

中国工商银行现金支票存根

支票号码：01447451

附加信息：

出票日期 2014 年 12 月 16 日

收款人：丰源实业有限责任公司
金　额：￥2 000.00
用　途：备用

单位主管　　　　会计

本支票付款期限十天

中国工商银行　　转账支票　　№：01447451

出票日期（大写）　　年　　月　　日　　付款行名称：

收款人：　　　　出票人账号：

人民币（大写）	亿	千	百	十	万	千	百	十	元	角	分

用途

上列款项请从我账户内支付

丰源实业有限责任公司　财务专用章

出票人签章　　　　复核　　　　记账

№：029

山东商业企业统一发票

（全国统一发票监制章　新疆　国家税务局监制）

客户名称：丰源实业有限责任公司　　　　2014 年 12 月 17 日

品名规格	单位	数量	单价	金额 十	万	千	百	十	元	角	分
钢笔	支	20	18			￥	3	6	0	0	0
稿纸		200	1			￥	2	0	0	0	0
笔记本	本	80				￥	2	4	0	0	0
合计（大写）捌佰元整						￥	8	0	0	0	0

第二联　发票联

（惠民商场　发票专用章）　　现金收讫

销货单位（盖章）　　开票人：李丽娟　　收款人：王梅

№：030

山东增值税专用发票

（全国统一发票监制章　新疆　国家税务总局监制）

开票日期：2014 年 12 月 18 日　　记账联　　№. 00187970

购货单位	名　　称：华南工厂 纳税人识别号：465280104078254 地 址、电 话：虹桥路 6 号　47251260 开户行及账号：商行虹支　470002150800254736l	密码区	*6546//1208 > > −02　加密版本号：01 73 − +11/95855427 +34 ∗ + // −275 +6 ∗95 > >4 +6312001 400002145 ∗4250 > > − + > >2/4 >4// > > > −1 00187970

货物及应税劳务名称	规格型号	单位	数量	单价	金额	税率	税额
A 产品		件	3 500	160	560 000	17%	95 200
B 产品		件	1 000	200	200 000	17%	34 000
合计					760 000		129 200
价税合计（大写）	捌拾捌万玖仟贰佰元整					（小写）	￥889 200.00

销货单位	名　　称：丰源实业有限责任公司 纳税人识别号：465280104013184 地 址、电 话：建设路 21 号　0991 − 2866126 开户行及账号：工行章支　470002260900363666 8	备注	丰源实业有限责任公司　发票专用章　税号：465280104013184

第四联　记账联　销货方记账凭证

收款人：　　　复核：　　　开票人：冯小刚　　　销货单位（章）：

№：031（1）

领料单

领用单位：生产车间　　2014 年 12 月 20 日　　凭证编号：088

用途：车间耗用　　发料仓库：2 号

材料编号	材料名称	规格	计量单位	数量		单价	金额
				请领	实发		
005	丙材料	HE	千克	*200*	*200*	*50*	*10 000*
006	丁材料	UK	千克	*588*	*588*	*15*	*8 820*
合计		壹万捌仟捌佰贰拾元整					*18 820*
备注						附单据 2 张	

第二联 送会计部门

领料人：张兵　　发料人：冯磊　　领料部门负责人：赵小刚

№：031（2）

领料单

领用单位：公司管理部门　　2014 年 12 月 20 日　　凭证编号：089

用途：管理用　　发料仓库：2 号

材料编号	材料名称	规格	计量单位	数量		单价	金额
				请领	实发		
005	丙材料	HE	千克	*100*	*100*	*50*	*5 000*
006	丁材料	UK	千克	*60*	*60*	*15*	*900*
合计		伍仟玖佰元整					*5 900*
备注						附单据 2 张	

第二联 送会计部门

领料人：张兵　　发料人：冯磊　　领料部门负责人：赵小刚

№：031（3）

领料单

领用单位：公司销售部门　　2014 年 12 月 20 日　　凭证编号：090

用途：办公用　　发料仓库：2 号

材料编号	材料名称	规格	计量单位	数量		单价	金额
				请领	实发		
005	丙材料	HE	千克	*100*	*100*	*50*	*5 000*
合计		伍仟元整					*5 000*
备注						附单据 2 张	

第二联 送会计部门

领料人：张兵　　发料人：冯磊　　领料部门负责人：赵小刚

№：032（1）完成下列空白支票的填写，然后编制记账凭证。

中国工商银行转账支票存根

支票号码：01447377

附加信息：

出票日期 2014 年 12 月 21 日

收款人：	工行章丘市建设支行
金　额：	￥*100 000.00*
用　途：	归还短期借款

单位主管　　会计

本支票付款期限十天

中国工商银行　转账支票　№：01447377

出票日期（大写）　年　月　日　付款行名称：

收款人：　出票人账号：

人民币（大写）	亿	千	百	十	万	千	百	十	元	角	分

用途

上列款项请从

我账户内支付

丰源实业有限责任公司

财务专用章

出票人签章　　复核　　记账

№：032（2）　**中国工商银行　特种转账贷方凭证**

2014 年 12 月 21 日

<table>
<tr><td>银行打印</td><td colspan="5">交易序号 41　交易代码 02234　工作日期 200×-12-20　工作时间 11：18：21　币种人民币
借方账号　9558803004100553402　户名　丰源实业有限责任公司
贷方账号　4700022609003636668　户名　丰源实业有限责任公司
金额 100 000.00
转账归还到期贷款　借款合同号 00448</td></tr>
<tr><td colspan="2">业务类型</td><td colspan="4">转账</td></tr>
<tr><td rowspan="3">借方</td><td>户　名</td><td>丰源实业有限责任公司</td><td rowspan="3">贷方</td><td>户　名</td><td>丰源实业有限责任公司</td></tr>
<tr><td>账　号</td><td>9558803004100553402</td><td>账　号</td><td>4700022609003636668</td></tr>
<tr><td>开户银行</td><td>工行建支　行号</td><td>开户银行</td><td>工行建支　行号</td></tr>
<tr><td>金额</td><td colspan="3">币种（大写）人民币壹拾万元整</td><td colspan="2">亿 千 佰 十 万 千 百 十 元 角 分
　　￥ 1 0 0 0 0 0 0 0</td></tr>
<tr><td colspan="6">转账原因：
归还贷款（借款合同 00448 号）</td></tr>
</table>

中国工商银行
章丘市建设支行
转讫

审核：　　复核：　　制证：

№：032（3）

中国工商银行利息转账专用传票

科目： 2014 年 12 月 21 日 №. 0047386

<table>
<tr><td rowspan="2">收入利息单位</td><td>全　称</td><td>工行章丘市建设支行</td><td rowspan="2">支付利息单位</td><td>单位名称</td><td colspan="10">丰源实业有限责任公司</td></tr>
<tr><td>账　号</td><td>4700321462447284321</td><td>账　号</td><td colspan="10">4700022609003636668</td></tr>
<tr><td rowspan="2">利息金额</td><td colspan="4" rowspan="2">人民币（大写）贰仟伍佰元整</td><td>千</td><td>百</td><td>十</td><td>万</td><td>千</td><td>百</td><td>十</td><td>元</td><td>角</td><td>分</td></tr>
<tr><td></td><td></td><td></td><td>¥</td><td>2</td><td>5</td><td>0</td><td>0</td><td>0</td><td>0</td></tr>
<tr><td colspan="2">计息存、贷款户账号</td><td colspan="3">4700321432436581364</td><td colspan="10" rowspan="4">中国工商银行
章丘市建设支行
转讫
上列利息金额已从贵单位结算账付划转

开户银行盖章</td></tr>
<tr><td colspan="2">计算利息起讫时间</td><td colspan="3">2014 年 6 月 22 日起
2014 年 12 月 21 日止</td></tr>
<tr><td colspan="2">计息积数</td><td colspan="3">¥100 000. 00　年利率 5%</td></tr>
<tr><td colspan="5">备注：短期借款利息</td></tr>
</table>

第一联　放款息代支款通知

单位主管：　　会计：　　记账：

№：032（4）

银行借款利息计提表

2014 年 12 月 21 日　　单位：元

贷款银行	借款种类	计息基数	利率	本月应计利息	备注
工行建支	短期借款	100 000	5%	416. 7	前期已预提短期借款利息 2 083. 3 元
合计				416. 7	

审核：丁强　　会计：　　制单：赵梅

№：033

中国工商银行进账单（收账通知）　1

2014 年 12 月 22 日　　第 23 号

<table>
<tr><td rowspan="3">出票人</td><td>全　称</td><td>华南工厂</td><td rowspan="3">持票人</td><td>全　称</td><td colspan="10">丰源实业有限责任公司</td></tr>
<tr><td>账　号</td><td>4700021508002547361</td><td>账　号</td><td colspan="10">4700022609003636668</td></tr>
<tr><td>开户银行</td><td>商行虹支</td><td>开户银行</td><td colspan="10">章丘市工行建设路分理处</td></tr>
<tr><td colspan="5" rowspan="2">人民币（大写）捌拾捌万玖仟贰佰元整</td><td>千</td><td>百</td><td>十</td><td>万</td><td>千</td><td>百</td><td>十</td><td>元</td><td>角</td><td>分</td></tr>
<tr><td></td><td>¥</td><td>8</td><td>8</td><td>9</td><td>2</td><td>0</td><td>0</td><td>0</td><td>0</td></tr>
<tr><td colspan="2">票据种类</td><td>转账支票</td><td colspan="12" rowspan="3">中国工商银行
章丘市建设支行
转讫

持票人开户行盖章</td></tr>
<tr><td colspan="2">票据张数</td><td>1 张</td></tr>
<tr><td colspan="3">单位主管　会计　复核　记账</td></tr>
</table>

此联是持票人开户银行交给持票人的收账通知

№：034

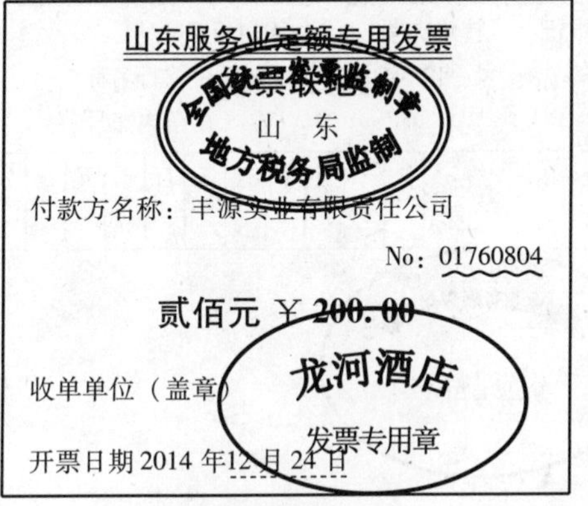
山东服务业定额专用发票
全国统一发票监制章
山东
地方税务局监制
付款方名称：丰源实业有限责任公司
No：01760804
贰佰元 ￥200.00
收单单位（盖章）
龙河酒店
发票专用章
开票日期2014年12月24日

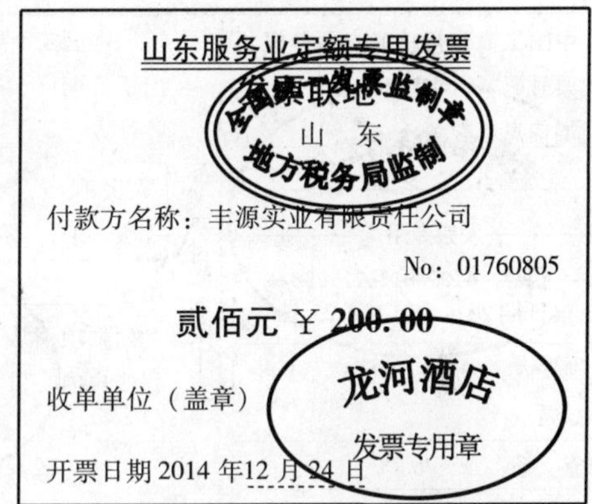
山东服务业定额专用发票
全国统一发票监制章
山东
地方税务局监制
付款方名称：丰源实业有限责任公司
No：01760805
贰佰元 ￥200.00
收单单位（盖章）
龙河酒店
发票专用章
开票日期2014年12月24日

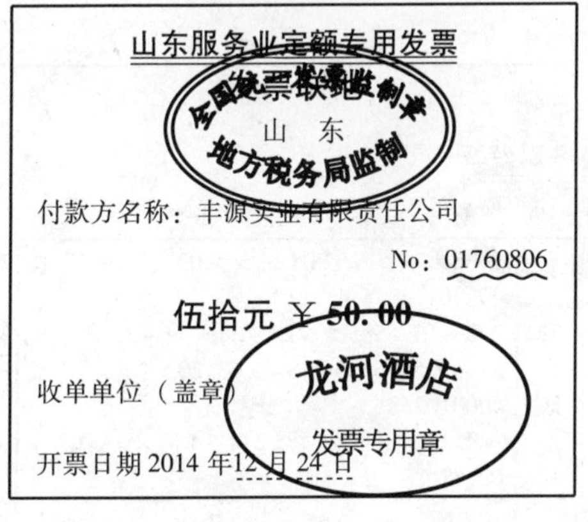
山东服务业定额专用发票
全国统一发票监制章
山东
地方税务局监制
付款方名称：丰源实业有限责任公司
No：01760806
伍拾元 ￥50.00
收单单位（盖章）
龙河酒店
发票专用章
开票日期2014年12月24日

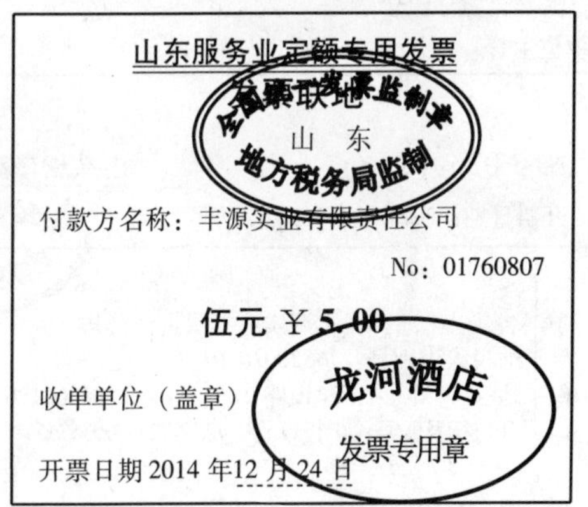
山东服务业定额专用发票
全国统一发票监制章
山东
地方税务局监制
付款方名称：丰源实业有限责任公司
No：01760807
伍元 ￥5.00
收单单位（盖章）
龙河酒店
发票专用章
开票日期2014年12月24日

№：035（1）

山东电信有限公司专用收据

收款日期2014年12月25日　　　　No. B09296019

客户名称	丰源实业有限责任公司			预存款	
合同号	6000000239431	业务号码	0991－2866126	上次结存	0.00
缴款内容	200×/11/01——200×/11/30			本次结余	0.00
上次余零	0.00	本次应付	￥540.00	本次余零	0.00
收款项目	月租25.00　市话区内费205.00　国内长途260.00　互联网50.00				
实收金额	（大写）伍佰肆拾元整			￥540.00	

中国电信济南章丘
发票专用章
税号：410046125225558

收款员：张小倩　　　　收款日期：200×/12/25

№：035（2）完成下列空白支票的填写，然后编制记账凭证。

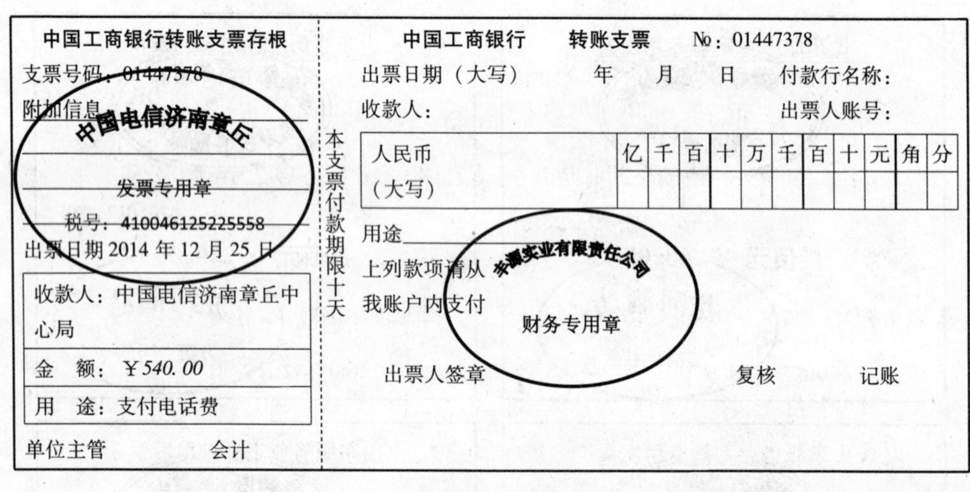

中国工商银行转账支票存根

支票号码：01447378

附加信息

中国电信济南章丘 发票专用章 税号：410046125225558

出票日期 2014 年 12 月 25 日

收款人：中国电信济南章丘中心局

金 额：￥540.00

用 途：支付电话费

单位主管　　会计

中国工商银行　转账支票　№：01447378

出票日期（大写）　年　月　日　付款行名称：

收款人：　出票人账号：

本支票付款期限十天

人民币（大写）	亿	千	百	十	万	千	百	十	元	角	分

用途

上列款项请从我账户内支付

丰源实业有限责任公司 财务专用章

出票人签章　　复核　　记账

№：036（1）

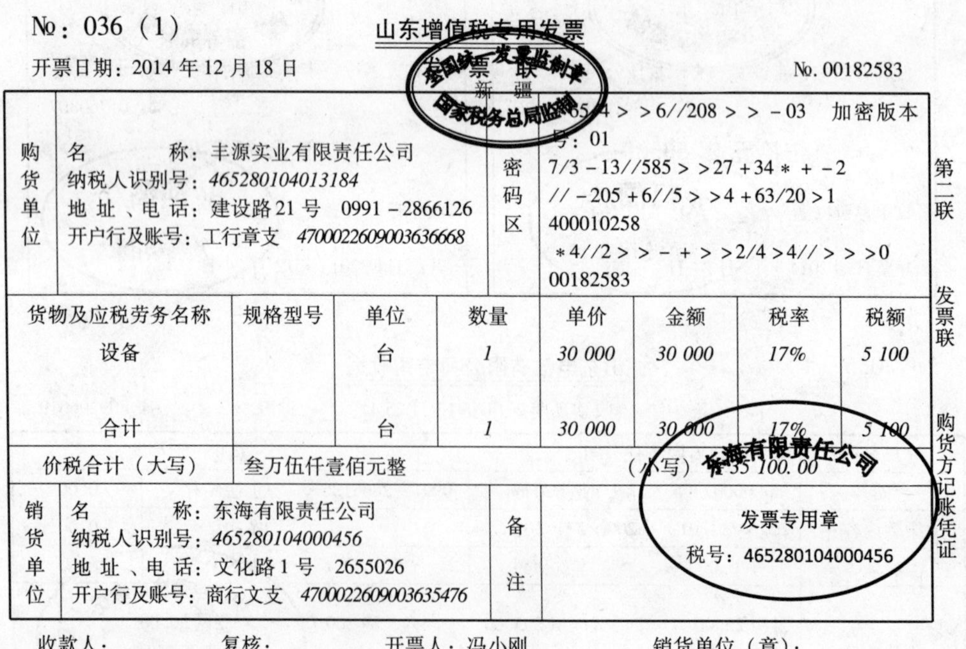

山东增值税专用发票

开票日期：2014 年 12 月 18 日　　№.00182583

发票联　新疆　全国统一发票监制章　国家税务总局监制

购货单位	名　称：丰源实业有限责任公司 纳税人识别号：465280104013184 地 址、电 话：建设路 21 号　0991－2866126 开户行及账号：工行章支　4700022609003636668	密码区	65/4＞＞6//208＞＞－03　加密版本号：01 7/3－13//585＞＞27＋34＊＋－2 //－205＋6//5＞＞4＋63/20＞1　400010258 ＊4//2＞＞－＋＞＞2/4＞4//＞＞＞0　00182583

货物及应税劳务名称	规格型号	单位	数量	单价	金额	税率	税额
设备		台	1	30 000	30 000	17%	5 100
合计		台	1	30 000	30 000	17%	5 100
价税合计（大写）	叁万伍仟壹佰元整				（小写）￥35 100.00		

销货单位	名　称：东海有限责任公司 纳税人识别号：465280104000456 地 址、电 话：文化路 1 号　2655026 开户行及账号：商行文支　4700022609003635476	备注	东海有限责任公司 发票专用章 税号：465280104000456

第二联 发票联 购货方记账凭证

收款人：　复核：　开票人：冯小刚　销货单位（章）：

№：036（2）

固定资产验收交接单

№. 0001236

2014 年 12 月 25 日

金额：元

资产名称	规格	计量单位	数量	单价或工程造价	安装费用	其他费用	合计	已提折旧
设备	F－4	台	1				35 100	
资产来源	受赠	制造厂名	昌华机电	使用年限	10 年	估计残值	35 100	
合计人民币（大写）叁万元伍仟壹佰元整							（小写）￥35 100.00	

验收人：刘静　　接管人：赵红斌　　主管：　　会计：

№：037

职工困难补助申请表（代现金收据）

2014 年 12 月 25 日

申请人姓名		王辉		所在部门		生产车间	
家庭人口		5 口，1 人工作		家庭人均月生活费		不足 100 元	
申请困难补助理由		妻子下岗，父母多病无收入来源，女儿上学，日常生活难以维系					
申请金额		200 元					
所在部门意见	属实 李文斌	工会意见	同意 张爱国	单位负责人	同意 张建军	会计主管	丁强
人民币（大写）贰佰元整					收款人签名	王辉	

№：038

财产盘点报告单

单位名称：2 号仓库　　2014 年 12 月 30 日　　单位：元

财产名称	计量单位	实存	账存	单价	盘盈		盘亏		原因
					数量	金额	数量	金额	
甲材料	千克	750	1 500	20			750	15 000	待查
乙材料	千克	520	500	60	20	1 200			待查
合计						1 200		1 500	

仓库保管员：冯磊　　盘点人：杨旭东

№：039

待摊费用摊销表

2014 年 12 月 25 日

单位：元

待摊费用项目	待摊费用金额	分摊比例	本月应摊金额	备注
财产保险费	12 000	1/12	1 000	生产车间 800 元 管理部门 200 元
报刊杂志费	3 000	1/6	500	行政管理部门
设备租赁费	8 000	1/10	800	生产车间
合计	23 000		2 300	

审核：丁强　　会计：　　制单：赵梅

№：040

工资费用分配表

2014 年 12 月 31 日

单位：元

车间、部门		应分配金额	备注
生产车间工人工资	A 产品负担	30 000	
	B 产品负担	20 000	
车间管理人员工资		5 000	
行政管理人员工资		16 000	
销售部门人员工资		14 000	
合计		85 000	

审核：丁强　　　　会计：　　　　制单：赵梅

№：041（计算并填写）

福利费分配表

2014 年 12 月 31 日

单位：元

车间、部门		计提基数	金额
生产车间工人工资	A 产品负担	30 000	4 200
	B 产品负担	20 000	2 800
车间管理人员工资		5 000	700
行政管理人员工资		16 000	2 240
销售部门人员工资		14 000	1 960
合计		85 000	11 900

审核：丁强　　　　会计：　　　　制单：赵梅

№：042

固定资产折旧计算表

2014 年 12 月 31 日

单位：元

车间、部门	生产用固定资产			非生产用固定资产			合计	
	原值	折旧率	折旧额	原值	折旧率	折旧额	原值	折旧额
生产车间	5 000 000	0.6%	30 000				5 000 000	30 000
销售部门				958 000	0.522%	5 000	958 000	5 000
行政管理部门				1 916 000	0.522%	15 000	1 916 000	15 000
合计	5 000 000	0.6%	30 000	2 874 000	0.522%	20 000	7 874 000	50 000

审核：丁强　　　　会计：　　　　制单：赵梅

№：043

银行借款利息计提表

2014年12月31日　　　　单位：元

贷款银行	借款种类	计息基数	利率	本月应计利息	备注
章丘市工行	短期借款	*160 000*	*5%*	*666.7*	
合计				*666.7*	

审核：丁强　　　　会计：　　　　制单：赵梅

№：044

关于财产盘盈盘亏的处理意见

我公司月末盘点发现盘盈乙材料20千克，计1 200元，经查属于自然升值，由本企业转销；甲材料盘亏750千克，计1 500元，经查因自然损耗500元，非正常损失800元，因保管人员过失造成的损失200元，原因已查明，请财务部门按会计制度进行处理。

丰源实业有限责任公司

2014年12月31日

№：045（1）

制造费用汇总表

单位：元

2010年 月	2010年 日	凭证编号	摘要	工资	折旧费	修理费	机物料	水电费	办公费	其他	合计
12	6	6	支付生产车间设备维修费			5 380					
12	12	19	支付本月电费					2 500			
12	13	20	支付本月水费					1 000			
12	20	31	领用材料				18 820				
12	31	39	车间设备租赁费							800	
12	31	40	工资	5 000							
12	31	41		700							
12	31	42			30 000						
12			本月合计	5 700	30 000	5 380	18 820	3 500		800	64 200

№：045（2）

制造费用分配表

2014 年 12 月 31 日

单位：元

产品名称	分配标准（生产工人工资）	分配率	分配金额
A 产品	30 000	0.6	38 520
B 产品	20 000	0.4	25 680
合计	50 000		64 200

审核：丁强　　会计：　　制单：

№：046（1）

产品成本计算表

2014 年 12 月 31 日

单位：元

成本项目	A 产品（4 000 件）		B 产品（5 000 件）	
	总成本	单位成本	总成本	单位成本
直接材料	367 000	91.75	637 500	127.5
直接人工	34 200	8.55	22 800	4.56
制造费用	38 520	9.63	25 680	5.136
其他	355.56	0.08889	444.44	0.088888
合计	440 075.56	110.01889	686 424.44	137.284888

审核：丁强　　会计：　　制单：

№：046（2）

产成品入库单

交库单位：生产车间　　2014 年 12 月 31 日　　单位：元

产品名称	规格与型号	单位	交付数量	检验结果		实收数量	单位成本	金额	备注
				合格	不合格				
A 产品	F－5	件	4 000	合格		4 000	110.01889		
B 产品	U－3	件	5 000	合格		5 000	137.284888		
合计									

送验人员：　　检验人员：王旭东　　仓库经手人：冯磊

№：047（1）

产成品出库单

№：00162

2014 年 12 月 4 日

单位：元

产品名称	单位	数量	单位成本	金额	用途或原因
A 产品	件	1 000	110	110 000	销售
合计		1 000	110	110 000	

部门主管：张红艳　　保管：冯磊　　经手人：庞慧民

№：047（2） **产成品出库单** №：00163

2014 年 12 月 11 日 单位：元

产品名称	单位	数量	单位成本	金额	用途或原因
A 产品	件	2 500	110	275 000	销售
B 产品	件	500	140	70 000	销售
合计				345 000	

部门主管：张红艳 保管：冯磊 经手人：庞慧民

№：047（3） **产成品出库单** №：00164

2014 年 12 月 18 日 单位：元

产品名称	单位	数量	单位成本	金额	用途或原因
A 产品	件	3 500	110	385 000	销售
B 产品	件	1 000	140	140 000	销售
合计				525 000	

部门主管：张红艳 保管：冯磊 经手人：庞慧民

№：047（4） **产品销售成本汇总计算表**

2014 年 12 月 31 日 单位：元

产品名称	单位	销售数量	单位成本	总销售成本	备注
A 产品	件		110		
B 产品	件		140		
合计					

附件 3 张

审核：丁强 会计： 制单：

№：048 **城市维护建设税及教育费附加计算表**

2014 年 12 月 31 日 单位：元

计税依据	城市维护建设税		教育费附加	
	税率	金额	税率	金额
	7%		3%	
合计				

审核：丁强 会计： 制单：

№：049（2）

材料销售成本计算表

2014 年 12 月 31 日　　单位：元

材料名称	单位	销售数量	单位成本	总销售成本	备注
甲材料	千克	500	20	*10 000*	销售
合计				*10 000*	

审核：丁强　　会计：　　制单：

№：049（1）

领料单

领用单位：销售部　　2014 年 12 月 11 日　　凭证编号：090

用途：销售　　发料仓库：2 号

材料编号	材料名称	规格	计量单位	数量		单价	金额
				请领	实发		
003	甲材料	PU	千克	**500**	**500**	**20**	**10 000**
合计		壹万元整					**10 000**
备注		剩余材料用于对外销售				附单据 1 张	

第二联　送会计部门

领料人：李建新　　发料人：冯磊　　销售部门负责人：唐国强

№：050

12 月损益类账户资料表

2014 年 12 月 31 日　　单位：元

收入类账户	发生额	支出类账户	发生额
主营业务收入		主营业务成本	
投资收益		营业税金及附加	
其他业务收入		管理费用	
营业外收入		销售费用	
		财务费用	
		其他业务收入	
		营业外支出	
合计		合计	
12 月利润总额			

审核：丁强　　会计：　　制单：

№：051（1）

12月所得税计算表

2014年12月31日　　单位：元

项目	计算依据	税率	税额	备注
应交所得税		33%		假设不考虑纳税调整事项
合计				

审核：丁强　　会计：　　制单：

№：051（2）

所得税结转单

2014年12月31日　　单位：元

项目	科目	金额
应借科目		
应贷科目		

审核：丁强　　会计：　　制单：

№：052

本年利润结转资料表

2014年12月31日　　单位：元

项目	金额	应借科目	应贷科目	金额
期初本年利润				
加：12月净利润				
全年净利润				

审核：丁强　　会计：　　制单：

№：053

盈余公积计算表

2014年12月31日　　单位：元

项目	计提比例	金额	应借科目	应贷科目
全年净利润总额	---			
法定盈余公积	10%			

审核：丁强　　会计：　　制单：

№：054

应付投资者利润计算表

2014 年 12 月 31 日　　单位：元

项目	计提比例	金额	应借科目	应贷科目
全年净利润总额	---			
应付投资者利润	30%			
备注	实际工作中，应付利润应按各投资者设明细，本题中暂不考虑明细。			

审核：丁强　　会计：　　制单：

№：055

利润分配各明细账户结转单

2014 年 12 月 31 日　　单位：元

项目	科目	金额
应借科目		
应贷科目		

审核：丁强　　会计：　　制单：

试算平衡表

2014 年 12 月 31 日　　单位：元

账户名称	期初余额		本期发生额		期末余额	
	借方	贷方	借方	贷方	借方	贷方
库存现金						
银行存款						
应收账款						
原材料						
其他应收款						
应收票据						
固定资产						
累计折旧						
预付账款						
待处理财产损溢						
库存商品						
交易性金融资产						
无形资产						
材料采购						
应付票据						

续表

账户名称	期初余额		本期发生额		期末余额	
	借方	贷方	借方	贷方	借方	贷方
其他应交款						
应付职工薪酬						
短期借款						
应付账款						
预收账款						
应付股利						
应交税费						
实收资本						
资本公积						
盈余公积						
本年利润						
利润分配						
制造费用						
生产成本						
主营业务收入						
营业外支出						
销售费用						
管理费用						
财务费用						
营业税金及附加						
其他业务成本						
主营业务成本						
所得税费用						
其他业务收入						
合计						

第二节　凭证填制

记账凭证是由会计人员对审核无误的原始凭证或汇总原始凭证，按其经济业务的内容加以归类整理，作为登记账簿依据的会计凭证。记账凭证按其反映的经济业务内容或者按其反映的内容是否与货币资金有关可分为收款凭证、付款凭证和转账凭证。为了帮助学生掌握根据原始凭证编制记账凭证的方法，熟悉记账凭证格式及每一种记账凭证的编制方法，提高实验操作者对经济业务的会计处理能力，开设了编制记账凭证的单项实验。

一、实验要求

（一）编制记账凭证要做到内容完整、项目齐全、书写清楚

（二）正确选用记账凭证

实验操作者在编制记账凭证时，要对原始凭证进行审核，经审核无误的原始凭证才能据以编制记账凭证。同时，如果本单位采用专用记账凭证格式，操作者应根据引起货币资金增减变动的业务的原始凭证，编制有关现金或银行存款科目的收款凭证和付款凭证；根据转账业务的原始凭证编制转账凭证。

（三）编制的记账凭证项目要齐全、手续要完备

（1）记账凭证必须具备的要素。填制凭证的日期、凭证编号、经济业务摘要、会计科目、金额、所附原始凭证张数、填制凭证人员、稽核人员、记账人员、会计主管人员签名或者盖章。收付款的记账凭证还应当由出纳人员签名或者盖章。

（2）发生现金与银行存款之间相互化转的收付款业务时，一律编制付款凭证，不编收款凭证。

（3）记账凭证应当连续编号。编号可分别按现金收付、银行存款收付和转账业务分类编号，或者按现金收入、现金支出、银行存款收入、银行存款支出和转账五类进行编号。如果一笔经济业务需要填制两张或两张以上记账凭证的，可采用分数编号法。

（4）记账凭证可以根据每一张原始凭证填列，或者根据若干张同类原始凭证汇总表填列，也可以根据原始凭证汇总表填列。但不得将不同内容和类别的原始凭证汇总表填列在一张记账凭证上。

（5）除结账和更正错账的记账凭证可以不附原始凭证外，其他记账凭证必须附有原始凭证。如果有一张原始凭证涉及几张记账凭证，可把原始凭证附在一张主要的记账凭证后面，在其他记账凭证上注明附有原始凭证的记账凭证的编号或者附原始凭证复印件。如果一张原始凭证所列支出需要几个单位共同负担的，应将其他单位负担的部分，开给对方原始凭证分割单，进行结算。

（四）书写要规范

（1）摘要栏填写应既简单明了，又能概括说明经济业务内容，填制在记账凭证上的会计科目必须正确，应借应贷的对应关系必须清楚。

（2）如果在填制记账凭证时发生错误，不得任意更改，应当重新填制；已登记入账的记账凭证，在年内发现填写错误时，应用红字填写一张与原内容相同的记账凭证，在摘要栏内注明“注销某年某月某号凭证”，同时再用蓝字重新填制一张正确的记账凭证，注明“某年某月某号凭证”。如果科目没有错误，只是金额错误，也可以将正确数字与错误数字之间的差额，另编一张调整的记账凭证。调增金额用蓝字，调减金额用红字。发现以前年度的错误，应用蓝字填制一张更正的记账凭证。

（3）记账凭证填制完经济业务后，如有空行，应当自金额栏最后一笔金额数字下的空行处至合计数上的空行处划线注销。

（4）字迹必须清楚、工整、不得潦草。

具体操作方法如下：

①记账凭证的“摘要栏”既是对经济业务的简要说明，又是登记账簿的重要依据，必须针对不同性质的经济业务的特点，考虑到登记账簿的需要，正确填写，不可漏填或错填。

②必须按照会计制度统一规定的会计科目，根据经济业务的性质，编制会计分录，填入“借方科目”和“贷方科目”栏，“二级或明细科目”是指一级科目所属的二级或明细科目，不需要进行明细核算的一级科目，也可以不填“二级或明细科目”栏。

③“金额”栏登记的金额应和“借方科目”或“贷方科目”相对应或与“一级科目”、“二级或明细科目”分别对应。

④“过账符号”栏，是在根据该记账凭证登记有关账簿以后，在该栏注明所记账簿的页数或划“√”，表示已经登记入账，避免重记、漏记，在没有登账之前，该栏没有记录。

⑤“凭证编号”栏。记账凭证在一个月内应当连续编号，以便查核。收款、付款和转账凭证分别编号，对于收、付款凭证还要根据收付的现金或银行存款分别编号，如“银收字第×号”、“现付字第×号”、“转字第×号”。一笔经济业务需要编制多张记账凭证时，可采用“分数编号法”。

⑥记账凭证的日期。收付款凭证应按货币资金收付的日期填写；转账凭证原则上应按收到原始凭证的日期填写，也可按填制记账凭证的日期填写。

⑦记账凭证右边“附件×张”，是指该记账凭证所附的原始凭证的张数，在凭证上必须注明，以便查核。如果根据同一原始凭证填制数张记账凭证时，则应在未附原始凭证的记账凭证上注明“附件××张，见第××号记账凭证”，如果原始凭证需要另行保管时则应在附件栏目内加以注明。

⑧对于收款凭证或付款凭证左上方的“应借科目”或“应贷科目”，必须是“现金”或“银行存款”，不能是其他会计科目。凭证里面的“应借科目”或“应贷科目”是与“现金”或“银行存款”分别对应的科目。

⑨记账凭证填写完毕应进行复核与检查，并按所使用的记账方法进行试算平衡。有关人员均要签名盖章，出纳人员根据收款凭证收款，或根据付款凭证付款时，要在凭证上加盖“收讫”或“付讫”的戳记，以免重收重付、防止差错。

二、填制记账凭证

根据丰源公司2014年12月发生的具体经济业务及其原始凭证（见附件1）填制记账凭证。

（一）收款凭证

收款凭证

出纳编号 ________

借方科目：　　　　　年　　月　　日　　　　制单编号 ________

对方单位	摘　要	贷方科目		金　额											记账符号
		总账科目	明细科目	亿	千	百	十	万	千	百	十	元	角	分	
结算票据号：															

附凭证　　张

会计主管　　记账　　稽核　　出纳　　制单　　领款人签章

收款凭证

出纳编号 ________

借方科目：　　　　　年　　月　　日　　　　制单编号 ________

对方单位	摘　要	贷方科目		金　额											记账符号
		总账科目	明细科目	亿	千	百	十	万	千	百	十	元	角	分	
结算票据号：															

附凭证　　张

会计主管　　记账　　稽核　　出纳　　制单　　领款人签章

收款凭证

出纳编号 ________

借方科目：　　　　年　月　日　　　　制单编号 ________

对方单位	摘　要	贷方科目		金　额											记账符号
		总账科目	明细科目	亿	千	百	十	万	千	百	十	元	角	分	
结算票据号：															

附凭证　张

会计主管　　记账　　稽核　　出纳　　制单　　领款人签章

收款凭证

出纳编号 ________

借方科目：　　　　年　月　日　　　　制单编号 ________

对方单位	摘　要	贷方科目		金　额											记账符号
		总账科目	明细科目	亿	千	百	十	万	千	百	十	元	角	分	
结算票据号：															

附凭证　张

会计主管　　记账　　稽核　　出纳　　制单　　领款人签章

收款凭证

出纳编号 ________

借方科目：　　　　年　月　日　　　　制单编号 ________

对方单位	摘　要	贷方科目		金　额											记账符号
		总账科目	明细科目	亿	千	百	十	万	千	百	十	元	角	分	
结算票据号：															

附凭证　张

会计主管　　记账　　稽核　　出纳　　制单　　领款人签章

收款凭证

出纳编号 ____________

借方科目：　　　　　　　　　年　　月　　日　　　制单编号 ____________

对方单位	摘　要	贷方科目		金　额											记账符号
		总账科目	明细科目	亿	千	百	十	万	千	百	十	元	角	分	
结算票据号：															

附凭证　　张

会计主管　　记账　　稽核　　出纳　　制单　　领款人签章

（二）付款凭证

付款凭证

出纳编号 ____________

贷方科目：　　　　　　　　　年　　月　　日　　　制单编号 ____________

对方单位	摘　要	借方科目		金　额											记账符号
		总账科目	明细科目	亿	千	百	十	万	千	百	十	元	角	分	
结算票据号：															

附凭证　　张

会计主管　　记账　　稽核　　出纳　　制单　　领款人签章

付款凭证

出纳编号 ____________

贷方科目：　　　　　　　　　年　　月　　日　　　制单编号 ____________

对方单位	摘　要	借方科目		金　额											记账符号
		总账科目	明细科目	亿	千	百	十	万	千	百	十	元	角	分	
结算票据号：															

附凭证　　张

会计主管　　记账　　稽核　　出纳　　制单　　领款人签章

付款凭证

出纳编号 ____________

贷方科目：　　　　　　　　年　　月　　日　　　　制单编号 ____________

对方单位	摘　要	借方科目		金　额											记账符号
		总账科目	明细科目	亿	千	百	十	万	千	百	十	元	角	分	
结算票据号：															

附凭证　　张

会计主管　　记账　　稽核　　出纳　　制单　　领款人签章

付款凭证

出纳编号 ____________

贷方科目：　　　　　　　　年　　月　　日　　　　制单编号 ____________

对方单位	摘　要	借方科目		金　额											记账符号
		总账科目	明细科目	亿	千	百	十	万	千	百	十	元	角	分	
结算票据号：															

附凭证　　张

会计主管　　记账　　稽核　　出纳　　制单　　领款人签章

付款凭证

出纳编号 ____________

贷方科目：　　　　　　　　年　　月　　日　　　　制单编号 ____________

对方单位	摘　要	借方科目		金　额											记账符号
		总账科目	明细科目	亿	千	百	十	万	千	百	十	元	角	分	
结算票据号：															

附凭证　　张

会计主管　　记账　　稽核　　出纳　　制单　　领款人签章

付款凭证

出纳编号 ______

贷方科目：　　　　年　月　日　　　　制单编号 ______

对方单位	摘　要	借方科目		金　额											记账符号
		总账科目	明细科目	亿	千	百	十	万	千	百	十	元	角	分	
结算票据号：															

附凭证　　张

会计主管　　记账　　稽核　　出纳　　制单　　领款人签章

付款凭证

出纳编号 ______

贷方科目：　　　　年　月　日　　　　制单编号 ______

对方单位	摘　要	借方科目		金　额											记账符号
		总账科目	明细科目	亿	千	百	十	万	千	百	十	元	角	分	
结算票据号：															

附凭证　　张

会计主管　　记账　　稽核　　出纳　　制单　　领款人签章

付款凭证

出纳编号 ______

贷方科目：　　　　年　月　日　　　　制单编号 ______

对方单位	摘　要	借方科目		金　额											记账符号
		总账科目	明细科目	亿	千	百	十	万	千	百	十	元	角	分	
结算票据号：															

附凭证　　张

会计主管　　记账　　稽核　　出纳　　制单　　领款人签章

付款凭证

出纳编号 ________

贷方科目： 年 月 日 制单编号 ________

对方单位	摘 要	借方科目		金 额											记账符号
		总账科目	明细科目	亿	千	百	十	万	千	百	十	元	角	分	
结算票据号：															

附凭证 张

会计主管 记账 稽核 出纳 制单 领款人签章

付款凭证

出纳编号 ________

贷方科目： 年 月 日 制单编号 ________

对方单位	摘 要	借方科目		金 额											记账符号
		总账科目	明细科目	亿	千	百	十	万	千	百	十	元	角	分	
结算票据号：															

附凭证 张

会计主管 记账 稽核 出纳 制单 领款人签章

付款凭证

出纳编号 ________

贷方科目： 年 月 日 制单编号 ________

对方单位	摘 要	借方科目		金 额											记账符号
		总账科目	明细科目	亿	千	百	十	万	千	百	十	元	角	分	
结算票据号：															

附凭证 张

会计主管 记账 稽核 出纳 制单 领款人签章

付款凭证

出纳编号 ________

贷方科目：　　　　　　　　　　年　　月　　日　　　　　　制单编号 ________

对方单位	摘　要	借方科目		金　额											记账符号
		总账科目	明细科目	亿	千	百	十	万	千	百	十	元	角	分	
结算票据号：															

附凭证　　张

会计主管　　　记账　　　稽核　　　出纳　　　制单　　　领款人签章

付款凭证

出纳编号 ________

贷方科目：　　　　　　　　　　年　　月　　日　　　　　　制单编号 ________

对方单位	摘　要	借方科目		金　额											记账符号
		总账科目	明细科目	亿	千	百	十	万	千	百	十	元	角	分	
结算票据号：															

附凭证　　张

会计主管　　　记账　　　稽核　　　出纳　　　制单　　　领款人签章

付款凭证

出纳编号 ________

贷方科目：　　　　　　　　　　年　　月　　日　　　　　　制单编号 ________

对方单位	摘　要	借方科目		金　额											记账符号
		总账科目	明细科目	亿	千	百	十	万	千	百	十	元	角	分	
结算票据号：															

附凭证　　张

会计主管　　　记账　　　稽核　　　出纳　　　制单　　　领款人签章

付款凭证

出纳编号 ____________
贷方科目：　　　　　　　　年　　月　　日　　　　制单编号 ____________

对方单位	摘要	借方科目		金额											记账符号
		总账科目	明细科目	亿	千	百	十	万	千	百	十	元	角	分	
结算票据号：															

附凭证　　张

会计主管　　记账　　稽核　　出纳　　制单　　领款人签章

付款凭证

出纳编号 ____________
贷方科目：　　　　　　　　年　　月　　日　　　　制单编号 ____________

对方单位	摘要	借方科目		金额											记账符号
		总账科目	明细科目	亿	千	百	十	万	千	百	十	元	角	分	
结算票据号：															

附凭证　　张

会计主管　　记账　　稽核　　出纳　　制单　　领款人签章

付款凭证

出纳编号 ____________
贷方科目：　　　　　　　　年　　月　　日　　　　制单编号 ____________

对方单位	摘要	借方科目		金额											记账符号
		总账科目	明细科目	亿	千	百	十	万	千	百	十	元	角	分	
结算票据号：															

附凭证　　张

会计主管　　记账　　稽核　　出纳　　制单　　领款人签章

付款凭证

出纳编号 ____________

贷方科目：　　　　　　　　年　　月　　日　　　　制单编号 ____________

对方单位	摘　　要	借方科目		金　　额											记账符号
		总账科目	明细科目	亿	千	百	十	万	千	百	十	元	角	分	
结算票据号：															

附凭证　　张

会计主管　　记账　　稽核　　出纳　　制单　　领款人签章

付款凭证

出纳编号 ____________

贷方科目：　　　　　　　　年　　月　　日　　　　制单编号 ____________

对方单位	摘　　要	借方科目		金　　额											记账符号
		总账科目	明细科目	亿	千	百	十	万	千	百	十	元	角	分	
结算票据号：															

附凭证　　张

会计主管　　记账　　稽核　　出纳　　制单　　领款人签章

付款凭证

出纳编号 ____________

贷方科目：　　　　　　　　年　　月　　日　　　　制单编号 ____________

对方单位	摘　　要	借方科目		金　　额											记账符号
		总账科目	明细科目	亿	千	百	十	万	千	百	十	元	角	分	
结算票据号：															

附凭证　　张

会计主管　　记账　　稽核　　出纳　　制单　　领款人签章

付款凭证

出纳编号 ________

贷方科目：　　　　　　　年　月　日　　　　　　制单编号 ________

对方单位	摘要	借方科目		金额											记账符号
		总账科目	明细科目	亿	千	百	十	万	千	百	十	元	角	分	
结算票据号：															

附凭证　张

会计主管　　记账　　稽核　　出纳　　制单　　领款人签章

付款凭证

出纳编号 ________

贷方科目：　　　　　　　年　月　日　　　　　　制单编号 ________

对方单位	摘要	借方科目		金额											记账符号
		总账科目	明细科目	亿	千	百	十	万	千	百	十	元	角	分	
结算票据号：															

附凭证　张

会计主管　　记账　　稽核　　出纳　　制单　　领款人签章

付款凭证

出纳编号 ________

贷方科目：　　　　　　　年　月　日　　　　　　制单编号 ________

对方单位	摘要	借方科目		金额											记账符号
		总账科目	明细科目	亿	千	百	十	万	千	百	十	元	角	分	
结算票据号：															

附凭证　张

会计主管　　记账　　稽核　　出纳　　制单　　领款人签章

付款凭证

出纳编号 ________
贷方科目：　　　　年　月　日　　　　制单编号 ________

对方单位	摘　要	借方科目		金　额											记账符号
		总账科目	明细科目	亿	千	百	十	万	千	百	十	元	角	分	
结算票据号：															

附凭证　张

会计主管　　记账　　稽核　　出纳　　制单　　领款人签章

付款凭证

出纳编号 ________
贷方科目：　　　　年　月　日　　　　制单编号 ________

对方单位	摘　要	借方科目		金　额											记账符号
		总账科目	明细科目	亿	千	百	十	万	千	百	十	元	角	分	
结算票据号：															

附凭证　张

会计主管　　记账　　稽核　　出纳　　制单　　领款人签章

付款凭证

出纳编号 ________
贷方科目：　　　　年　月　日　　　　制单编号 ________

对方单位	摘　要	借方科目		金　额											记账符号
		总账科目	明细科目	亿	千	百	十	万	千	百	十	元	角	分	
结算票据号：															

附凭证　张

会计主管　　记账　　稽核　　出纳　　制单　　领款人签章

付款凭证

出纳编号 ________

贷方科目：　　　　　　　　年　月　日　　　　制单编号 ________

对方单位	摘　要	借方科目		金　额											记账符号
		总账科目	明细科目	亿	千	百	十	万	千	百	十	元	角	分	
结算票据号：															

附凭证　　张

会计主管　　记账　　稽核　　出纳　　制单　　领款人签章

付款凭证

出纳编号 ________

贷方科目：　　　　　　　　年　月　日　　　　制单编号 ________

对方单位	摘　要	借方科目		金　额											记账符号
		总账科目	明细科目	亿	千	百	十	万	千	百	十	元	角	分	
结算票据号：															

附凭证　　张

会计主管　　记账　　稽核　　出纳　　制单　　领款人签章

付款凭证

出纳编号 ________

贷方科目：　　　　　　　　年　月　日　　　　制单编号 ________

对方单位	摘　要	借方科目		金　额											记账符号
		总账科目	明细科目	亿	千	百	十	万	千	百	十	元	角	分	
结算票据号：															

附凭证　　张

会计主管　　记账　　稽核　　出纳　　制单　　领款人签章

付款凭证

出纳编号 ____________

贷方科目：　　　　　　　　年　　月　　日　　　　　　　制单编号 ____________

对方单位	摘　要	借方科目		金　额											记账符号
		总账科目	明细科目	亿	千	百	十	万	千	百	十	元	角	分	
结算票据号：															

附凭证　张

会计主管　　记账　　稽核　　出纳　　制单　　领款人签章

（三）转账凭证

转账凭证

年　　月　　日　　　　　　　　第　　号

摘　要	会计科目	明细科目	借方金额										贷方金额										记账
			千	百	十	万	千	百	十	元	角	分	千	百	十	万	千	百	十	元	角	分	
合　计	（附件	张）																					

制证　　　　审核　　　　记账

转账凭证

年　　月　　日　　　　　　　　第　　号

摘　要	会计科目	明细科目	借方金额										贷方金额										记账
			千	百	十	万	千	百	十	元	角	分	千	百	十	万	千	百	十	元	角	分	
合　计	（附件	张）																					

制证　　　　审核　　　　记账

转账凭证

年　月　日　　　　　　　　第　　号

摘要	会计科目	明细科目	借方金额										贷方金额										记账
			千	百	十	万	千	百	十	元	角	分	千	百	十	万	千	百	十	元	角	分	
合计	（附件　张）																						

制证　　　　审核　　　　记账

转账凭证

年　月　日　　　　　　　　第　　号

摘要	会计科目	明细科目	借方金额										贷方金额										记账
			千	百	十	万	千	百	十	元	角	分	千	百	十	万	千	百	十	元	角	分	
合计	（附件　张）																						

制证　　　　审核　　　　记账

转账凭证

年　月　日　　　　　　　　第　　号

摘要	会计科目	明细科目	借方金额										贷方金额										记账
			千	百	十	万	千	百	十	元	角	分	千	百	十	万	千	百	十	元	角	分	
合计	（附件　张）																						

制证　　　　审核　　　　记账

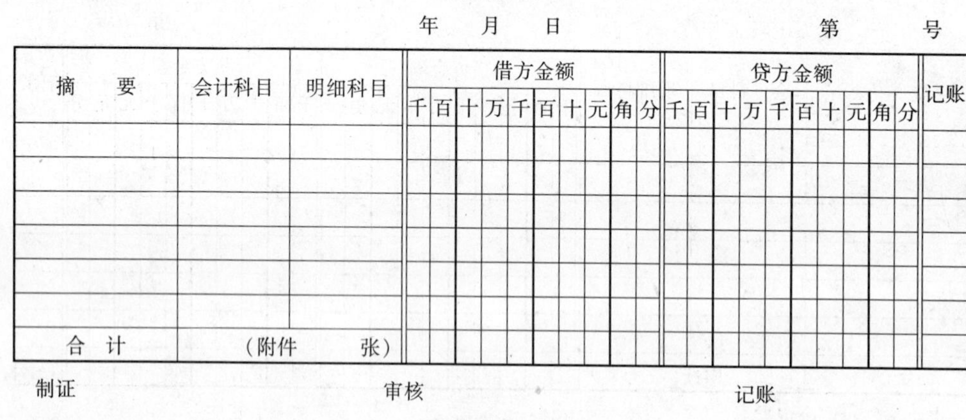

转账凭证

年　　月　　日　　　　　　　　　　　第　　　号

摘　要	会计科目	明细科目	借方金额										贷方金额										记账
			千	百	十	万	千	百	十	元	角	分	千	百	十	万	千	百	十	元	角	分	
合　计	（附件　　张）																						

制证　　　　　　　　审核　　　　　　　　记账

转账凭证

年　　月　　日　　　　　　　　　　　第　　　号

摘　要	会计科目	明细科目	借方金额										贷方金额										记账
			千	百	十	万	千	百	十	元	角	分	千	百	十	万	千	百	十	元	角	分	
合　计	（附件　　张）																						

制证　　　　　　　　审核　　　　　　　　记账

转账凭证

年　　月　　日　　　　　　　　　　　第　　　号

摘　要	会计科目	明细科目	借方金额										贷方金额										记账
			千	百	十	万	千	百	十	元	角	分	千	百	十	万	千	百	十	元	角	分	
合　计	（附件　　张）																						

制证　　　　　　　　审核　　　　　　　　记账

转账凭证

年 月 日 第 号

摘要	会计科目	明细科目	借方金额										贷方金额										记账
			千	百	十	万	千	百	十	元	角	分	千	百	十	万	千	百	十	元	角	分	
合计	（附件 张）																						

制证 审核 记账

转账凭证

年 月 日 第 号

摘要	会计科目	明细科目	借方金额										贷方金额										记账
			千	百	十	万	千	百	十	元	角	分	千	百	十	万	千	百	十	元	角	分	
合计	（附件 张）																						

制证 审核 记账

转账凭证

年 月 日 第 号

摘要	会计科目	明细科目	借方金额										贷方金额										记账
			千	百	十	万	千	百	十	元	角	分	千	百	十	万	千	百	十	元	角	分	
合计	（附件 张）																						

制证 审核 记账

转账凭证

年　　月　　日　　　　　　　　　　第　　　号

摘　要	会计科目	明细科目	借方金额										贷方金额										记账
			千	百	十	万	千	百	十	元	角	分	千	百	十	万	千	百	十	元	角	分	
合　计	（附件　　张）																						

制证　　　　　　　　审核　　　　　　　　记账

转账凭证

年　　月　　日　　　　　　　　　　第　　　号

摘　要	会计科目	明细科目	借方金额										贷方金额										记账
			千	百	十	万	千	百	十	元	角	分	千	百	十	万	千	百	十	元	角	分	
合　计	（附件　　张）																						

制证　　　　　　　　审核　　　　　　　　记账

转账凭证

年　　月　　日　　　　　　　　　　第　　　号

摘　要	会计科目	明细科目	借方金额										贷方金额										记账
			千	百	十	万	千	百	十	元	角	分	千	百	十	万	千	百	十	元	角	分	
合　计	（附件　　张）																						

制证　　　　　　　　审核　　　　　　　　记账

转账凭证

年　　月　　日　　　　　　　　　　　　第　　　号

摘　要	会计科目	明细科目	借方金额										贷方金额										记账
			千	百	十	万	千	百	十	元	角	分	千	百	十	万	千	百	十	元	角	分	
合　计	（附件　　张）																						

制证　　　　　　　　　　审核　　　　　　　　　　记账

转账凭证

年　　月　　日　　　　　　　　　　　　第　　　号

摘　要	会计科目	明细科目	借方金额										贷方金额										记账
			千	百	十	万	千	百	十	元	角	分	千	百	十	万	千	百	十	元	角	分	
合　计	（附件　　张）																						

制证　　　　　　　　　　审核　　　　　　　　　　记账

转账凭证

年　　月　　日　　　　　　　　　　　　第　　　号

摘　要	会计科目	明细科目	借方金额										贷方金额										记账
			千	百	十	万	千	百	十	元	角	分	千	百	十	万	千	百	十	元	角	分	
合　计	（附件　　张）																						

制证　　　　　　　　　　审核　　　　　　　　　　记账

转账凭证

年　月　日　　　　　　　　　　　　第　　号

摘　要	会计科目	明细科目	借方金额										贷方金额										记账
			千	百	十	万	千	百	十	元	角	分	千	百	十	万	千	百	十	元	角	分	
合　计	(附件　　张)																						

制证　　　　　　　　　　　审核　　　　　　　　　　　记账

转账凭证

年　月　日　　　　　　　　　　　　第　　号

摘　要	会计科目	明细科目	借方金额										贷方金额										记账
			千	百	十	万	千	百	十	元	角	分	千	百	十	万	千	百	十	元	角	分	
合　计	(附件　　张)																						

制证　　　　　　　　　　　审核　　　　　　　　　　　记账

转账凭证

年　月　日　　　　　　　　　　　　第　　号

摘　要	会计科目	明细科目	借方金额										贷方金额										记账
			千	百	十	万	千	百	十	元	角	分	千	百	十	万	千	百	十	元	角	分	
合　计	(附件　　张)																						

制证　　　　　　　　　　　审核　　　　　　　　　　　记账

转账凭证

年　　月　　日　　　　　　　　　　第　　　号

摘　要	会计科目	明细科目	借方金额										贷方金额										记账
			千	百	十	万	千	百	十	元	角	分	千	百	十	万	千	百	十	元	角	分	
合　计	（附件　　张）																						

制证　　　　　　　　审核　　　　　　　　记账

转账凭证

年　　月　　日　　　　　　　　　　第　　　号

摘　要	会计科目	明细科目	借方金额										贷方金额										记账
			千	百	十	万	千	百	十	元	角	分	千	百	十	万	千	百	十	元	角	分	
合　计	（附件　　张）																						

制证　　　　　　　　审核　　　　　　　　记账

转账凭证

年　　月　　日　　　　　　　　　　第　　　号

摘　要	会计科目	明细科目	借方金额										贷方金额										记账
			千	百	十	万	千	百	十	元	角	分	千	百	十	万	千	百	十	元	角	分	
合　计	（附件　　张）																						

制证　　　　　　　　审核　　　　　　　　记账

转账凭证

年　　月　　日　　　　　　　　　　　　第　　号

摘　要	会计科目	明细科目	借方金额										贷方金额										记账
			千	百	十	万	千	百	十	元	角	分	千	百	十	万	千	百	十	元	角	分	
合　计	（附件　　张）																						

制证　　　　　　　　　　审核　　　　　　　　　　记账

转账凭证

年　　月　　日　　　　　　　　　　　　第　　号

摘　要	会计科目	明细科目	借方金额										贷方金额										记账
			千	百	十	万	千	百	十	元	角	分	千	百	十	万	千	百	十	元	角	分	
合　计	（附件　　张）																						

制证　　　　　　　　　　审核　　　　　　　　　　记账

转账凭证

年　　月　　日　　　　　　　　　　　　第　　号

摘　要	会计科目	明细科目	借方金额										贷方金额										记账
			千	百	十	万	千	百	十	元	角	分	千	百	十	万	千	百	十	元	角	分	
合　计	（附件　　张）																						

制证　　　　　　　　　　审核　　　　　　　　　　记账

转账凭证

年　　月　　日　　　　　　　　　　　　　　第　　　　号

摘　要	会计科目	明细科目	借方金额										贷方金额										记账
			千	百	十	万	千	百	十	元	角	分	千	百	十	万	千	百	十	元	角	分	
合　计	(附件　　张)																						

制证　　　　　　　　　　审核　　　　　　　　　　记账

转账凭证

年　　月　　日　　　　　　　　　　　　　　第　　　　号

摘　要	会计科目	明细科目	借方金额										贷方金额										记账
			千	百	十	万	千	百	十	元	角	分	千	百	十	万	千	百	十	元	角	分	
合　计	(附件　　张)																						

制证　　　　　　　　　　审核　　　　　　　　　　记账

转账凭证

年　　月　　日　　　　　　　　　　　　　　第　　　　号

摘　要	会计科目	明细科目	借方金额										贷方金额										记账
			千	百	十	万	千	百	十	元	角	分	千	百	十	万	千	百	十	元	角	分	
合　计	(附件　　张)																						

制证　　　　　　　　　　审核　　　　　　　　　　记账

转账凭证

年　月　日　　　　　　　　　　第　　号

摘　要	会计科目	明细科目	借方金额										贷方金额										记账
			千	百	十	万	千	百	十	元	角	分	千	百	十	万	千	百	十	元	角	分	
合　计	（附件　　张）																						

制证　　　　　　审核　　　　　　记账

转账凭证

年　月　日　　　　　　　　　　第　　号

摘　要	会计科目	明细科目	借方金额										贷方金额										记账
			千	百	十	万	千	百	十	元	角	分	千	百	十	万	千	百	十	元	角	分	
合　计	（附件　　张）																						

制证　　　　　　审核　　　　　　记账

转账凭证

年　月　日　　　　　　　　　　第　　号

摘　要	会计科目	明细科目	借方金额										贷方金额										记账
			千	百	十	万	千	百	十	元	角	分	千	百	十	万	千	百	十	元	角	分	
合　计	（附件　　张）																						

制证　　　　　　审核　　　　　　记账

转账凭证

年　　月　　日　　　　　　　　　　　　　第　　　号

<table>
<tr><td rowspan="2">摘　　要</td><td rowspan="2">会计科目</td><td rowspan="2">明细科目</td><td colspan="10">借方金额</td><td colspan="10">贷方金额</td><td rowspan="2">记账</td></tr>
<tr><td>千</td><td>百</td><td>十</td><td>万</td><td>千</td><td>百</td><td>十</td><td>元</td><td>角</td><td>分</td><td>千</td><td>百</td><td>十</td><td>万</td><td>千</td><td>百</td><td>十</td><td>元</td><td>角</td><td>分</td></tr>
<tr><td></td><td></td><td></td><td></td><td></td><td></td><td></td><td></td><td></td><td></td><td></td><td></td><td></td><td></td><td></td><td></td><td></td><td></td><td></td><td></td><td></td><td></td><td></td><td></td></tr>
<tr><td></td><td></td><td></td><td></td><td></td><td></td><td></td><td></td><td></td><td></td><td></td><td></td><td></td><td></td><td></td><td></td><td></td><td></td><td></td><td></td><td></td><td></td><td></td><td></td></tr>
<tr><td></td><td></td><td></td><td></td><td></td><td></td><td></td><td></td><td></td><td></td><td></td><td></td><td></td><td></td><td></td><td></td><td></td><td></td><td></td><td></td><td></td><td></td><td></td><td></td></tr>
<tr><td></td><td></td><td></td><td></td><td></td><td></td><td></td><td></td><td></td><td></td><td></td><td></td><td></td><td></td><td></td><td></td><td></td><td></td><td></td><td></td><td></td><td></td><td></td><td></td></tr>
<tr><td></td><td></td><td></td><td></td><td></td><td></td><td></td><td></td><td></td><td></td><td></td><td></td><td></td><td></td><td></td><td></td><td></td><td></td><td></td><td></td><td></td><td></td><td></td><td></td></tr>
<tr><td></td><td></td><td></td><td></td><td></td><td></td><td></td><td></td><td></td><td></td><td></td><td></td><td></td><td></td><td></td><td></td><td></td><td></td><td></td><td></td><td></td><td></td><td></td><td></td></tr>
<tr><td>合　计</td><td colspan="2">（附件　　　张）</td><td></td><td></td><td></td><td></td><td></td><td></td><td></td><td></td><td></td><td></td><td></td><td></td><td></td><td></td><td></td><td></td><td></td><td></td><td></td><td></td><td></td></tr>
</table>

制证　　　　　　　　　　　审核　　　　　　　　　　　记账

转账凭证

年　　月　　日　　　　　　　　　　　　　第　　　号

<table>
<tr><td rowspan="2">摘　　要</td><td rowspan="2">会计科目</td><td rowspan="2">明细科目</td><td colspan="10">借方金额</td><td colspan="10">贷方金额</td><td rowspan="2">记账</td></tr>
<tr><td>千</td><td>百</td><td>十</td><td>万</td><td>千</td><td>百</td><td>十</td><td>元</td><td>角</td><td>分</td><td>千</td><td>百</td><td>十</td><td>万</td><td>千</td><td>百</td><td>十</td><td>元</td><td>角</td><td>分</td></tr>
<tr><td></td><td></td><td></td><td></td><td></td><td></td><td></td><td></td><td></td><td></td><td></td><td></td><td></td><td></td><td></td><td></td><td></td><td></td><td></td><td></td><td></td><td></td><td></td><td></td></tr>
<tr><td></td><td></td><td></td><td></td><td></td><td></td><td></td><td></td><td></td><td></td><td></td><td></td><td></td><td></td><td></td><td></td><td></td><td></td><td></td><td></td><td></td><td></td><td></td><td></td></tr>
<tr><td></td><td></td><td></td><td></td><td></td><td></td><td></td><td></td><td></td><td></td><td></td><td></td><td></td><td></td><td></td><td></td><td></td><td></td><td></td><td></td><td></td><td></td><td></td><td></td></tr>
<tr><td></td><td></td><td></td><td></td><td></td><td></td><td></td><td></td><td></td><td></td><td></td><td></td><td></td><td></td><td></td><td></td><td></td><td></td><td></td><td></td><td></td><td></td><td></td><td></td></tr>
<tr><td></td><td></td><td></td><td></td><td></td><td></td><td></td><td></td><td></td><td></td><td></td><td></td><td></td><td></td><td></td><td></td><td></td><td></td><td></td><td></td><td></td><td></td><td></td><td></td></tr>
<tr><td></td><td></td><td></td><td></td><td></td><td></td><td></td><td></td><td></td><td></td><td></td><td></td><td></td><td></td><td></td><td></td><td></td><td></td><td></td><td></td><td></td><td></td><td></td><td></td></tr>
<tr><td>合　计</td><td colspan="2">（附件　　　张）</td><td></td><td></td><td></td><td></td><td></td><td></td><td></td><td></td><td></td><td></td><td></td><td></td><td></td><td></td><td></td><td></td><td></td><td></td><td></td><td></td><td></td></tr>
</table>

制证　　　　　　　　　　　审核　　　　　　　　　　　记账

转账凭证

年　　月　　日　　　　　　　　　　　　　第　　　号

<table>
<tr><td rowspan="2">摘　　要</td><td rowspan="2">会计科目</td><td rowspan="2">明细科目</td><td colspan="10">借方金额</td><td colspan="10">贷方金额</td><td rowspan="2">记账</td></tr>
<tr><td>千</td><td>百</td><td>十</td><td>万</td><td>千</td><td>百</td><td>十</td><td>元</td><td>角</td><td>分</td><td>千</td><td>百</td><td>十</td><td>万</td><td>千</td><td>百</td><td>十</td><td>元</td><td>角</td><td>分</td></tr>
<tr><td></td><td></td><td></td><td></td><td></td><td></td><td></td><td></td><td></td><td></td><td></td><td></td><td></td><td></td><td></td><td></td><td></td><td></td><td></td><td></td><td></td><td></td><td></td><td></td></tr>
<tr><td></td><td></td><td></td><td></td><td></td><td></td><td></td><td></td><td></td><td></td><td></td><td></td><td></td><td></td><td></td><td></td><td></td><td></td><td></td><td></td><td></td><td></td><td></td><td></td></tr>
<tr><td></td><td></td><td></td><td></td><td></td><td></td><td></td><td></td><td></td><td></td><td></td><td></td><td></td><td></td><td></td><td></td><td></td><td></td><td></td><td></td><td></td><td></td><td></td><td></td></tr>
<tr><td></td><td></td><td></td><td></td><td></td><td></td><td></td><td></td><td></td><td></td><td></td><td></td><td></td><td></td><td></td><td></td><td></td><td></td><td></td><td></td><td></td><td></td><td></td><td></td></tr>
<tr><td></td><td></td><td></td><td></td><td></td><td></td><td></td><td></td><td></td><td></td><td></td><td></td><td></td><td></td><td></td><td></td><td></td><td></td><td></td><td></td><td></td><td></td><td></td><td></td></tr>
<tr><td></td><td></td><td></td><td></td><td></td><td></td><td></td><td></td><td></td><td></td><td></td><td></td><td></td><td></td><td></td><td></td><td></td><td></td><td></td><td></td><td></td><td></td><td></td><td></td></tr>
<tr><td>合　计</td><td colspan="2">（附件　　　张）</td><td></td><td></td><td></td><td></td><td></td><td></td><td></td><td></td><td></td><td></td><td></td><td></td><td></td><td></td><td></td><td></td><td></td><td></td><td></td><td></td><td></td></tr>
</table>

制证　　　　　　　　　　　审核　　　　　　　　　　　记账

转账凭证

年　月　日　　　　　　　　　　第　　号

摘　要	会计科目	明细科目	借方金额										贷方金额										记账
			千	百	十	万	千	百	十	元	角	分	千	百	十	万	千	百	十	元	角	分	
合　计	（附件　张）																						

制证　　　　　　　　审核　　　　　　　　记账

转账凭证

年　月　日　　　　　　　　　　第　　号

摘　要	会计科目	明细科目	借方金额										贷方金额										记账
			千	百	十	万	千	百	十	元	角	分	千	百	十	万	千	百	十	元	角	分	
合　计	（附件　张）																						

制证　　　　　　　　审核　　　　　　　　记账

转账凭证

年　月　日　　　　　　　　　　第　　号

摘　要	会计科目	明细科目	借方金额										贷方金额										记账
			千	百	十	万	千	百	十	元	角	分	千	百	十	万	千	百	十	元	角	分	
合　计	（附件　张）																						

制证　　　　　　　　审核　　　　　　　　记账

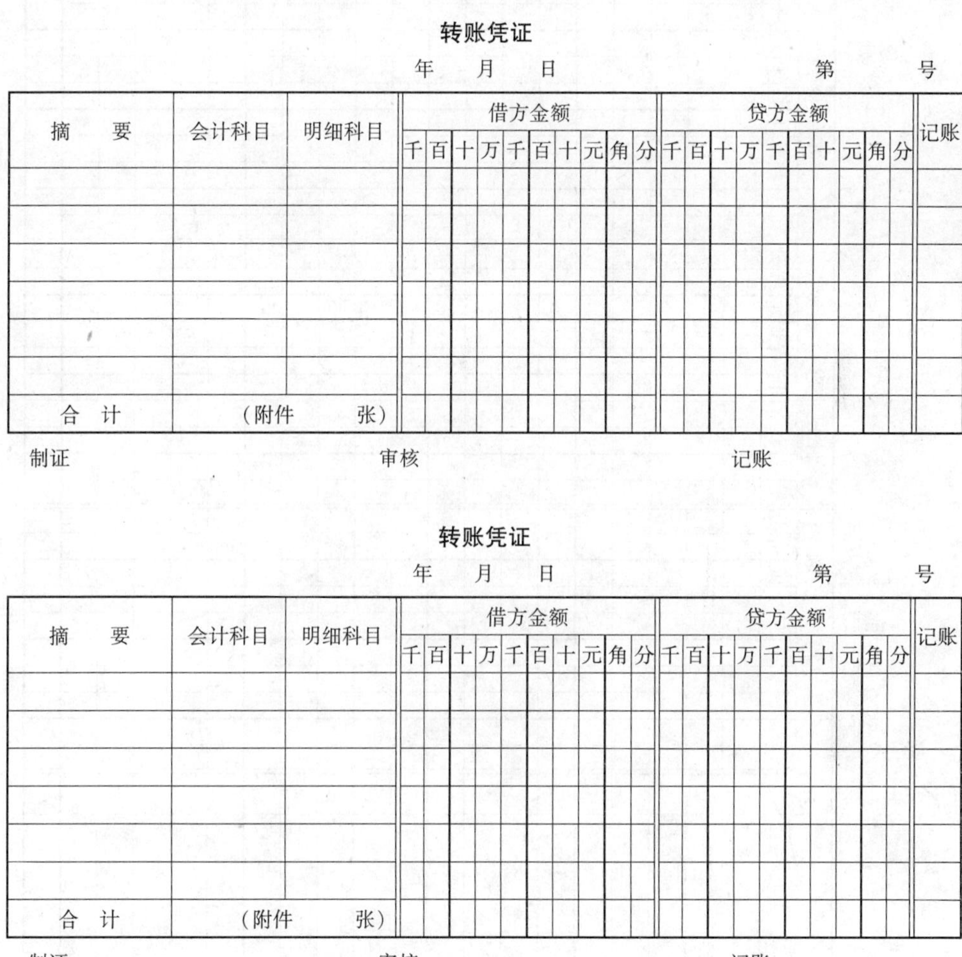

转账凭证

年　　月　　日　　　　　　　　　　第　　　　号

摘　要	会计科目	明细科目	借方金额										贷方金额										记账
			千	百	十	万	千	百	十	元	角	分	千	百	十	万	千	百	十	元	角	分	
合　计	（附件　　张）																						

制证　　　　　　　　　　审核　　　　　　　　　　记账

转账凭证

年　　月　　日　　　　　　　　　　第　　　　号

摘　要	会计科目	明细科目	借方金额										贷方金额										记账
			千	百	十	万	千	百	十	元	角	分	千	百	十	万	千	百	十	元	角	分	
合　计	（附件　　张）																						

制证　　　　　　　　　　审核　　　　　　　　　　记账

第三节　账簿登记

根据上述编制完成的记账凭证登记相关账簿。

一、现金日记账

现金日记账

年		凭证号数	对方科目	摘要	√	收入（借方）金额										付出（贷方）金额										结存金额									
月	日					千	百	十	万	千	百	十	元	角	分	千	百	十	万	千	百	十	元	角	分	千	百	十	万	千	百	十	元	角	分

二、银行存款日记账

银行存款日记账

年		凭证号数	对方科目	摘要	√	收入（借方）金额										付出（贷方）金额										结存金额									
月	日					千	百	十	万	千	百	十	元	角	分	千	百	十	万	千	百	十	元	角	分	千	百	十	万	千	百	十	元	角	分

银行存款日记账

年		凭证号数	对方科目	摘要	√	收入（借方）金额										付出（贷方）金额										结存金额									
月	日					千	百	十	万	千	百	十	元	角	分	千	百	十	万	千	百	十	元	角	分	千	百	十	万	千	百	十	元	角	分

三、总账

总　账

年		凭证		摘要	日页	借方										贷方										借或贷	余额									
月	日	种类	号数			千	百	十	万	千	百	十	元	角	分	千	百	十	万	千	百	十	元	角	分		千	百	十	万	千	百	十	元	角	分

总　账

年		凭证		摘　要	日页	借方										贷方										借或贷	余额									
月	日	种类	号数			千	百	十	万	千	百	十	元	角	分	千	百	十	万	千	百	十	元	角	分		千	百	十	万	千	百	十	元	角	分

总　账

年		凭证		摘　要	日页	借方										贷方										借或贷	余额									
月	日	种类	号数			千	百	十	万	千	百	十	元	角	分	千	百	十	万	千	百	十	元	角	分		千	百	十	万	千	百	十	元	角	分

总　账

年		凭证		摘　要	日页	借方										贷方										借或贷	余额									
月	日	种类	号数			千	百	十	万	千	百	十	元	角	分	千	百	十	万	千	百	十	元	角	分		千	百	十	万	千	百	十	元	角	分

总　账

年		凭证		摘　要	日页	借方										贷方										借或贷	余额									
月	日	种类	号数			千	百	十	万	千	百	十	元	角	分	千	百	十	万	千	百	十	元	角	分		千	百	十	万	千	百	十	元	角	分

总　账

年		凭证		摘　　要	日页	借方										贷方										借或贷	余额									
月	日	种类	号数			千	百	十	万	千	百	十	元	角	分	千	百	十	万	千	百	十	元	角	分		千	百	十	万	千	百	十	元	角	分

总　账

年		凭证		摘　要	日页	借方										贷方										借或贷	余额									
月	日	种类	号数			千	百	十	万	千	百	十	元	角	分	千	百	十	万	千	百	十	元	角	分		千	百	十	万	千	百	十	元	角	分

总账

年		凭证		摘要	日页	借方										贷方										借或贷	余额									
月	日	种类	号数			千	百	十	万	千	百	十	元	角	分	千	百	十	万	千	百	十	元	角	分		千	百	十	万	千	百	十	元	角	分

总 账

年		凭证		摘 要	日页	借方										贷方										借或贷	余额									
月	日	种类	号数			千	百	十	万	千	百	十	元	角	分	千	百	十	万	千	百	十	元	角	分		千	百	十	万	千	百	十	元	角	分

总　账

年		凭证		摘　要	日页	借方										贷方										借或贷	余额									
月	日	种类	号数			千	百	十	万	千	百	十	元	角	分	千	百	十	万	千	百	十	元	角	分		千	百	十	万	千	百	十	元	角	分

总 账

年		凭证		摘要	日页	借方										贷方										借或贷	余额									
月	日	种类	号数			千	百	十	万	千	百	十	元	角	分	千	百	十	万	千	百	十	元	角	分		千	百	十	万	千	百	十	元	角	分

总　账

年		凭证		摘　要	日页	借方										贷方										借或贷	余额									
月	日	种类	号数			千	百	十	万	千	百	十	元	角	分	千	百	十	万	千	百	十	元	角	分		千	百	十	万	千	百	十	元	角	分

总　账

年		凭证		摘要	日页	借方										贷方										借或贷	余额									
月	日	种类	号数			千	百	十	万	千	百	十	元	角	分	千	百	十	万	千	百	十	元	角	分		千	百	十	万	千	百	十	元	角	分

总　账

年		凭证		摘要	日页	借方										贷方										借或贷	余额									
月	日	种类	号数			千	百	十	万	千	百	十	元	角	分	千	百	十	万	千	百	十	元	角	分		千	百	十	万	千	百	十	元	角	分

总 账

年		凭证		摘要	日页	借方										贷方										借或贷	余额									
月	日	种类	号数			千	百	十	万	千	百	十	元	角	分	千	百	十	万	千	百	十	元	角	分		千	百	十	万	千	百	十	元	角	分

总　账

年		凭证		摘要	日页	借方										贷方										借或贷	余额									
月	日	种类	号数			千	百	十	万	千	百	十	元	角	分	千	百	十	万	千	百	十	元	角	分		千	百	十	万	千	百	十	元	角	分

总　账

年		凭证		摘要	日页	借方										贷方										借或贷	余额									
月	日	种类	号数			千	百	十	万	千	百	十	元	角	分	千	百	十	万	千	百	十	元	角	分		千	百	十	万	千	百	十	元	角	分

总 账

年		凭证		摘 要	日页	借方										贷方										借或贷	余额									
月	日	种类	号数			千	百	十	万	千	百	十	元	角	分	千	百	十	万	千	百	十	元	角	分		千	百	十	万	千	百	十	元	角	分

总　账

年		凭证		摘　　要	日页	借方										贷方										借或贷	余额									
月	日	种类	号数			千	百	十	万	千	百	十	元	角	分	千	百	十	万	千	百	十	元	角	分		千	百	十	万	千	百	十	元	角	分

总　账

年		凭证		摘　要	日页	借方										贷方										借或贷	余额									
月	日	种类	号数			千	百	十	万	千	百	十	元	角	分	千	百	十	万	千	百	十	元	角	分		千	百	十	万	千	百	十	元	角	分

总　账

年		凭证		摘　　要	日页	借方										贷方										借或贷	余额									
月	日	种类	号数			千	百	十	万	千	百	十	元	角	分	千	百	十	万	千	百	十	元	角	分		千	百	十	万	千	百	十	元	角	分

总　账

年		凭证		摘　要	日页	借方										贷方										借或贷	余额									
月	日	种类	号数			千	百	十	万	千	百	十	元	角	分	千	百	十	万	千	百	十	元	角	分		千	百	十	万	千	百	十	元	角	分

总　账

年		凭证		摘　要	日页	借方										贷方										借或贷	余额									
月	日	种类	号数			千	百	十	万	千	百	十	元	角	分	千	百	十	万	千	百	十	元	角	分		千	百	十	万	千	百	十	元	角	分

总　账

年		凭证		摘　要	日页	借方										贷方										借或贷	余额									
月	日	种类	号数			千	百	十	万	千	百	十	元	角	分	千	百	十	万	千	百	十	元	角	分		千	百	十	万	千	百	十	元	角	分

总　账

年		凭证		摘要	日页	借方										贷方										借或贷	余额									
月	日	种类	号数			千	百	十	万	千	百	十	元	角	分	千	百	十	万	千	百	十	元	角	分		千	百	十	万	千	百	十	元	角	分

总　账

年		凭证		摘要	日页	借方										贷方										借或贷	余额									
月	日	种类	号数			千	百	十	万	千	百	十	元	角	分	千	百	十	万	千	百	十	元	角	分		千	百	十	万	千	百	十	元	角	分

总　账

年		凭证		摘　要	日页	借方										贷方										借或贷	余额									
月	日	种类	号数			千	百	十	万	千	百	十	元	角	分	千	百	十	万	千	百	十	元	角	分		千	百	十	万	千	百	十	元	角	分

总 账

年		凭证		摘要	日页	借方										贷方										借或贷	余额									
月	日	种类	号数			千	百	十	万	千	百	十	元	角	分	千	百	十	万	千	百	十	元	角	分		千	百	十	万	千	百	十	元	角	分

总　账

年		凭证		摘　要	日页	借方										贷方										借或贷	余额									
月	日	种类	号数			千	百	十	万	千	百	十	元	角	分	千	百	十	万	千	百	十	元	角	分		千	百	十	万	千	百	十	元	角	分

总　账

年		凭证		摘要	日页	借方										贷方										借或贷	余额									
月	日	种类	号数			千	百	十	万	千	百	十	元	角	分	千	百	十	万	千	百	十	元	角	分		千	百	十	万	千	百	十	元	角	分

总　账

年		凭证		摘　要	日页	借方										贷方										借或贷	余额									
月	日	种类	号数			千	百	十	万	千	百	十	元	角	分	千	百	十	万	千	百	十	元	角	分		千	百	十	万	千	百	十	元	角	分

总　账

年		凭证		摘　要	日页	借方										贷方										借或贷	余额									
月	日	种类	号数			千	百	十	万	千	百	十	元	角	分	千	百	十	万	千	百	十	元	角	分		千	百	十	万	千	百	十	元	角	分

总 账

年		凭证		摘要	日页	借方										贷方										借或贷	余额									
月	日	种类	号数			千	百	十	万	千	百	十	元	角	分	千	百	十	万	千	百	十	元	角	分		千	百	十	万	千	百	十	元	角	分

总　账

年		凭证		摘　要	日页	借方										贷方										借或贷	余额									
月	日	种类	号数			千	百	十	万	千	百	十	元	角	分	千	百	十	万	千	百	十	元	角	分		千	百	十	万	千	百	十	元	角	分

总　账

年		凭证		摘要	日页	借方										贷方										借或贷	余额									
月	日	种类	号数			千	百	十	万	千	百	十	元	角	分	千	百	十	万	千	百	十	元	角	分		千	百	十	万	千	百	十	元	角	分

总　账

年		凭证		摘要	日页	借方										贷方										借或贷	余额									
月	日	种类	号数			千	百	十	万	千	百	十	元	角	分	千	百	十	万	千	百	十	元	角	分		千	百	十	万	千	百	十	元	角	分

总　账

年		凭证		摘　要	日页	借方										贷方										借或贷	余额									
月	日	种类	号数			千	百	十	万	千	百	十	元	角	分	千	百	十	万	千	百	十	元	角	分		千	百	十	万	千	百	十	元	角	分

总　账

年		凭证		摘　要	日页	借方										贷方										借或贷	余额									
月	日	种类	号数			千	百	十	万	千	百	十	元	角	分	千	百	十	万	千	百	十	元	角	分		千	百	十	万	千	百	十	元	角	分

总　账

年		凭证		摘　要	日页	借方										贷方										借或贷	余额									
月	日	种类	号数			千	百	十	万	千	百	十	元	角	分	千	百	十	万	千	百	十	元	角	分		千	百	十	万	千	百	十	元	角	分

总账

年		凭证		摘要	日页	借方										贷方										借或贷	余额									
月	日	种类	号数			千	百	十	万	千	百	十	元	角	分	千	百	十	万	千	百	十	元	角	分		千	百	十	万	千	百	十	元	角	分

总　账

年		凭证		摘　　要	日页	借方										贷方										借或贷	余额									
月	日	种类	号数			千	百	十	万	千	百	十	元	角	分	千	百	十	万	千	百	十	元	角	分		千	百	十	万	千	百	十	元	角	分

总　　账

年		凭证		摘　　要	日页	借方										贷方										借或贷	余额									
月	日	种类	号数			千	百	十	万	千	百	十	元	角	分	千	百	十	万	千	百	十	元	角	分		千	百	十	万	千	百	十	元	角	分

总　账

年		凭证		摘　要	日页	借方										贷方										借或贷	余额									
月	日	种类	号数			千	百	十	万	千	百	十	元	角	分	千	百	十	万	千	百	十	元	角	分		千	百	十	万	千	百	十	元	角	分

总　账

年		凭证		摘　要	日页	借方										贷方										借或贷	余额									
月	日	种类	号数			千	百	十	万	千	百	十	元	角	分	千	百	十	万	千	百	十	元	角	分		千	百	十	万	千	百	十	元	角	分

总 账

年		凭证		摘要	日页	借方										贷方										借或贷	余额									
月	日	种类	号数			千	百	十	万	千	百	十	元	角	分	千	百	十	万	千	百	十	元	角	分		千	百	十	万	千	百	十	元	角	分

总　　账

年		凭证		摘要	日页	借方										贷方										借或贷	余额									
月	日	种类	号数			千	百	十	万	千	百	十	元	角	分	千	百	十	万	千	百	十	元	角	分		千	百	十	万	千	百	十	元	角	分

总　账

年		凭证		摘　要	日页	借方										贷方										借或贷	余额									
月	日	种类	号数			千	百	十	万	千	百	十	元	角	分	千	百	十	万	千	百	十	元	角	分		千	百	十	万	千	百	十	元	角	分

总　账

年		凭证		摘　要	日页	借方										贷方										借或贷	余额									
月	日	种类	号数			千	百	十	万	千	百	十	元	角	分	千	百	十	万	千	百	十	元	角	分		千	百	十	万	千	百	十	元	角	分

总　账

年		凭证		摘　要	日页	借方										贷方										借或贷	余额									
月	日	种类	号数			千	百	十	万	千	百	十	元	角	分	千	百	十	万	千	百	十	元	角	分		千	百	十	万	千	百	十	元	角	分

总　账

年		凭证		摘　要	日页	借方										贷方										借或贷	余额									
月	日	种类	号数			千	百	十	万	千	百	十	元	角	分	千	百	十	万	千	百	十	元	角	分		千	百	十	万	千	百	十	元	角	分

四、明细分类账

明细分类账

总页________　分页________

明细科目名称　　　　户名________________

年		记账凭证编号	摘要	借方									贷方									借或贷	余额									√
月	日			百	十	万	千	百	十	元	角	分	百	十	万	千	百	十	元	角	分		百	十	万	千	百	十	元	角	分	

明细分类账

总页＿＿＿＿ 分页＿＿＿＿

户名＿＿＿＿

明细科目名称

年		记账凭证编号	摘要	借方									贷方									借或贷	余额									√
月	日			百	十	万	千	百	十	元	角	分	百	十	万	千	百	十	元	角	分		百	十	万	千	百	十	元	角	分	

明细分类账

总页________ 分页________

明细科目名称 户名________________

年		记账凭证编号	摘要	借方									贷方									借或贷	余额									√
月	日			百	十	万	千	百	十	元	角	分	百	十	万	千	百	十	元	角	分		百	十	万	千	百	十	元	角	分	

明细分类账

总页＿＿＿＿ 分页＿＿＿＿

明细科目名称 户名＿＿＿＿＿＿＿＿

年		记账凭证编号	摘要	借方									贷方									借或贷	余额									√
月	日			百	十	万	千	百	十	元	角	分	百	十	万	千	百	十	元	角	分		百	十	万	千	百	十	元	角	分	

编号	总页次
页次	

明细分类账

货号________　规格________　单位________　最高存量________　最低存量________　存放地点________

年		凭证号	摘要	借方										贷方										余额									
月	日			数量	单价	金额								数量	单价	金额								数量	单价	金额							
						十	万	千	百	十	元	角	分			十	万	千	百	十	元	角	分			十	万	千	百	十	元	角	分

编号		总页次
页次		

明细分类账

货号______ 规格______ 单位______ 最高存量______ 最低存量______ 存放地点______

年		凭证号	摘要	借方										贷方										余额									
月	日			数量	单价	金额								数量	单价	金额								数量	单价	金额							
						十	万	千	百	十	元	角	分			十	万	千	百	十	元	角	分			十	万	千	百	十	元	角	分

编号	总页次
页次	

明细分类账

货号________ 规格________ 单位________ 最高存量________ 最低存量________ 存放地点________

年		凭证号	摘要	借方										贷方										余额									
月	日			数量	单价	金额								数量	单价	金额								数量	单价	金额							
						十	万	千	百	十	元	角	分			十	万	千	百	十	元	角	分			十	万	千	百	十	元	角	分

编号	总页次
页次	

明细分类账

货号________ 规格________ 单位________ 最高存量________ 最低存量________ 存放地点________

年		凭证号	摘要	借方										贷方										余额									
月	日			数量	单价	金额								数量	单价	金额								数量	单价	金额							
						十	万	千	百	十	元	角	分			十	万	千	百	十	元	角	分			十	万	千	百	十	元	角	分

编号	总页次
页次	

明细分类账

货号________ 规格________ 单位________ 最高存量________ 最低存量________ 存放地点________

年		凭证号	摘要	借方										贷方										余额									
月	日			数量	单价	金额								数量	单价	金额								数量	单价	金额							
						十	万	千	百	十	元	角	分			十	万	千	百	十	元	角	分			十	万	千	百	十	元	角	分

编号	总页次
页次	

明细分类账

货号________ 规格________ 单位________ 最高存量________ 最低存量________ 存放地点________

年		凭证号	摘要	借方										贷方										余额									
月	日			数量	单价	金额								数量	单价	金额								数量	单价	金额							
						十	万	千	百	十	元	角	分			十	万	千	百	十	元	角	分			十	万	千	百	十	元	角	分

编号	总页次
页次	

明细分类账

货号________ 规格________ 单位________ 最高存量________ 最低存量________ 存放地点________

年		凭证号	摘要	借方										贷方										余额									
月	日			数量	单价	金额								数量	单价	金额								数量	单价	金额							
						十	万	千	百	十	元	角	分			十	万	千	百	十	元	角	分			十	万	千	百	十	元	角	分

账号		总页码
页次		

科目＿＿＿＿

年																																																																					
日	凭证编号	摘要	亿	千	百	十	万	千	百	十	元	角	分	亿	千	百	十	万	千	百	十	元	角	分	亿	千	百	十	万	千	百	十	元	角	分	亿	千	百	十	万	千	百	十	元	角	分	亿	千	百	十	万	千	百	十	元	角	分	亿	千	百	十	万	千	百	十	元	角	分

账号	总页码
页次	

科目＿＿＿＿

年	凭证编号	摘要																																																																
日			亿	千	百	十	万	千	百	十	元	角	分	亿	千	百	十	万	千	百	十	元	角	分	亿	千	百	十	万	千	百	十	元	角	分	亿	千	百	十	万	千	百	十	元	角	分	亿	千	百	十	万	千	百	十	元	角	分	亿	千	百	十	万	千	百	十	元	角	分

第十四章　期末业务处理

第一节　准备工作

在将日常发生的各项经济业务登记入账的基础上，期末要对会计资料作进一步的加工，即所谓的期末处理。首先根据权责发生制原则，采用折旧、摊销、预提等方式调整本期的收入和费用，然后根据企业会计制度规定和成本计算的要求计算并结转成本，结转损益，确认本期财务成果，并进行利润分配，最后在对账无误后，进行结账并根据相关账簿记录编制会计报表，同时将本期形成的会计档案整理归档。

一、账项调整

日常处理的实际发生的会计事项，有些会影响到多个会计期间的损益确定，在期末，为了按权责发生制的原则反映财务成果，就必须对有关账户的内容进行调整。需要调整的项目有：

1. 采用折旧、摊销等方法分摊应负担的已记账支出

企业发生的各项支出在日常处理时根据其受益期情况分别记入了不同的会计账户，若该支出只在本期受益，则直接记入“本期损益”账户，若该支出有多个会计期间受益，则先根据受益期的长短分别记入“固定资产”、“无形资产”、“长期待摊费用”等账户，在期末再采用一定的方法计算出本期应分摊的支出，采用折旧、摊销等方法记入本期损益。

2. 分摊实现的已记账收入

企业有时已经收取有关款项，但未完成或未全部完成销售商品或提供劳务，收到这些账款时由于收入尚未实现，在日常处理中常记入“预收账款”等表示企业要在未来提供商品或劳务责任的负债账户。期末，需按本期已完成的比例，把当期已实现的部分转作当期收入，并调整以前预收款项时形成的负债。

3. 计提应负担但尚未记账的费用

企业有些费用是先受益后支出的，在会计期末，要将本期已发生、因款项尚

末支付而未登记入账的费用，如借款利息、工资及附加费、某些应交税费等，采用预提等方式记入当期损益。

4. 计提已取得但尚未记账的收入

企业在本期内已实现，因款项未收而未登记入账的收入，期末应予以计提并登记入账。如企业在月初按面值购买了100 000元的企业债券作为长期投资，该债券期限3年，票面利率为6%，到期一次还本付息，则企业在持有该债券一个月后，应取得500元债券利息收入，该项收入在日常处理中并未登记入账，期末，应编制如下记账凭证并据以登记入账：

借：持有至到期投资　　500

　　贷：投资收益　　500

二、成本计算及结转

期末需要计算及结转的成本包括：材料采购成本、发出材料成本、产品生产成本以及销售产品成本。

1. 计算并结转材料采购成本

当企业材料采购业务较少时，材料入库时可在日常处理中逐笔计算并结转材料采购成本。当企业材料采购业务较多时，材料入库时在日常处理中只根据收料单登记原材料的明细分类账，以反映原材料的增减变化情况，而不编制结转材料采购成本的记账凭证。定期根据收料单汇总编制“材料收入汇总表”，并据以编制结转材料采购成本的记账凭证，再根据审核无误的记账凭证登记材料采购等科目的明细分类账，并采用一定的方法和程序登记原材料和材料采购等相关科目的总分类账。

2. 计算并结转发出材料成本

当企业材料发出业务较少时，材料的发出可根据领料单，逐笔编制结转发出材料成本的记账凭证，并据以登记相关明细账和总分类账。当企业材料发出业务较多时，日常发料，只根据领料单登记原材料的明细分类账，暂不编制结转发出材料成本的记账凭证，定期根据领料单汇总编制“发出材料汇总表”，并据以编制结转发出材料成本的记账凭证，再根据审核无误的记账凭证登记相关成本费用的明细分类账，并采用一定的方法和程序登记“原材料”及相关成本费用的总分类账。

3. 计算并结转本期完工产品生产成本

（1）分配结转本期制造费用。根据制造费用账户中归集的本月发生的制造费用金额，以生产工时、机器工时、生产工人工资、耗用直接材料成本等标准在不同的产品间进行分配。

（2）计算并结转本月完工产品成本。根据生产成本明细账及完工产品入库单，计算出本月完工产品成本，编制结转完工产品成本的记账凭证并据以登记入账。

4. 计算并结转本期销售产品成本

根据本期销售产品的出库单以及库存商品明细分类账，计算本期销售产品的实际生产成本，并将其结转入“主营业务成本”账户。

三、结转损益，确认本期财务成果

根据相关规定，企业应分期结算账目，计算当期损益，具体步骤为：

第一步，将本期取得的各项收入结转到“本年利润”账户。

第二步，将本期发生的费用结转到“本年利润”账户。

第三步，计算并结转所得税。根据本期的利润总额，按本企业适用的所得税率计算并结转本月应交所得税。

第二节　对　　账

为了保证账簿记录的真实可靠，如实反映和监督经济活动，并为编制会计报表提供真实可靠的数据资料，必须对账簿和账户所记录的有关数据加以检查和核对，这种核对工作，在会计上称为对账。它是会计核算的一项重要内容。

账簿记录的准确与真实可靠，不仅取决于账簿的本身，还涉及账簿与凭证的关系，账簿记录与实际情况是否相符的问题等。所以，对账应包括账簿与凭证的核对、账簿与账簿的核对、账簿与实物的核对。这种核对要建立定期的对账制度，在结账前和结账过程中，把账簿记录的数字核对清楚，做到账证相符、账账相符和账实相符。

一、账证核对

账证核对，是根据各种账簿记录与记账凭证及其所附的原始凭证进行核对。这种核对除在日常制证、记账过程中进行以外，每月终了如果发现账账不符时，尚需溯本求源，进行账簿与会计凭证的检查核对，以确保账证相等。

二、账账核对

账账核对，是指各种账簿之间的有关数字进行核对，主要内容包括：

（1）总分类账各账户本月借方发生额合计数与贷方发生额合计数是否相等；

（2）总分类账各账户余额与其所属有关明细分类账各账户余额合计数是否相等；

（3）现金日记账和银行存款日记账的余额与总分类账各该账户余额是否相符；

（4）会计部门有关财产物资的明细分类余额，应该同财产物资保管或使用部门的登记簿所记录的内容，按月或定期相互核对，保证相符。

以上各种账簿间的核对，可以直接进行核对，对内容较多的可以通过编表进行核对。

三、账实核对

是指各种财产物资的账面余额与实存数额相核对。具体内容包括：

（1）现金日记账的账面余额应同现金的实际库存数每日核对相符；

（2）银行存款日记账的账面余额应同银行对账单核对相符，每月至少核对一次；

（3）各种应收、应付款项等明细分类账各账户的余额，应定期与有关债务、债权单位或个人的账目核对相符；已上交的税金及其他预交款应按规定时间与有关监交部门核对相符；

（4）各种材料、物资明细分类账账面余额应定期与材料、物资实存数核对相符。

上述账实核对工作中，结算款项一般是利用对账单的形式进行核对，各种财产物资一般通过财产清查来进行核对。

实践要求：根据上述凭证和账簿等材料计算各账户本期发生额及余额，进行月末对账。

第三节　结　　账

为了总结某一会计期间（如月度和年度）的经营活动情况，必须定期进行结账。结账，就是按照规定把一定时期（月份、季度、年度）内所发生的经济业务登记入账，并将各种账簿结算清楚，以便进一步根据账簿记录编制会计报表。另外，企业因撤销、合并而办理账务交接时，也需要办理结账。结账工作主要包括以下内容：

（1）将本期内所发生的经济业务全部记入有关账簿，既不能提前结账，也不能将本期发生的业务延至下期登账。

（2）按照权责发生制原则调整和结转有关账项。本期内所有的转账业务，应编成记账凭证记入有关账簿，以调整账簿记录。例如：待摊费用应按规定的比例摊配于本期产品成本和期间费用；预提费用应按规定的标准预先提取记入本期产品成本和期间费用，而完工产品的实际生产成本，应结转记入“产成品”账户；本期实现的产品销售收入，应结转记入“本年利润”账户；财产物资通过清查盘点而发现的盘盈、盘亏，也应按有关规定登记入账等。

（3）计算、登记本期发生额和期末余额。在本期全部经济业务登记入账的基础上，应当结算现金日记账、银行存款日记账以及总分类账和各明细分类账各账户的本期发生额和期末余额，并结转下期。

结账工作通常是为了总结一定时期经济活动的变化情况和结果。因此，月度、季度、年度终了，一般需结出月份、季度和年度发生额，在摘要栏注明“本月合计”或“本季合计”或“本年合计”字样；在月结、季结数字上端和下端均画单红线，以示区别。结总数字本身，不得以红字书写，发生额只有一笔的账户，可以不予结总。年终结账时为求各账户借方、贷方平衡起见，应将各账户上年结转的借方（或贷方）金额，按照原来相同的方向，填列在全年发生额合计数下一行的借方（或贷方）栏内，并在摘要栏内注明“上年结转”字样；同时将本年余款按相反方向填列在全年发生额合计下一行（借方余额应填列贷方栏），并在摘要栏内注明“上年结账”字样。然后分别借方和贷方加总填列在一行，并在摘要栏内注明“合计”字样（借方、贷方金额应相符），最后在合计数下端划两道红线，表示借方、贷方平衡和年度记录结束。

实践要求：根据上述凭证和账簿等材料计算各账户本期发生额及余额，进行月末结账。

第四节　编制会计报表

通过设置编制资产负债表的单项实验，帮助学生掌握编制会计报表的一般程序。资产负债表是反映企业在某一特定日期财务状况的报表。企业应按规定每月编制资产负债表。

正确编制资产负债表：（1）收集、整理、审核有关资料。（2）按表中项目的填写规定逐项填写：根据上年期末资产负债表资料填写表中“年初数”；根据会计账簿资料中总账科目或明细科目的余额直接相加、相减填写有关指标；根据有关资料填写表中有关补充指标填写。（3）对填写的资产负债表底表进行计算，并在检查无误后填写正式的资产负债表。

根据上述登记完成的账簿编制资产负债表和利润表。

资产负债表

日期：　　　　　　　　　　　　　　　　　　　　　　　　　　　　会企 01 表

编制单位：　　　　　　　　　　　　　　　　　　　　　　　　　　单位：元

资产	年初余额	期末余额	负债和所有者权益（或股东权益）	年初余额	期末余额
流动资产：			流动负债：		
货币资金			短期借款		
交易性金融资产			交易性金融负债		
应收票据			应付票据		
应收账款			应付账款		
预付款项			预收款项		
应收利息			应付职工薪酬		
应收股利			应交税费		
其他应收款			应付利息		
存货			应付股利		
一年内到期的非流动资产			其他应付款		
其他流动资产			一年内到期的非流动负债		
			其他流动负债		
流动资产合计	—	—	**流动负债合计**	—	—
非流动资产：			非流动负债：		
可供出售金融资产			长期借款		
持有至到期投资			应付债券		
长期应收款			长期应付款		
长期股权投资			专项应付款		
投资性房地产			预计负债		
固定资产			递延所得税负债		
减：累计折旧			其他非流动负债		
固定资产净值	—	—	**非流动负债合计**		
减：固定资产减值准备			**负债合计**	—	—
固定资产净额	—	—			
在建工程			所有者权益（或股东权益）：		
工程物资			实收资产（或股本）		
固定资产清理			资本公积		
生产性生物资产			减：库存股		
无形资产			专项储备		
无形资产			盈余公积		
商誉			未分配利润		

续表

资产	年初余额	期末余额	负债和所有者权益（或股东权益）	年初余额	期末余额
长期待摊费用			**所有者权益（或股东权益）合计**	—	—
递延所得税资产					
其他非流动资产					
非流动资产合计	—	—			
资产总计	—	—	**负债和所有者权益（或股东权益）**	—	—

利润表

日期：　　　　　　　　　　　　　　　　　　　　　　会企 02 表

编制单位：　　　　　　　　　　　　　　　　　　　　单位：元

项　　目	本月数	本年数
一、营业收入		
减：营业成本		
营业税金及附加		
销售费用		
管理费用		
财务费用		
资产减值损失		
加：公允价值变动收益（损失以“－”号填列）		
投资收益（损失以“－”号填列）		
其中：对联营企业和合营企业的投资收益		
二、营业利润（亏损以“－”号填列）	—	—
加：营业外收入		
减：营业外支出		
其中：非流动资产处置损失		
三、利润总额（亏损总额以“－”号填列）	—	—
减：所得税费用		
四、净利润（净亏损以“－”号填列）	—	—
五、每股收益：		
（一）基本每股收益		
（二）稀释每股收益		
六、其他综合收益		
七、综合收益总额	—	—

参考文献

[1] 中国注册会计师协会编. 2015年度注册会计师全国统一考试辅导教材·会计［M］. 北京：中国财政经济出版社，2015.

[2] 会计专业技术资格考试研究中心编著. 2015年全国会计专业技术资格考试辅导教材中级会计实务［M］. 北京：电子工业出版社，2015.

[3] 董力为等. 企业会计准则解析与应用［M］. 北京：企业管理出版社，2007.

[4] 财政部令第33号. 企业会计准则——基本准则（2006），2006. 2. 15，http：//www. casc. gov. cn/kjfg/200607/t20060703_337130. htm.

[5] 财政部财会［2006］3号. 企业会计准则——具体准则，2006. 2. 15，http：//www. casc. gov. cn/kjfg/200607/t20060703_337130. htm.

[6] 财政部财会［2006］18号. 企业会计准则——应用指南，2006. 10. 30，http：//www. casc. gov. cn/kjfg/200607/t20060703_337130. htm.

[7] 中华人民共和国财政部制定. 企业会计制度（2001）［M］. 北京：经济科学出版社，2010.

[8] 娄尔行. 基础会计（第2版）［M］. 上海：上海财经大学出版社，2009.

[9] 葛家澍等. 会计学（第2版）［M］. 北京：高等教育出版社，2008.

[10] 陈国辉等. 基础会计（第四版）［M］. 大连：东北财经大学出版社，2015.

[11] 李海波. 新编会计学原理：基础会计（第17版）［M］. 上海：立信会计出版社，2015.

[12] 王爱国等. 会计学基础［M］. 北京：高等教育出版社，2010.

[13] 朱小英. 基础会计［M］. 上海：上海财经大学出版社2013.

[14] 朱小平. 初级会计学（第六版）［M］. 北京：中国人民大学出版社，2012.

[15] 张玉森等. 基础会计（第四版）. 北京：高等教育出版社，2011.

[16] 张玉森. 基础会计习题集（第四版）. ［M］. 北京：高等教育出版社，2011.

[17] 宋廷山等. 基础会计. ［M］. 上海：上海财经大学出版社，2011.

[18] 李晖等. 会计学：理论与方法——以会计准则为标准［M］. 成都：西南交通大学出版社，2013.